O PODER DA INTELIGÊNCIA EMOCIONAL

Daniel Goleman, Richard Boyatzis e Annie McKee

O poder da inteligência emocional
Como liderar com sensibilidade e eficiência

TRADUÇÃO
Berilo Vargas

6ª reimpressão

Copyright © 2002 by Daniel Goleman
Todos os direitos reservados.

Grafia atualizada segundo o Acordo Ortográfico da Língua Portuguesa de 1990, que entrou em vigor no Brasil em 2009.

Título original
Primal Leadership: Unleashing the Power of Emotional Intelligence

Capa
Rodrigo Maroja

Preparação
Mariana Rimoli

Índice remissivo
Probo Poletti

Revisão
Ana Maria Barbosa
Isabel Cury

Dados Internacionais de Catalogação na Publicação (CIP)
(Câmara Brasileira do Livro, SP, Brasil)

Goleman, Daniel
    O poder da inteligência emocional : como liderar com sensibilidade e eficiência / Daniel Goleman, Richard Boyatzis e Annie McKee ; tradução Berilo Vargas. — 1ª ed. — Rio de Janeiro : Objetiva, 2018.

    Título original: Primal Leadership : Unleashing the Power of Emotional Intelligence.
    Bibliografia.
    ISBN 978-85-470-0063-9

    1. Administração – Aspectos psicológicos 2. Capacidade executiva 3. Inteligência emocional 4. Liderança – Aspectos psicológicos I. Boyatzis, Richard. II. McKee, Annie. III. Título.

18-15509   CDD-658.4092019

Índice para catálogo sistemático:
1. Liderança executiva : Administração de empresas : Aspectos psicológicos   658.4092019

Maria Paula C. Riyuzo — Bibliotecária — CRB-8/7639

Todos os direitos desta edição reservados à
EDITORA SCHWARCZ S.A.
Praça Floriano, 19, sala 3001 — Cinelândia
20031-050 — Rio de Janeiro — RJ
Telefone: (21) 3993-7510
www.companhiadasletras.com.br
www.blogdacompanhia.com.br
facebook.com/editoraobjetiva
instagram.com/editora_objetiva
twitter.com/edobjetiva

Para Tara, Sandy e Eddy, nossos respectivos cônjuges, por nos ajudarem a aprender sobre ressonância e inteligência emocional num amor da vida inteira.

Sumário

Prefácio 9

PARTE 1 — O PODER DA INTELIGÊNCIA EMOCIONAL

1. Liderança primordial...17
2. Liderança ressonante.. 33
3. A neuroanatomia da liderança 45
4. O repertório da liderança 66
5. Os estilos dissonantes: use com cuidado...................................... 83

PARTE 2 — FAZER LÍDERES

6. Como tornar-se um líder ressonante: as cinco descobertas 103
7. A motivação para mudar.. 125
8. Metamorfose: como sustentar mudanças no estilo de liderança............ 150

PARTE 3 — COMO CONSTRUIR ORGANIZAÇÕES INTELIGENTES EMOCIONALMENTE

9. A realidade emocional das equipes... 181
10. A realidade e a visão ideal: como dar vida ao futuro da organização .. 200
11. Como criar mudança sustentável.. 231

Apêndice A | IE versus QI: nota técnica 255
Apêndice B | Inteligência emocional: aptidões de liderança 259

Agradecimentos 263
Notas 267
Índice remissivo 293

Prefácio

Resolvemos nos juntar para escrever este livro em grande parte por causa da resposta inédita e imensamente entusiástica dos leitores a dois artigos da *Harvard Business Review*: "O que faz um líder?" e "Liderança que obtém resultados". Mas o livro vai muito além dos artigos na promoção de um novo conceito: a liderança primordial. Sustentamos que a principal função do líder é inspirar bons sentimentos em seus liderados. Isso ocorre quando o líder cria *ressonância* — um estoque de positividade que libera o que há de melhor nas pessoas. Em seu nível mais profundo, portanto, a missão primordial da liderança é emocional.

Acreditamos que essa dimensão primordial da liderança, embora quase sempre invisível e totalmente ignorada, determina se tudo o mais que o líder fizer vai funcionar tão bem como deveria. E é por essa razão que a inteligência emocional — ser inteligente a respeito das emoções — é tão importante para uma liderança bem-sucedida: a liderança primordial exige o uso da inteligência emocional. Mostramos neste livro não só por que a liderança emocionalmente inteligente provoca ressonância, e em consequência bom desempenho, mas como também é possível entender o poder desse tipo de liderança — para o líder individual, em equipes e em organizações.

Entre as teorias de administração, o modelo de liderança primordial talvez seja o único que tem vínculos com a neurologia. Avanços em pesquisas do cérebro mostram que os estados de espírito e as ações dos líderes têm enorme impacto nos liderados, ao mesmo tempo que lançam nova luz sobre a capacidade da liderança emocionalmente inteligente de inspirar, despertar paixões e entusiasmos e manter as pessoas motivadas e comprometidas. Inversamente, fazemos um alerta sobre o poder que a liderança tóxica tem de envenenar o clima emocional do ambiente de trabalho.

Cada um de nós traz para essa tarefa uma perspectiva diferente. Para Daniel Goleman, o feedback em escala mundial aos livros de sua autoria e aos seus artigos na *Harvard Business Review* sobre liderança gerou convites para conversar com líderes nos quatro cantos do planeta. Além das palestras que ministra mundo afora, Richard Boyatzis, como professor da Escola de Administração Weatherhead, tem a vantagem de contar com pesquisas abrangentes realizadas ao longo dos quinze anos em que orientou milhares de mestres em administração de empresas e executivos diante dos desafios de cultivar as competências essenciais da inteligência emocional (IE). E Annie McKee, como membro do corpo docente da Escola de Pós-Graduação em Educação da Universidade da Pensilvânia, oferece consultoria a líderes de empresas e organizações no mundo inteiro, além de contribuir com ideias práticas adquiridas ajudando dezenas de organizações a se transformar produzindo líderes emocionalmente inteligentes. Juntamos as nossas especialidades para apresentar uma perspectiva que engloba distintos conhecimentos.[1]

As múltiplas faces da liderança primordial se tornaram evidentes para nós quando conversamos com centenas de executivos, administradores e funcionários de empresas e organizações mundo afora. Encontramos líderes ressonantes em organizações de todos os tipos e em todos os níveis. Alguns podem não ter cargo oficial de liderança, mas tomam a iniciativa de liderar quando é preciso, depois ficam em segundo plano até que uma nova oportunidade surja. Outros comandam uma equipe ou uma organização inteira, guiam uma start-up, implantam mudanças na sua empresa, ou saem espertamente para começar o próprio empreendimento.

Contamos histórias de muitos desses líderes nas páginas que se seguem (identificando alguns e preservando a identidade de outros, que falaram conosco confidencialmente). E confirmamos essas observações pessoais com dados sobre milhares de líderes.

Tivemos acesso a uma rica safra de dados de outras fontes. Colegas do setor de pesquisa da empresa global de consultoria Hay Group compartilharam conosco duas décadas de análises de eficácia de liderança feitas para os seus clientes no mundo inteiro. Nos últimos anos, uma rede crescente de pesquisadores acadêmicos tem colhido dados com o ECI-360, nosso avaliador das aptidões essenciais de inteligência emocional para liderança. E em muitos outros centros de pesquisa o conjunto de descobertas e teorias sobre inteligência emocional e liderança tem crescido de forma constante.

De todas essas fontes tiramos respostas para perguntas contundentes sobre liderança primordial. De que recursos emocionais precisam os líderes para prosperar no meio do caos e de mudanças constantes? O que dá ao líder força interior para ser honesto até mesmo a respeito das verdades mais incômodas? O que dá ao líder condições de inspirar outras pessoas a fazer o melhor trabalho possível e a permanecer fiéis quando recebem ofertas de outras empresas? Como os líderes criam o ambiente emocional favorável à inovação criativa, ao máximo desempenho, ou a receptivas e duradouras relações com os clientes?

Durante muito tempo os administradores viam as emoções no local de trabalho como ruídos que atrapalhavam o funcionamento racional da organização. Mas a ideia de que as emoções são irrelevantes para o mundo profissional ficou para trás. O que as organizações precisam agora é perceber os benefícios da liderança primordial, cultivando líderes que gerem a ressonância emocional necessária para o desenvolvimento de seus funcionários.

Consideremos, por exemplo, a terrível catástrofe ocorrida em Nova York, em Washington e na Pensilvânia no Onze de Setembro de 2001, que coincidiu com os últimos dias da redação deste livro. Aquela calamidade ressalta a função essencial da liderança emocional, particularmente em momentos de crise e tragédia humana. E mostra com clareza que a ressonância vai além da positividade, abrangendo diversas emoções. Analisemos o caso de Mark Loehr, CEO da SoundView Technology, uma firma de corretagem de tecnologia em Connecticut. Muitos funcionários da empresa perderam amigos, colegas e parentes na tragédia. A primeira reação de Loehr foi convidar todos os empregados para irem ao seu escritório no dia seguinte — não para trabalhar, mas para falar sobre o que sentiam e conversar sobre o que fazer. Nos dias seguintes, Loehr estava presente enquanto as pessoas choravam juntas, incentivando-as a falar sobre os seus sentimentos. Todas as noites, às 21h45, ele mandava um e-mail para a empresa inteira comentando sobre o lado pessoal do que estava acontecendo.

Loehr foi um pouco além, incentivando e orientando uma discussão sobre como encontrar sentido no caos por meio de uma ação concreta, da qual todos pudessem participar. Em vez de se limitarem a fazer uma doação em nome do grupo, resolveram doar para as vítimas da tragédia os lucros obtidos pela empresa num dia de atividades. Em um dia normal, isso podia ultrapassar meio milhão de dólares; o máximo que ganharam em um dia foi mais ou menos 1 milhão. Mas quando anunciaram o que pretendiam fazer, a ideia inspirou uma reação incrível: naquele dia levantaram mais de 6 milhões de dólares.

Para continuar o processo de cura, Loehr também pediu aos empregados que fizessem uma espécie de "álbum de lembranças" para registrar pensamentos, temores e esperanças, a ser compartilhado com gerações futuras. O que ocorreu em seguida foi um dilúvio de e-mails com poemas, histórias emocionantes, reflexões — pessoas se expressando com sinceridade.

Numa crise dessa magnitude, todos os olhos se voltam para o líder em busca de orientação emocional. Como sua maneira de ver as coisas tem um peso especial, os líderes encontram significado para o grupo, oferecendo uma forma de interpretar ou dar sentido a determinada situação e, consequentemente, de reagir de modo emocional. Mark Loehr desempenhou corajosamente uma das tarefas emocionais mais importantes no exercício da liderança: ajudou a si próprio e aos outros a encontrar um sentido mesmo em meio ao caos e à insensatez. Para tanto, primeiro entrou em sintonia com a realidade emocional coletiva, dando vazão a ela, e graças a isso a direção que acabou tomando encontrou eco em um nível mais visceral, colocando em palavras o que todos tinham no coração.

Como seria nossa vida se as organizações onde passamos nossos dias de trabalho fossem naturalmente lugares de ressonância, com líderes que nos inspirassem? Na maior parte do mundo em desenvolvimento as práticas mais eficientes de negócios ainda não foram formadas. Imagine como seria uma organização em que os conceitos de liderança ressonante fossem os pilares da sua fundação, e não simplesmente — como é quase sempre o caso em ambientes altamente desenvolvidos — um meio de corrigir problemas. Desde o início, pessoas com habilidades de IE seriam o foco dos processos de contratação para os cargos de liderança, bem como das promoções e do desenvolvimento. O aprendizado contínuo dessas aptidões de liderança faria parte das operações diárias, e a organização inteira seria um lugar onde as pessoas seriam capazes de crescer ao trabalhar juntas.

E, para ir um pouco além, o que aconteceria se trouxéssemos essas qualidades conosco para casa — para a nossa vida conjugal, nossa família, nossos filhos, nossa comunidade? Frequentemente, quando trabalhamos com líderes, ajudando-os a cultivar uma maior amplitude ou profundidade nas suas aptidões de inteligência emocional, eles nos dizem que a recompensa que tiveram não foi apenas em sua posição como líder, mas também na vida pessoal e familiar. Acabam levando para casa níveis mais elevados de autoconsciência, de compreensão empática, de autodomínio e de sintonia nas relações.

Avancemos mais um passo. Como seriam as nossas escolas — e as nossas crianças — se a educação também incluísse habilidades de inteligência emocional que incentivam a ressonância? Uma coisa é certa: empregadores de todos os tipos teriam a vantagem de recrutar para as suas vagas novas gerações de líderes em formação já versados em aptidões fundamentais para o trabalho. Os benefícios pessoais para os próprios jovens também se refletiriam no declínio dos males sociais — da violência ao consumo de drogas — que nascem em grande parte de déficits em habilidades como a de lidar com impulsos e com emoções turbulentas. Além disso, as comunidades seriam beneficiadas por níveis mais altos de tolerância, bondade e responsabilidade pessoal.

Levando em conta que os empregadores buscam essas qualidades nas pessoas que contratam, as faculdades e as escolas de formação profissional — particularmente as de administração — deveriam incluir o essencial em matéria de inteligência emocional nos seus currículos. Como nos lembra Erasmo, o grande pensador renascentista: "A melhor esperança de um país está na educação adequada da sua juventude".

Os mais avançados professores de administração devem reconhecer a importância da inteligência emocional na educação superior para que os seus formandos se tornem líderes mais capazes, em vez de meros administradores. Os empresários mais esclarecidos devem incentivar e apoiar esse tipo de educação, não apenas para fortalecer a liderança na sua própria organização, mas pela vitalidade de toda uma economia. E os benefícios virão não só para uma nova geração de líderes, mas também para a nossa família, para a nossa comunidade e para toda a sociedade.

Uma última observação. Há muitos líderes, não um só. A liderança é distribuída. Ela reside não somente no indivíduo que está no topo, mas de uma forma ou de outra em cada pessoa, em qualquer nível, que aja como líder de um grupo de seguidores — onde quer que essa pessoa esteja na cadeia hierárquica, seja representante sindical, chefe de equipe ou CEO. Oferecemos essas ideias a líderes, onde quer que estejam.

Parte 1

O poder da inteligência emocional

1. Liderança primordial

Grandes líderes mexem com as nossas emoções. Inflamam nossa paixão e inspiram o que há de melhor em nós. Quando tentamos explicar o motivo de eles serem tão eficientes, falamos de estratégia, visão ou ideias poderosas. Mas a realidade é bem mais básica: grandes líderes lidam com as emoções.

Pouco importa o que os líderes se disponham a fazer — seja formular estratégias ou mobilizar equipes: o êxito vai depender de *como* o fazem. Ainda que acertem em tudo o mais, se os líderes fracassam na tarefa primordial de conduzir emoções na direção certa, nada que façam funcionará tão bem como poderia ou deveria funcionar.

Pensemos, por exemplo, num momento crucial no departamento de jornalismo da BBC, o gigante britânico da mídia. O departamento havia sido criado como uma experiência e, apesar de seus cerca de duzentos jornalistas e editores acharem que tinham feito o melhor que podiam fazer, os gestores decidiram que teria de ser fechado.[1]

Não ajudou nada o fato de o executivo destacado para dar a notícia à equipe começar fazendo uma elogiosa descrição do sucesso das empresas rivais e contar que tinha acabado de voltar de uma maravilhosa viagem a Cannes. A notícia em si já era ruim, mas o jeito brusco, até ofensivo, do executivo provocou algo pior do que a frustração de praxe. As pessoas reagiram com raiva — não só à decisão administrativa, mas também ao próprio portador da notícia. A atmosfera ficou tão ameaçadora, que, por um momento, pareceu que o executivo ia ter que convocar a segurança para ajudá-lo a sair da sala.

No dia seguinte, outro executivo fez uma visita à equipe. Ele usou uma abordagem bem diferente. Falou com sinceridade da importância crucial do jornalismo para o dinamismo de uma sociedade, e da vocação que os atraíra para essa atividade. Lembrou-lhes que ninguém entra no jornalismo para ficar rico — como profissão, o lado financeiro sempre ficou em segundo plano, com a estabilidade no emprego variando conforme fatores econômicos externos. Além disso, invocou a paixão e a dedicação dos jornalistas pelo serviço que prestavam. Por fim, desejou a todos boa sorte na carreira.

Quando esse segundo líder acabou de falar, a equipe aplaudiu.

A diferença entre os dois líderes estava no estado de espírito e no tom com que transmitiram a mensagem: um provocou no grupo sentimentos de antagonismo e hostilidade; o outro, sentimentos de otimismo, até de inspiração, em face da dificuldade. Esses dois momentos chamam a atenção para uma dimensão oculta, mas crucial, da liderança — o impacto emocional do que o líder diz e faz.

Apesar de muita gente reconhecer que o humor de um líder — e como ele ou ela influencia o humor dos outros — tem papel significativo em qualquer organização, as emoções costumam ser vistas como pessoais demais, ou impossíveis de quantificar, para merecerem uma discussão séria. Mas pesquisas na área das emoções ofereceram ótimas pistas sobre como medir o impacto das emoções de um líder e também sobre como os melhores líderes encontram formas eficientes de compreender e aperfeiçoar o modo de tratar as próprias emoções e também as alheias. A compreensão do poderoso papel das emoções no ambiente de trabalho distingue os bons líderes dos demais — não só em aspectos tangíveis, como melhores resultados empresariais e retenção de talentos, mas também nos importantíssimos aspectos intangíveis, como moral mais elevado, motivação e dedicação.

A DIMENSÃO PRIMORDIAL

Essa tarefa emocional do líder é *primordial* — ou seja, primeira — em dois sentidos: é ao mesmo tempo o ato inicial e o ato mais importante de liderança.

Os líderes sempre exerceram um papel emocional primordial. Não há dúvida de que os primeiros líderes da humanidade — fossem chefes de clã ou líderes espirituais — conquistaram seu lugar em grande parte porque sua liderança era emocionalmente irresistível. Ao longo da história e em todas as culturas, o líder de qualquer grupo tem sido aquele para quem os outros se voltam em busca de segurança e clareza diante de uma incerteza ou de uma ameaça, ou quando há um trabalho a ser feito. O líder age como guia emocional do grupo.

Nas organizações modernas, essa tarefa emocional primordial — apesar de a esta altura ser em grande parte invisível — continua a se destacar entre os muitos trabalhos de liderança: dar uma direção positiva às emoções coletivas e dissipar a névoa criada por emoções tóxicas. Essa tarefa aplica-se à liderança em todos os lugares, da sala de reuniões ao chão de fábrica.

Simplificando, em qualquer grupo humano o líder tem o poder máximo de influenciar as emoções de todos. Se as emoções das pessoas são empurradas para o espectro do entusiasmo, o desempenho pode atingir as alturas; se forem conduzidas para o espectro do rancor e da ansiedade, as pessoas vão estar com a cabeça longe dali. Isso aponta para outro aspecto importante da liderança primordial: seus efeitos não se limitam a garantir que o trabalho seja bem-feito. Os seguidores voltam seus olhos para o líder também em busca de um vínculo de apoio emocional — de empatia. Toda liderança inclui essa dimensão primal, para o bem ou para o mal. Quando conduzem emoções de forma positiva, como no caso do segundo executivo da BBC, os líderes trazem à tona o que todos têm de melhor. Chamamos esse efeito de *ressonância*. Quando dirigem as emoções negativamente, como no caso do primeiro executivo, os líderes geram *dissonância*, minando os alicerces emocionais que permitem às pessoas brilhar. O destino de uma organização — se ela vai murchar ou prosperar — depende, em alto grau, da eficácia dos líderes nessa dimensão emocional primordial.

O essencial, claro, para fazer a liderança primordial funcionar em proveito de todos está nas aptidões de *inteligência emocional* da liderança: em como os líderes lidam consigo mesmos e com as suas relações. Os líderes que maximizam os benefícios da liderança primordial conduzem as emoções dos seus liderados no rumo certo.

E como isso funciona? Estudos recentes do cérebro revelam os mecanismos neurológicos da liderança primordial e explicam por que aptidões de inteligência emocional são tão cruciais.

O CIRCUITO ABERTO

O porquê da importância de como um líder age — não só o que ele faz, mas *como* faz — está no design do cérebro humano: naquilo que os cientistas começaram a chamar de natureza circuito aberto do sistema límbico, os nossos centros emocionais. Um sistema de circuito fechado, como o cardiovascular, é autorregulado: o que ocorre no sistema cardiovascular de outras pessoas à nossa volta não tem impacto sobre o nosso. Já um sistema circuito aberto depende em grande parte de fontes externas para o próprio manejo.

Em outras palavras, recorremos às conexões com outras pessoas para manter nossa própria estabilidade emocional. O sistema límbico circuito aberto é uma vitória na evolução, sem dúvida, porque permite que as pessoas prestem socorro emocional umas às outras — possibilitando, por exemplo, que uma mãe acalme um bebê que esteja chorando, ou que a sentinela de um bando de primatas emita um alarme instantâneo quando percebe uma ameaça.

Apesar do verniz da nossa avançada civilização, o princípio circuito aberto ainda se mantém. Pesquisas em unidades de tratamento intensivo mostram que a presença confortadora de outra pessoa não só baixa a pressão arterial do paciente, mas também retarda a secreção de ácidos graxos que entopem as artérias.[2] Mais espetacularmente, enquanto três ou mais incidentes de estresse severo por ano (digamos, graves problemas financeiros, demissão, divórcio) triplicam a taxa de mortalidade entre homens de meia-idade socialmente isolados, tais incidentes não têm *nenhum impacto* na taxa de mortalidade de homens que cultivam muitas amizades.[3]

Os cientistas descrevem o circuito aberto como uma "regulação límbica interpessoal" através da qual uma pessoa transmite sinais que podem alterar níveis hormonais, a função cardiovascular, ritmos de sono e até a função imunológica dentro do corpo de outra pessoa.[4] É assim que casais apaixonados conseguem instigar um no cérebro do outro surtos de ocitocina que produzem uma sensação agradável, afetuosa. Mas não é só nas relações amorosas que nossa fisiologia se mistura à da pessoa com quem estamos: nossas emoções automaticamente mudam para o registro emocional do outro em todos os aspectos da vida social. A natureza circuito aberto do sistema límbico significa que outras pessoas podem alterar até a nossa fisiologia — e consequentemente as nossas emoções.

Apesar de o circuito aberto ser parte tão importante da nossa vida, geralmente não nos damos conta desse processo. Cientistas capturaram essa sintonização de emoções em laboratório medindo a fisiologia — por exemplo, a frequência cardíaca — de duas pessoas envolvidas numa boa conversa. No início da conversa, o corpo de cada uma funciona de acordo com um ritmo próprio. Ao fim de quinze minutos, seus perfis fisiológicos parecem notavelmente similares — um fenômeno chamado *espelhamento*. Esse espelhamento ocorre com força durante a espiral descendente de um conflito, quando raiva e mágoa ricocheteiam, mas também acontece, com mais sutileza, em interações agradáveis.[5] Ele quase não se verifica durante uma discussão emocionalmente neutra. Pesquisadores constataram que emoções se espalham irresistivelmente sempre que pessoas se juntam, ainda que o contato seja não verbal. Por exemplo, quando três desconhecidos ficam dois ou três minutos sentados um de frente para o outro, em silêncio, o mais emocionalmente expressivo transmite seu estado de espírito para os outros dois — sem dizer uma palavra.[6] O mesmo efeito se dá no escritório, na sala de reuniões ou no chão da fábrica; pessoas trabalhando em grupo inevitavelmente "pegam" os sentimentos umas das outras, compartilhando tudo, seja ciúme, inveja, angústia ou euforia. Quanto mais coeso o grupo, mais forte o compartilhamento de estados de espírito, de laços emocionais e até de assuntos controversos.[7]

Por exemplo, em setenta equipes de trabalho em diversas indústrias, pessoas que se sentavam juntas em reuniões acabavam compartilhando estados de espírito — fossem positivos ou negativos — dentro de duas horas.[8] Enfermeiros, e até contadores, que tiveram os humores monitorados durante semanas, ou a cada poucas horas, enquanto trabalhavam juntos, mostraram emoções paralelas — e os estados de espírito compartilhados pelo grupo tinham pouco a ver com os aborrecimentos que enfrentavam.[9] Estudos sobre equipes esportivas profissionais mostram resultados parecidos: independentemente dos altos e baixos do time, os jogadores tendem a sincronizar os estados de espírito em dias ou semanas.[10]

CONTÁGIO E LIDERANÇA

A contínua interação de circuitos abertos límbicos entre membros de um grupo cria uma espécie de sopa emocional, com cada um acrescentando seu próprio sabor à mistura. Mas é o líder que adiciona o tempero mais forte. Por quê? Por causa dessa eterna realidade do mundo dos negócios: todo mundo presta atenção no chefe. As pessoas recebem suas deixas emocionais do topo. Mesmo quando o chefe não é muito visível — por exemplo, o CEO que trabalha a portas fechadas num andar superior —, sua atitude afeta o estado de espírito dos que lidam com ele diretamente, e um efeito dominó acaba percorrendo todo o clima emocional da empresa.[11]

Cuidadosas observações de grupos de trabalho em ação revelam as diversas maneiras que o líder tem de exercer o papel essencial de determinar as emoções compartilhadas.[12] Em geral, os líderes falam mais do que qualquer outro, e o que dizem é ouvido com mais atenção. Quase sempre os líderes também são os primeiros a tocar num assunto e, quando outras pessoas comentam, esses comentários geralmente se referem mais ao que o líder disse do que às observações de qualquer outro. Como a opinião do líder tem um peso especial, os líderes "administram significados" para um grupo, oferecendo uma maneira de interpretar e, portanto, de reagir emocionalmente a uma situação.[13]

Mas o impacto nas emoções vai além do que o líder diz. Nesses estudos, mesmo quando não falavam, os líderes eram observados com mais cuidado do que qualquer outro do grupo. As pessoas, quando propunham questões para todo o grupo, ficavam de olho no líder para ver qual seria sua resposta. Na verdade, membros do grupo em geral veem a reação emocional do líder como a resposta mais válida, e por isso modelam a própria resposta pela dele — particularmente numa situação ambígua, na qual muitos reagem de forma diferente. Em certo sentido, o líder dá o tom emocional.

Líderes distribuem ou negam elogios, criticam bem ou destrutivamente, oferecem apoio ou fazem vista grossa às necessidades alheias. Podem elaborar um projeto de um jeito que todos possam contribuir melhor — ou não. Podem guiar de uma forma que dê aos seus liderados um senso de clareza e direção no trabalho e estimule a flexibilidade, deixando as pessoas livres para usar o próprio discernimento para executar um trabalho. Todos esses atos ajudam a determinar o impacto emocional primordial do líder.

Apesar disso, nem todos os líderes "oficiais" de um grupo são necessariamente líderes emocionais. Quando por alguma razão falta credibilidade ao líder designado, as pessoas podem buscar orientação emocional em alguém que lhes inspire confiança e respeito. Esse líder escolhido se torna, então, aquele que molda as reações emocionais dos outros. Por exemplo, um conhecido grupo de jazz que foi batizado com o nome do seu fundador e líder oficial na verdade recebia suas deixas emocionais de um músico diferente. O fundador continuava a cuidar das reservas e da logística, mas na hora de decidir que música o grupo tocaria em seguida, ou que sistema de som deveria ser ajustado, todos os olhos se voltavam para o membro dominante — o líder emocional.[14]

ÍMÃS HUMANOS

Independentemente de quem seja o líder emocional, no entanto, é provável que tenha um talento para agir como "ímã" límbico, exercendo força palpável sobre o cérebro emocional das pessoas à sua volta. Pegue o exemplo de um ator talentoso atuando e note a facilidade com que ele atrai uma plateia para a sua órbita emocional. Seja comunicando a agonia de uma traição ou uma alegria triunfal, a plateia também vai sentir essas coisas.

A facilidade com que captamos os estados emocionais dos líderes tem a ver, portanto, com o grau de expressividade com que o rosto, a voz e os gestos desse líder transmitem sentimentos. Quanto maior a habilidade do líder para transmitir emoções, maior o vigor com que as emoções se espalham. Essa transmissão não depende da arte teatral, é claro; se as pessoas prestarem muita atenção em um líder, até mesmo a mais sutil das expressões de emoção pode ter grande impacto. Apesar disso, quanto mais abertos são os líderes — sabendo expressar o próprio entusiasmo, por exemplo —, mais prontamente outras pessoas vão sentir a mesma paixão contagiante.

Líderes com esse tipo de talento são ímãs emocionais; as pessoas gravitam naturalmente em torno deles. Se pensarmos nos líderes com os quais as pessoas mais gostariam de trabalhar numa organização, veremos que eles muito provavelmente têm essa habilidade de transpirar sentimentos positivos. É uma das razões para os líderes emocionalmente inteligentes atraírem pessoas talentosas — o prazer de trabalhar na presença deles. De modo inverso, líderes que emitem um registro negativo — que são irritadiços, melindrosos, dominadores, frios — repelem as pessoas. Ninguém quer trabalhar com um resmungão. As pesquisas comprovam: líderes otimistas, entusiásticos, retêm funcionários com mais facilidade, em comparação com chefes que tendem a cair em estados de espírito negativos.[15]

Para entender como as emoções determinam a eficácia no trabalho, vamos avançar no impacto da liderança primordial.

> ## O RISO E O CIRCUITO ABERTO
>
> Emoções às vezes se espalham como vírus, mas nem todas as emoções se propagam com a mesma facilidade. Um estudo da Escola de Administração da Universidade Yale revelou que nos grupos de trabalho a animação e o calor humano se espalham com mais facilidade, enquanto a irritabilidade é menos contagiosa e a depressão, praticamente intransmissível.[16] Essa taxa de difusão dos bons estados de espírito tem implicações diretas para os resultados profissionais. Os estados de espírito, segundo revelou o estudo de Yale, influenciam a eficácia das pessoas no trabalho; estados de espírito positivos estimulam a cooperação, a imparcialidade e o desempenho empresarial.
>
> O riso, em particular, demonstra na prática o poder do circuito aberto — e portanto a natureza contagiosa das emoções. Ao ouvir uma risada, nós também rimos ou damos uma gargalhada automaticamente, criando uma reação em cadeia espontânea que percorre o grupo inteiro. A alegria se espalha de imediato porque nosso cérebro contém circuitos abertos, projetados especificamente para detectar sorrisos e risadas que nos fazem reagir rindo também. O resultado é um sequestro emocional positivo.
>
> Da mesma forma, de todos os sinais emocionais, o sorriso é o mais contagioso; tem um poder quase irresistível de fazer outros sorrirem em resposta.[17] Ele tem essa força por causa da função benéfica que desempenha na evolução: cientistas conjeturam que o sorriso e a risada se desenvolveram como uma forma não verbal de fortalecer alianças, significando que a pessoa está descontraída e cordial, em vez de cautelosa e hostil.
>
> A risada oferece um sinal inequivocamente confiável dessa afabilidade. Ao contrário de outros sinais emocionais — em particular o sorriso, que pode ser fingido —, a risada envolve sistemas neurais altamente

complexos que são em grande parte involuntários: é mais difícil de fingir.[18] Assim, ao passo que um sorriso falso pode escapar ao nosso radar emocional, uma risada forçada soa vazia.

Num sentido neurológico, rir representa a distância mais curta entre duas pessoas, porque interliga de imediato sistemas límbicos. Essa reação instantânea, involuntária, como diz um pesquisador, envolve "a comunicação mais direta possível entre as pessoas — de cérebro para cérebro —, simplesmente levando nosso intelecto de carona, no que poderia ser chamado de "ligação límbica".[19] Não surpreende, portanto, que as pessoas que gostam da companhia umas das outras riam com tanta facilidade e frequência e que as que desconfiam ou não gostam umas das outras, ou que por qualquer motivo não se dão bem, riam pouco ou até mesmo nunca juntas.

Em qualquer ambiente de trabalho, portanto, o som de risadas é um indicador do clima emocional do grupo, oferecendo uma mostra clara de que o coração das pessoas, assim como a cabeça, está presente. Além disso, rir no trabalho tem pouco a ver com o fato de alguém contar uma piada ensaiada: em um estudo de 1200 ocorrências de risadas em situações de interação social, a risada quase sempre ocorre como resposta amigável a um comentário comum, como "é um prazer conhecer você", e não ao desfecho de uma anedota.[20] A boa risada manda uma mensagem tranquilizadora: estamos na mesma frequência, nos damos bem. É sinal de confiança, conforto e de um sentimento compartilhado do mundo; como o ritmo numa conversa, a risada indica que, por ora, está tudo bem.

ATÉ QUE PONTO ESTADOS DE ESPÍRITO INFLUENCIAM RESULTADOS

Emoções são muito intensas, fugazes e por vezes perturbam o trabalho; estados de espírito costumam ser sentimentos menos intensos e mais duradouros, que tipicamente não interferem na execução do trabalho. E um episódio emocional em geral deixa um estado de espírito correspondente mais duradouro; um fluxo contínuo, discreto, de sentimento percorrendo o grupo.

Embora emoções e estados de espírito possam parecer banais do ponto de vista empresarial, o fato é que têm consequências na execução do trabalho. A ansiedade branda de um líder pode atuar como sinal de que alguma coisa precisa ser tratada com mais atenção e analisada com mais cuidado. A rigor, um humor sóbrio pode ajudar imensamente quando se avalia uma situação de risco — e excesso de otimismo pode nos fazer ignorar perigos.[21] Uma súbita onda de raiva pode fixar a atenção de um líder em um problema urgente — como a revelação de que um alto executivo está envolvido em assédio sexual —, redirecionando suas energias da rotina de preocupações normais para a busca de uma solução, como intensificar os esforços da organização para eliminar assédios.[22]

Embora uma ansiedade branda (como a provocada por um prazo que está terminando) possa contribuir para concentrar a atenção e as energias, a angústia prolongada é capaz de sabotar as relações do líder, além de atrapalhar o desempenho no trabalho, porque diminui a capacidade cerebral de processar informações e responder com eficácia. Uma boa risada e um estado de espírito positivo, por outro lado, quase sempre fortalecem capacidades neurais essenciais para fazer um bom trabalho.

Os estados de espírito, positivos ou negativos, tendem a se perpetuar, em parte porque distorcem percepções e lembranças: as pessoas, quando estão animadas, veem o lado favorável de uma situação e se lembram de boas coisas a respeito dela; quando estão mal, concentram-se no lado inconveniente.[23] Além dessa distorção sensorial, o caldo de hormônios do estresse produzido quando estamos aborrecidos leva horas para ser reabsorvido pelo corpo e desaparecer. É por isso que uma relação ruim com o chefe pode tornar a pessoa prisioneira dessa angústia, com a mente preocupada e o corpo incapaz de se acalmar: *Fiquei tão chateado com ele naquela reunião de ontem que à noite não consegui dormir e passei horas acordado.* Como resultado disso, é natural preferirmos estar com pessoas emocionalmente positivas, em parte porque elas fazem com que nos sintamos bem.

SEQUESTRO EMOCIONAL

Emoções negativas — em especial raiva crônica, ansiedade, ou sensação de inutilidade — prejudicam gravemente o trabalho, sequestrando a atenção que deveria estar concentrada na tarefa a ser executada.[24] Por exemplo, num estudo de estados de espírito e seu contágio realizado por Yale, o desempenho de grupos executivos que tomavam decisões sobre a melhor maneira de distribuir bonificações anuais era sensivelmente estimulado por sentimentos positivos e prejudicado por sentimentos negativos. De forma significativa, os membros do grupo não se davam conta da influência exercida pelo próprio estado de espírito.[25]

Por exemplo, de todas as interações que provocavam o mau humor dos empregados de uma rede hoteleira internacional, a mais comum era falar com alguém da gerência. As interações com chefes resultavam em sentimentos ruins — frustração, desapontamento, raiva, tristeza, desgosto ou mágoa — cerca de nove em dez vezes. Essas interações com frequência eram causa de angústia, mais do que hóspedes, pressões do trabalho, regras da empresa, ou problemas pessoais.[26] Não que líderes precisem ser excessivamente "legais"; a arte emocional da liderança inclui saber pressionar a realidade das demandas do trabalho, sem aborrecer indevidamente as pessoas. Uma das mais antigas leis da psicologia sustenta que, acima de um nível moderado, qualquer aumento de ansiedade e preocupação compromete a capacidade mental.

A angústia não só prejudica a capacidade mental, mas também torna as pessoas menos inteligentes emocionalmente. Pessoas aborrecidas têm dificuldade para interpretar corretamente as emoções alheias — diminuindo a competência mais necessária à empatia e, como resultado, prejudicando as habilidades sociais.[27]

Outro ponto a ser considerado é que as emoções que as pessoas sentem no trabalho, de acordo com novas descobertas sobre satisfação no emprego, refletem mais diretamente a verdadeira qualidade da vida profissional.[28] A porcentagem de tempo que as pessoas consomem com emoções positivas no trabalho acaba sendo um dos mais fortes indícios de satisfação e, consequentemente, por exemplo, da probabilidade de os empregados desertarem.[29] Nesse sentido, líderes que criam um clima negativo são, em suma, ruins para os negócios — e os que transmitem bom humor ajudam a assegurar o êxito de uma empresa.

BOM HUMOR, BOM TRABALHO

As pessoas trabalham da melhor forma possível quando se sentem bem. Sentir-se bem lubrifica a eficiência mental, permitindo que as pessoas entendam melhor as informações e usem melhor as regras de decisão em julgamentos complexos, além de torná-las mais flexíveis nas suas ideias.[30] Estados de espírito otimistas, comprovam as pesquisas, fazem as pessoas verem as outras — ou os acontecimentos — sob uma luz mais positiva. Isso, por sua vez, ajuda as pessoas a se sentirem mais otimistas quanto à própria capacidade de atingir uma meta, estimula a criatividade e a capacidade de tomar decisões e predispõe as pessoas a ser prestativas.[31] Corretores de seguros com uma visão "copo meio cheio", por exemplo, são muito mais propensos do que os seus colegas mais pessimistas a persistirem diante de uma rejeição e acabam vendendo mais.[32] Além disso, pesquisas sobre humor no trabalho revelam que uma piada oportuna ou uma boa risada estimulam a criatividade, abrem linhas de comunicação, reforçam o senso de conexão e confiança e, claro, tornam o trabalho mais divertido.[33] Gracejos oportunos aumentam a probabilidade de concessões financeiras durante uma negociação. Não é de admirar, pois, que a boa disposição ocupe lugar de destaque no kit de ferramentas dos líderes emocionalmente inteligentes.

Bom humor é especialmente importante quando se trata de trabalho em equipe: a capacidade de um líder de despertar em um grupo um estado de espírito entusiástico, colaborativo, pode determinar o seu sucesso. De outro lado, sempre que conflitos emocionais desviam a atenção e as energias de um grupo das suas tarefas, o desempenho da equipe será prejudicado.

Examinem-se os resultados de um estudo sobre 62 CEOs e suas equipes executivas.[34] Os CEOs representavam empresas da lista *Fortune 500*, bem como algumas das principais prestadoras de serviços dos Estados Unidos (como firmas de consultoria e contabilidade), organizações sem fins lucrativos, e agências do governo. Os CEOs e suas equipes executivas foram avaliados pelo grau de boa disposição — se eram dinâmicos, entusiastas, determinados. Além disso, responderam a perguntas sobre quantos conflitos e tumultos suas melhores equipes enfrentavam, ou seja, sobre choques de personalidade, raiva e irritação em reuniões, e conflitos emocionais (em contraste com divergência de ideias).

O estudo revelou que quanto mais positivos eram os estados de espírito das equipes administrativas mais superiores, maior o grau de cooperação com que as pessoas trabalhavam — e melhor o resultado para os negócios da empresa. Colocado de outra forma, quanto mais tempo a empresa era dirigida por uma equipe administrativa cujos membros não se davam bem, pior o retorno do mercado.

O "QI coletivo", então — a soma dos melhores talentos de todos os membros presentes —, depende da inteligência emocional da equipe, como demonstrado por sua harmonia. Um líder com aptidões para a colaboração pode manter um alto grau de cooperação e, dessa maneira, assegurar que as decisões do grupo compensem o esforço da reunião. Esses líderes sabem como equilibrar a concentração do grupo na tarefa a ser executada com a atenção do grupo à qualidade das relações entre os integrantes. Eles criam naturalmente um clima amistoso, mas eficiente, que levanta o ânimo de todos.

COMO MEDIR O "CLIMA" DE UMA EMPRESA

O senso comum diz, é claro, que empregados que se sentem otimistas provavelmente farão um esforço extra para agradar aos clientes e com isso aumentar os lucros. Mas na verdade existe um logaritmo que prevê essa relação: para cada 1% de melhora no clima do ambiente de trabalho, há 2% de aumento na renda.[35]

Benjamin Schneider, professor da Universidade de Maryland, descobriu, em locais tão diferentes como filiais bancárias, escritórios regionais de seguradoras, call centers de cartão de crédito e hospitais, que as notas dadas pelos empregados ao clima organizacional servem como prognóstico da taxa de satisfação dos clientes, que por sua vez se reflete nos resultados dos negócios. Da mesma forma, um moral baixo entre representantes do departamento de atendimento ao cliente num dado momento é prenúncio de alta rotatividade de pessoal — e declínio da taxa de satisfação dos clientes — até três anos depois. Essa baixa satisfação dos clientes, por sua vez, resulta em queda de receita.[36]

E qual seria o antídoto? Além das relações óbvias entre clima e condições de trabalho ou salário, líderes ressonantes desempenham papel vital. Em geral, quanto mais desgastante emocionalmente for o trabalho, mais empático e solidário o líder precisa ser. Líderes criam o clima organizacional e, portanto, a predisposição dos empregados a satisfazer clientes. Em uma companhia de seguros, por exemplo, Schneider descobriu que a liderança eficiente tinha tanta influência no clima de trabalho entre agentes que chegava a ser responsável por uma diferença de 3% a 4% nas renovações de apólice — margem aparentemente pequena que fazia grande diferença para o negócio.

Não é de hoje que consultores organizacionais acham que existe algum tipo de vínculo positivo entre o ambiente de uma unidade da empresa e seu desempenho. Mas dados vinculando as duas coisas têm sido escassos — e em razão disso, na prática, os líderes podem, mais facilmente, ignorar o próprio estilo pessoal e os efeitos que causa nos liderados, concentrando-se, em vez disso, em objetivos empresariais mais "sólidos". No entanto, agora que dispomos de resultados de várias indústrias que comprovam a relação entre liderança e atmosfera e desempenho da empresa, é possível quantificar a sólida influência que um conceito tão vago como o "clima" de uma empresa tem sobre o rendimento dos negócios.

Por exemplo, numa empresa global de alimentos e bebidas, resultados positivos na medição do clima prognosticavam ganhos anuais mais altos nas principais divisões. E num estudo de dezenove companhias de seguro, o clima criado pelos CEOs entre os subordinados diretos prognosticava o desempenho dos negócios de toda a organização: em 75% dos casos, só o clima já era suficiente para identificar as empresas de altos e as de baixos lucros e crescimento.[37]

O clima em si não determina o desempenho. Os fatores que decidem que empresas se mostram mais aptas neste ou naquele trimestre são notoriamente complexos. Mas nossas análises sugerem que, em geral, o clima — o que as pessoas acham de trabalhar numa empresa — pode ser responsável por 20% a 30% do desempenho dos negócios. Extrair das pessoas o que elas têm de melhor a oferecer compensa em termos de resultados concretos.

Se o clima impulsiona os resultados dos negócios, o que determina o clima? Mais ou menos de 50% a 70% da nota que os empregados dão para o clima organizacional podem ser atribuídos às ações de uma pessoa: o líder. Mais do que qualquer outro, o chefe cria as condições que determinam diretamente a capacidade dos funcionários de trabalhar bem.[38]

Em resumo, os estados emocionais e as ações dos líderes afetam o modo como os funcionários se sentem e, portanto, o modo como trabalham. A capacidade demonstrada pelos líderes de administrarem bem seu humor e afetarem o humor dos demais torna-se, então, não apenas uma questão pessoal, mas um fator de êxito dos negócios.[39]

E isso nos leva a investigar como o cérebro estimula a liderança primordial, para o bem ou para o mal.

> ### IR TRABALHAR COM UM SORRISO
>
> De todos os aspectos dos negócios, o bom tratamento oferecido aos clientes — esse santo graal de qualquer indústria de prestação de serviços — é talvez o mais afetado pelo contágio do estado de espírito, e portanto pelo aspecto circuito aberto do cérebro. Empregos na área de atendimento ao cliente são conhecidos por ser estressantes, com emoções fluindo à vontade, não apenas dos clientes para a linha de frente, mas também dos empregados para os clientes. Do ponto de vista empresarial, é claro, o mau humor das pessoas que atendem ao público é um prenúncio ruim. Primeiro porque a grosseria é contagiosa, produzindo clientes insatisfeitos, até furiosos — independentemente de determinado serviço ter sido bem prestado. Segundo, porque empregados ranzinzas atendem mal, às vezes com resultados trágicos: unidades de atendimento cardiológico onde o humor geral das enfermeiras era "depressivo" apresentavam uma taxa de mortalidade de pacientes quatro vezes mais alta do que outras unidades.[40]
>
> Em contraste com isso, estados de espírito otimistas na linha de frente beneficiam a empresa. Os clientes, quando acham agradável interagir com quem atende ao balcão, começam a achar que a loja é um "lugar legal" para fazer compras. Isso significa não apenas mais visitas repetidas, mas também uma propaganda positiva boca a boca. Além disso, quando o atendente se sente bem, faz um esforço para satisfazer os clientes: em um estudo de 32 lojas numa cadeia de venda a varejo dos Estados Unidos, aquelas com vendedores bem-humorados apresentaram os melhores resultados.[41]

Mas afinal, o que essa descoberta tem a ver com liderança? Em todas aquelas lojas varejistas, era o gerente que criava o clima emocional que conduzia o humor dos vendedores — e, em última análise, as vendas — na direção certa. Quando os próprios gerentes eram dinâmicos, confiantes e otimistas, esse estado de espírito era transmitido para o seu pessoal.[42]

2. Liderança ressonante

Vamos voltar agora ao nosso exemplo do departamento da BBC que estava sendo fechado. O primeiro executivo escolhido para dar a má notícia — e que deixou todos tão irritados que por pouco não precisou chamar a segurança para sair a salvo — exemplifica o que chamamos de liderança *dissonante*. Sem ter noção dos sentimentos das outras pessoas na sala, ele lançou o grupo numa espiral descendente indo da frustração ao arrependimento, do rancor à raiva.

Líderes criam dissonância quando não conseguem estabelecer empatia com um grupo, nem interpretar corretamente as emoções desse grupo, enviando mensagens desconcertantes sem que seja necessário. A angústia coletiva resultante torna-se então o foco de preocupação do grupo, desviando a atenção que deveria ser prestada à mensagem do líder — ou à própria missão. Em qualquer ambiente de trabalho, o impacto emocional e empresarial de um líder dissonante pode ser medido com facilidade: as pessoas ficam inseguras e, consequentemente, trabalham mal.

O segundo executivo, que foi aplaudido pelos empregados demitidos, exemplifica a liderança *ressonante*: ele estava sintonizado com os sentimentos das pessoas e as conduziu numa direção emocionalmente positiva. Falando com sinceridade sobre os próprios valores, e fazendo eco às emoções daqueles à sua volta, ele foi certeiro em sua mensagem, levando as pessoas a se sentir otimistas e inspiradas até mesmo em um momento difícil. Quando um líder desencadeia ressonância, fica visível no semblante das pessoas: há nele interesse e brilho.

A raiz da palavra *ressonância* é reveladora: a palavra latina *resonare*, ressoar. Ressonância, na definição do *Oxford English Dictionary*, refere-se ao "reforço ou prolongamento de sons por reflexão", ou, mais especificamente, "por vibração sincrônica". O análogo humano da vibração sincrônica ocorre quando duas pessoas estão emocionalmente no mesmo comprimento de onda — quando se sentem "em sincronia". E, fazendo jus ao sentido original de ressonância, essa sincronia "ressoa", prolongando o tom emocional positivo.

Um bom indício do líder ressonante é o grupo de seguidores que vibra com a energia otimista e entusiástica do líder. Uma máxima da liderança ressonante é que ela amplia e prolonga o impacto emocional da liderança. Quanto mais ressonantes forem as pessoas no trato umas com as outras, menos estáticas serão as interações entre elas; a ressonância reduz os ruídos do sistema. "Equipe", proclama um mantra empresarial, significa "mais sinal, menos ruído". A cola que mantém as pessoas unidas numa equipe e que as vincula a uma organização são as emoções que sentem.[1]

A eficácia com que os líderes dirigem esses sentimentos para ajudar um grupo a alcançar suas metas depende do nível de inteligência emocional que possuem. A ressonância vem de maneira natural quando os líderes são inteligentes emocionalmente (IE). A paixão e a energia entusiástica ressoam no grupo inteiro. Apesar disso, esses líderes por vezes podem projetar um estado de espírito mais sério, quando for conveniente, usando a empatia para sintonizar com o registro emocional das pessoas a quem lidera. Por exemplo, se aconteceu alguma coisa que deixou todo mundo furioso (como o fechamento de um departamento) ou triste (como a doença grave de um colega querido), o líder IE não só estabelece empatia com essas emoções, mas também as expressa para o grupo. Esse tipo de ressonância reforça tanto a sincronia quanto o entusiasmo, pois faz as pessoas se sentirem compreendidas e queridas.

Sob a orientação de um líder IE, as pessoas sentem um nível de conforto recíproco. Compartilham ideias, aprendem umas com as outras, tomam decisões em colaboração e fazem o que precisam fazer. Formam um vínculo emocional que as ajuda a permanecer concentradas, mesmo em meio a mudanças e incertezas profundas. E, talvez ainda mais importante: conectar-se com outras pessoas em um nível emocional dá sentido ao trabalho. Todos sabemos o que significa compartilhar a animação de um momento, a alegria de executar um trabalho bem-feito. Esses sentimentos levam as pessoas a fazer juntas o que nenhuma seria capaz de fazer sozinha. E é o líder IE que sabe como formar esse tipo de vínculo.

De outro lado, se o líder não tem ressonância, as pessoas podem até trabalhar mecanicamente, fazendo apenas um trabalho "satisfatório," em vez de se esforçarem para conseguir o melhor resultado possível. Sem uma boa dose de coração, um suposto "líder" pode até "se virar", mas não lidera.

O LÍDER DISCORDANTE

A *dissonância*, em seu sentido musical original, descreve um som desagradável, áspero; tanto em termos musicais como humanos, dissonância indica falta de harmonia. A liderança dissonante produz grupos que se sentem emocionalmente discordantes, nos quais as pessoas têm a sensação de estar eternamente desafinadas.[2]

Da mesma maneira que uma boa risada funciona como um barômetro instantâneo de ressonância no trabalho, a raiva desenfreada, o medo, a apatia, ou mesmo o silêncio carrancudo indicam o oposto. Essa dissonância, revelam as pesquisas, é muito comum no ambiente de trabalho. Numa pesquisa com mais de mil trabalhadores nos Estados Unidos, 42% relataram episódios de berros e outros tipos de insulto verbal no trabalho, e quase 30% admitiram ter gritado com colegas.[3]

Vamos refletir um pouco sobre os custos biológicos dessa dissonância. Embora fazer queixas genuínas possa desanuviar o ambiente — e criar ressonância —, quando a pessoa reclama com raiva a altercação pode facilmente espiralar e se tornar tóxica. Por exemplo, em vez de dizer calmamente, "Quando você chega tarde às reuniões, perdemos tempo — todos sairíamos ganhando se você chegasse na hora", o queixoso parte para ataques pessoais.

Ele rosna: "Vejo que Sua Alteza finalmente aceitou juntar-se a nós. Fico muito feliz de ver que conseguiu nos encaixar na sua movimentada agenda. Faremos o possível agora para não desperdiçar muito do seu precioso tempo".

Esses conflitos desconcertantes causam estragos emocionais, como demonstram estudos em que respostas psicológicas são monitoradas no decorrer de disputas.[4] Esses ataques — que transmitem dolorosas mensagens emocionais de repúdio ou desprezo — sequestram emocionalmente a pessoa atacada, em especial quando quem ataca é o cônjuge ou o chefe, cuja opinião tem grande peso.

John Gottman, psicólogo da Universidade de Washington, usa o termo "inundação" para descrever a intensidade da reação tipo "encare-ou-fuja" que essas mensagens extremas de desprezo podem provocar: o ritmo cardíaco aumenta vinte ou trinta batimentos por minuto, acompanhado por uma esmagadora sensação de angústia. Quando inundada, a pessoa não consegue ouvir o que está sendo dito sem distorcer, nem responder com clareza; o pensamento se confunde e as respostas mais imediatas são primitivas — qualquer coisa que ponha fim rapidamente àquele encontro. Como resultado disso, a pessoa costuma "desligar" a outra, distanciando-se dela emocional ou fisicamente.

Embora esses estudos tenham sido feitos com pessoas casadas, uma situação dissonante entre chefe e subordinado tem mais ou menos o mesmo custo emocional. Num desses estudos, pedia-se aos empregados que se lembrassem de episódios em que supervisores tivessem perdido as estribeiras com eles e feito ataques pessoais. Tipicamente, o empregado ficava na defensiva, esquivando-se de qualquer responsabilidade, ou fechava-se em si mesmo para evitar o confronto com o supervisor. E quando 108 supervisores e empregados de escritório falaram sobre as causas de conflito no emprego, a principal razão citada era a crítica injusta do chefe.[5]

Em resumo, a dissonância desanima as pessoas, desgasta-as, faz com que vão embora. A dissonância tem outro custo pessoal: empregados que trabalham em ambientes tóxicos levam a toxicidade para casa. Os hormônios do estresse liberados durante um dia de trabalho desgastante continuam a girar pelo corpo durante horas.[6]

AS VARIEDADES DE DISSONÂNCIA

Há incontáveis tipos de líderes dissonantes, que não só carecem de empatia (e, portanto, estão fora de sincronia com o grupo), como também transmitem tons emocionais que ressoam com frequência num registro negativo. Na maioria, como se descobriu, esses líderes não têm a intenção de ser tão discordantes; simplesmente lhes faltam as qualidades críticas de IE capazes de ajudá-los a comandar com ressonância.

Em casos extremos, líderes dissonantes podem variar do ofensivo ao tirânico, que berra e humilha pessoas, até o sociopata manipulador. Esses líderes causam um impacto emocional um pouco parecido com os "dementadores" da série Harry Potter, que "sugam a paz, a esperança e a felicidade do ar à sua volta".[7] Criam ambientes de trabalho miseráveis, mas não têm ideia de como são destruidores — ou simplesmente não querem saber.

Alguns líderes dissonantes, porém, são mais sutis, ostentando um charme ou um verniz social, até mesmo um carisma, de fachada, para enganar e manipular. Esses líderes não seguem verdadeiramente os valores que apregoam, ou carecem de empatia, não se importando com quase nada que não seja a própria carreira. Quando os seguidores percebem esse tipo de insinceridade — quando um líder manipulador finge amizade, por exemplo —, a relação se dissolve em cinismo e desconfiança.

Líderes dissonantes às vezes parecem eficazes a curto prazo — podem conseguir uma cobiçada promoção, por exemplo, fazendo o possível para agradar ao chefe —, mas a toxicidade que deixam pelo caminho desmente o sucesso aparente. Em qualquer lugar para onde forem dentro da organização, o legado de sua passagem marca uma trajetória de desmotivação e apatia, raiva e ressentimento. Em resumo, os líderes dissonantes são aqueles chefes com quem as pessoas têm pavor de trabalhar.

Quando vemos alguém que lidera uma organização atiçando essa ressonância negativa, é certeza de que haverá problema. Apesar de eventuais melhorias no desempenho a curto prazo, se um líder ressoa exclusivamente no âmbito emocional negativo, o efeito será, com o tempo, exaurir as energias das pessoas. Esses líderes transmitem as próprias emoções — quase sempre corrosivas —, mas não recebem; não escutam o que lhes dizem, nem se importam com os outros. Já os líderes IE, diferentemente, seguem o caminho mais duradouro para a motivação, evocando ressonância positiva, agrupando pessoas em torno de um objetivo que valha a pena.

Há também os líderes que chamamos de "perdidos no mundo", que tentam ressoar num tom positivo sem se dar conta do desagradável fato de que os subordinados estão atolados num registro emocional negativo. Em outras palavras, a realidade profissional deixa as pessoas irritadas, ansiosas ou infelizes de alguma maneira, mas o líder continua sem perceber nada e, assim, envia mensagens otimistas que não encontram ressonância em ninguém.

Um executivo conhecido nosso descreve sua visão organizacional nestes termos: "Estamos caminhando agilmente para um futuro complexo, liderando nossa indústria à medida que alcançamos novos patamares. Nossos líderes procuram oportunidade a cada curva do caminho e nossos gerentes arrebentam a concorrência. Nossa grande felicidade é a satisfação dos nossos clientes".

De início, pode parecer muito bom, mas, pensando melhor, é uma sucessão de declarações banais e vazias. Não sabemos o que exatamente ele quis dizer (você sabe?), mas, examinando a cultura e as práticas de liderança, não encontramos muita flexibilidade, tolerância com ambiguidade, disposição para arriscar-se, inovação ou sintonia com os clientes. Vimos grupos empenhados nas velhas rotinas de sempre, descrentes da visão descrita pelo líder. A triste realidade é que o jargão empresarial pode servir como cortina de fumaça para que o líder jamais tenha uma conversa séria sobre o que as pessoas realmente fazem na organização — e jamais sinta que é preciso mudar algo.

Líderes egoístas com frequência não têm noção de nada. Por exemplo, um grupo de administradores de uma empresa de bens de consumo pediu uma reunião com o CEO porque todos eles estavam profundamente preocupados com o que acontecia na empresa. Embora a firma ainda aparecesse na lista das dez melhores, comparada com outras daquela indústria, as linhas de tendência apontavam para baixo. Os administradores, tão ligados ao trabalho, queriam ajudar o CEO a conduzir as atividades na direção certa.

Mas, na reunião, o CEO não prestou a menor atenção no que os administradores disseram. A resposta que deu às preocupações deles foi a seguinte: "As pessoas querem um herói — precisam de um herói — e é isso que sou para os empregados. Sou como um astro de cinema, as pessoas querem me ver e admirar. Por isso achei ótimo vocês virem aqui, para ouvirem o que tenho a dizer e contar a todos como sou".

Houve um silêncio estupefato na sala enquanto ele falava — um silêncio que o CEO sem dúvida interpretou como assentimento. Para ele, não se tratava de "nós" mas de "eu". O lado negativo da ambição é que ela pode concentrar toda a atenção do líder nele mesmo, levando-o a ignorar as preocupações das pessoas das quais depende para ser bem-sucedido — e a criar dissonância.[8]

Em contraste com isso, líderes emocionalmente inteligentes criam ressonância, sintonizando-se com os sentimentos — dele e dos outros — e conduzindo-os na direção certa. Para compreender o mecanismo que impulsiona os líderes emocionalmente inteligentes e assim criar ressonância, vamos dar uma olhada nas novas descobertas em pesquisas do cérebro.

> ### O DEMAGOGO
>
> Tendo em conta que líderes eficientes mobilizam seguidores de acordo com o ritmo emocional desses seguidores, vemo-nos diante do fato desconcertante de que, ao longo da história, demagogos e ditadores têm usado essa mesma habilidade com propósitos lamentáveis. Os Hitlers e Pol Pots da vida conseguiram, todos eles, arregimentar multidões enraivecidas em torno de uma mensagem convincente — mas destrutiva. E aí está a diferença crucial entre ressonância e demagogia.
>
> Em comparação com os líderes ressonantes, os demagogos espalham mensagens emocionais bem diferentes, que desencadeiam emoções negativas, em particular uma mistura de medo e raiva: a ameaça "deles" contra "nós", e o temor de que "eles" tomem o que "nós" temos. Sua mensagem polariza em vez de juntar pessoas numa causa comum. Esses líderes constroem o seu programa de ação com base em uma ressonância negativa — em cima das desconcertantes emoções de sobrevivência do tipo "encare ou fuja", que fluem pelo cérebro quando nos sentimos ameaçados ou furiosos. O líder sérvio Slobodan Milošević, por exemplo, era mestre em atiçar as chamas do ódio racial, unindo seguidores sob a bandeira do ressentimento, do medo e da ira — em detrimento dele mesmo e do país.
>
> A demagogia lança o seu feitiço através de emoções destrutivas, que esmagam a esperança e o otimismo, assim como a inovação verdadeira e a imaginação criativa (em oposição à astúcia cruel). Em contraste com isso, a liderança ressonante, fundamentada num conjunto de valores construtivos compartilhados, faz as emoções ressoarem num registro positivo e convida as pessoas a darem um salto no escuro mediante uma vívida descrição do que é possível, criando um objetivo coletivo.
>
> Felizmente, o demagogo é um tipo raro no mundo dos negócios; a política parece ser o seu hábitat mais natural. Apesar disso, alguns

> líderes empresariais recorrem a táticas nefastas. A liderança no trabalho construída sobre ressonância negativa — por exemplo, o cultivo do medo ou do ódio contra algum "inimigo" — equivale a um truque barato, um jeito rápido e desonesto de mobilizar um grupo em direção a uma meta comum. É relativamente fácil fazer as pessoas odiarem ou temerem qualquer coisa coletivamente; com a ameaça certa, essas emoções vêm com facilidade. Mas de um ponto de vista biológico, elas foram projetadas para explosões intensas, de curta duração, que nos preparam para encarar ou fugir. Se durarem muito tempo, ou estiverem continuamente engatilhadas, nos desgastam e aos poucos se consomem. A raiva e o medo, portanto, talvez ajudem o líder a superar as crises do dia, mas são motivações de curto prazo.

LIDERANÇA E DESIGN DO CÉREBRO

Nenhuma criatura consegue voar com uma asa só. A liderança talentosa ocorre onde o coração e a cabeça — o sentimento e o pensamento — se juntam. Essas são as duas asas que dão ao líder condições de voar.

Todos os líderes precisam de intelecto suficiente para compreender os detalhes e desafios da tarefa a ser executada. E é claro que líderes com talento para a clareza decisiva que o pensamento analítico e conceitual possibilita agregam valor. Vemos intelecto e clareza de pensamento basicamente como as características que levam alguém à porta da liderança. Sem essas habilidades fundamentais, a entrada não é permitida. No entanto, o intelecto por si não faz o líder; os líderes concretizam uma visão motivando, orientando, inspirando, ouvindo, convencendo — e, o mais importante de tudo, criando ressonância. Como advertiu Albert Einstein: "Precisamos ter cuidado para não transformar o intelecto em nosso deus. Ele tem, claro, músculos poderosos, mas não tem personalidade. Não pode liderar, só pode servir".

Os sistemas neurais responsáveis pelo intelecto e pelas emoções são separados, mas têm conexões intimamente entrelaçadas.[9] O circuito cerebral que entrelaça pensamento e sentimento é a base neural da liderança primordial. E, apesar do grande valor que a cultura empresarial costuma atribuir a um

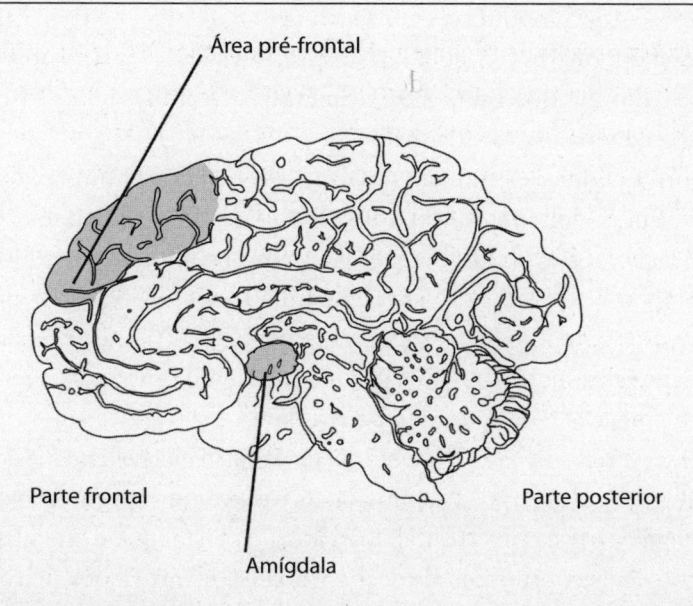

O crucial circuito regulatório emocional vai da área pré-frontal para a amígdala, localizado nos dois lados da parte medial como elemento do sistema límbico

intelecto destituído de emoção, nossas emoções são, num sentido muito real, mais poderosas do que o intelecto. Em momentos de emergência, nossos centros emocionais — o cérebro límbico — comandam o resto do cérebro.

Há um bom motivo para essa potência especial das emoções. Elas são cruciais para a sobrevivência, sendo a maneira de que se utiliza o cérebro para nos alertar de alguma coisa urgente e oferecer um plano de ação imediato: encarar, fugir, congelar. O cérebro pensante desenvolveu-se a partir do cérebro límbico e continua a receber ordens dele quando percebe uma ameaça ou está sob estresse. O ponto deflagrador dessas emoções irresistíveis é a amígdala, uma estrutura do cérebro límbico que inspeciona tudo o que nos acontece, momento a momento, sempre alerta para as emergências.[10] Como nosso radar para as emergências emocionais, a amígdala pode, se perceber uma ameaça, recrutar para ação imediata outras partes do cérebro, incluindo os centros racionais do neocórtex.

Esse arranjo funcionou bem nos últimos 100 milhões de anos de evolução. O medo guiava os primeiros mamíferos em meio aos perigos reais dos predadores; a raiva mobilizava a mãe à luta para proteger a cria. E as emoções sociais, como a inveja, o orgulho, o desprezo e a afeição, tinham seu papel na política de família dos grupos de primatas — assim como acontece hoje no submundo da vida organizacional.

Embora as emoções tenham guiado a sobrevivência humana ao longo da evolução, um dilema neural de liderança apareceu nos últimos 10 mil anos. Na civilização avançada de hoje, enfrentamos complexas realidades sociais (por exemplo, a sensação de que alguém não está nos tratando direito) com um cérebro projetado para sobreviver a emergências físicas. E assim podemos nos ver sequestrados — tomados por ansiedade ou raiva mais adequadas para lidar com ameaças físicas do que para as sutilezas políticas de um escritório. (*Quem esse cara pensa que é? Estou com tanta raiva que poderia lhe dar um soco!*)

Felizmente, esses impulsos emocionais passam por um extenso circuito que vai da amígdala à área pré-frontal, logo atrás da testa, que é o centro executivo do cérebro. A área pré-frontal recebe e analisa informações de todas as partes do cérebro e decide como agir. A área pré-frontal pode vetar um impulso emocional — e garantir que nossa resposta seja mais eficiente. (*Lembre-se de que ele é quem faz a sua avaliação anual, relaxe e espere para ver o que mais ele vai dizer, antes de fazer alguma coisa da qual venha a se arrepender.*) Sem esse veto, o resultado seria um sequestro emocional, no qual o impulso da amígdala é levado adiante. Isso acontece quando o circuito da zona pré-frontal falha na tarefa de manter sob controle os impulsos emocionais.

O diálogo entre neurônios nos centros emocionais e as áreas pré-frontais opera no que equivaleria a uma autoestrada da informação que ajuda a orquestrar pensamento e emoção. As aptidões de inteligência emocional, tão indispensáveis para a liderança, dependem da operação sem percalços desse circuito límbico pré-frontal. Estudos de pacientes neurológicos com circuito límbico pré-frontal danificado confirmam que suas capacidades cognitivas podem permanecer intactas, embora as habilidades de inteligência emocional estejam prejudicadas.[11] Esse fato neurológico separa de forma clara essas aptidões das capacidades puramente cognitivas, como inteligência, conhecimento técnico ou expertise empresarial, que residem apenas no córtex.

Em termos biológicos, portanto, a arte da liderança ressonante entrelaça nosso intelecto e nossas emoções. Líderes precisam, é claro, do tino empresarial e das aptidões de pensamento necessárias para se tornarem essenciais. Mas se tentarem liderar apenas com o intelecto estarão perdendo um elemento fundamental da equação.

Consideremos, por exemplo, o caso do novo CEO de uma empresa global que tentou mudar rumos estratégicos. Não conseguiu e ficou apenas um ano no cargo. "Ele achou que poderia mudar a empresa só com o intelecto, sem envolver as pessoas emocionalmente", contou um vice-presidente da empresa. "Fez mudanças estratégicas radicais sem se importar com a adesão das pessoas incumbidas de executar essas mudanças. Uma tempestade de e-mails dos funcionários para o conselho reclamou da liderança desconectada, e o CEO terminou sendo posto na rua."

COMO INTERAGEM OS QUATRO PILARES DA INTELIGÊNCIA EMOCIONAL

Não somos, de forma alguma, os primeiros a sugerir que a principal tarefa de um líder é gerar animação, otimismo e paixão pelo trabalho a ser feito, bem como cultivar uma atmosfera de cooperação e confiança.[12] Mas queremos levar esse juízo um passo adiante e demonstrar que a inteligência emocional habilita os líderes a realizar essas tarefas fundamentais. Cada um dos quatro pilares da inteligência emocional — autoconsciência, autogestão, consciência social e gestão de relacionamentos — acrescenta um conjunto essencial de habilidades à liderança ressonante.

Esses pilares estão, claro, estreitamente entrelaçados, havendo uma relação dinâmica entre eles. Por exemplo, um líder não consegue administrar bem suas emoções se tiver pouca ou nenhuma consciência delas. E se essas emoções estiverem fora de controle, sua capacidade de lidar com relacionamentos será prejudicada. Nossas pesquisas revelaram um sistema subjacente a essa dinâmica.[13] Em resumo, a autoconsciência facilita tanto a empatia como a autogestão, e essas duas, em combinação, permitem efetiva gestão de relacionamentos. A liderança IE, portanto, repousa num alicerce de autoconsciência.

A autoconsciência — frequentemente ignorada em ambientes empresariais — é o alicerce de todo o resto: sem reconhecermos nossas próprias emoções, não saberemos administrá-las direito e seremos menos capazes de compreendê--las nos outros. Líderes autoconscientes estão sempre atentos aos seus sinais interiores. Sabem, por exemplo, como os seus sentimentos os afetam e afetam o desempenho profissional. Em vez de deixarem a raiva se acumular e explodir, a identificam enquanto está crescendo e conseguem ver ao mesmo tempo qual é a sua causa e como fazer alguma coisa a respeito. Líderes sem autoconsciência emocional, por outro lado, podem perder a cabeça, mas não sabem por que as emoções os dominam. A autoconsciência também desempenha papel crucial na empatia, ou em sentir como outra pessoa vê determinada situação: se a pessoa estiver perpetuamente alheia aos próprios sentimentos, também estará sempre fora de sintonia com os sentimentos dos outros.

A consciência social — particularmente a empatia — dá apoio ao próximo passo na tarefa do líder primordial: criar ressonância. Estando em sintonia com o que outros sentem no momento, o líder pode dizer e fazer o que for apropriado, quer isso signifique aplacar temores, aliviar raiva, ou fazer parte da animação. Essa sintonia também permite que o líder sinta quais são os valores compartilhados e as prioridades que podem guiar o grupo.

Pela mesma razão, um líder sem empatia estará involuntariamente desafinado, por assim dizer, e agirá de forma a provocar reações negativas. A empatia, que inclui ouvir os outros e adotar o ponto de vista alheio, permite ao líder se sintonizar com os canais emocionais interpessoais que criam ressonância. E mantendo-se em sintonia os líderes podem fazer os ajustes em sua mensagem, para ficar em sincronia.

Finalmente, uma vez que os líderes compreendem a própria visão e os próprios valores e que sejam capazes de perceber as emoções do grupo, sua capacidade de gerir relacionamentos acelera a ressonância. Para guiar o tom emocional de um grupo, no entanto, os líderes precisam, primeiro, ter bem definida qual é a própria direção e quais são as próprias prioridades — o que nos leva de volta à importância da autoconsciência.

Essas relações dinâmicas entre os quatro pilares da inteligência emocional têm importância prática, não apenas teórica. São os ingredientes básicos da liderança primordial eficiente — da ressonância. Em seguida, investigaremos a anatomia neural que está por trás das habilidades de inteligência emocional que permitem ao líder estimular ressonância entre as pessoas que lidera.

3. A neuroanatomia da liderança

A ressonância, em termos de função cerebral, significa que os centros emocionais das pessoas estão em sincronia de uma forma positiva. Lembremos que uma das maneiras mais poderosas e diretas de estabelecer essa conexão ressonante de cérebro para cérebro é através do riso.

Vejamos as consequências, para a neuroanatomia da liderança, de um momento difícil numa reunião de alta cúpula de uma grande empresa varejista. A julgar pelos dados de pesquisa de mercado que todos têm nas mãos, o vice-presidente de marketing tomou uma decisão equivocada a respeito de um grande investimento em publicidade. Enquanto o grupo se debruça sobre os dados, o consenso silencioso não deixa dúvida: o diretor de marketing bobeou.

Depois de um momento tenso, o silêncio foi quebrado por outro executivo na sala, que fez uma observação irônica: "Talvez você simplesmente tenha esquecido de botar os óculos". Todos riram.

Essa piada cumpriu duas funções: implicitamente afirmou, diante de todos, que o chefe de marketing de fato errou, ao mesmo tempo que abrandou essa crítica — eliminando a necessidade de perderem tempo discordando ou discutindo sobre isso. Sem percalço algum, o grupo passou para a decisão seguinte, que era como corrigir a falha.

Tudo que se sabe sobre a neurofisiologia do humor e do circuito aberto (como já vimos no capítulo 1) sugere que o gracejo do executivo lançou os centros emocionais da equipe de administração num âmbito positivo de atividade. Isso, tudo indica, ajudou a evitar que o grupo fosse sequestrado emocionalmente caso se detivesse no problema — o erro do diretor de marketing —, permitindo, assim, que eles seguissem adiante rapidamente à procura de uma solução. E o executivo fez tudo isso sem precisar explicitamente falar sobre o fato de eles estarem tocando o barco em frente de um modo positivo.

Como já comentamos, o uso habilidoso do humor é típico da liderança eficaz. Isso não quer dizer que se deva evitar discórdias e conflitos a qualquer custo. Mas os líderes mais competentes sabem decidir quando vale ou não gastar tempo dando vazão a mágoas.

Porém não é preciso ter o timing de um comediante nem um repertório cômico para usar o humor com eficácia. O que mais tarde talvez até pareça uma piada fraca pode, se conseguir arrancar uma risada ou um sorriso, ser um poderoso estímulo emocional em um momento tenso. Os dados que vinculam a eficácia da liderança à risada vêm de centenas de situações reais, como a piada que dissipou a tensão sobre o erro do diretor de marketing.[1] Consideremos, por exemplo, um estudo entre executivos disputando cargos de liderança que procurava saber com que frequência cada candidato conseguia provocar uma boa risada durante a entrevista, e depois disso acompanhava a carreira de cada um durante dois anos, para ver quais deles se tornaram bem-sucedidos. Descobriu-se que os líderes excepcionais faziam o entrevistador rir junto com eles duas vezes mais do que o executivo mediano. (O sucesso de cada líder era determinado por dois fatores: estar no terço superior das bonificações por desempenho financeiro e ser definido como "excelente" por 90% dos colegas e chefes.)

Os pesquisadores também entrevistaram líderes de alto nível, quase metade deles CEOs ou diretores-gerais nos Estados Unidos e no exterior, sobre pontos altos e baixos de suas carreiras. Durante a entrevista, os líderes excepcionais fizeram *três* vezes mais comentários jocosos — cerca de um a cada quatro minutos — do que os líderes medianos.

Os líderes mais eficazes, portanto, usam o humor mais facilmente, mesmo quando em momentos tensos, enviando mensagens positivas que alteram o tom emocional subjacente da interação. Embora as palavras ditas pelos líderes por vezes se refiram a detalhes áridos — cláusulas de um contrato, números num plano empresarial —, os bons sentimentos que a risada provoca mantêm as relações do líder em um nível agradável.

APTIDÕES DE IE: OS VEÍCULOS DA LIDERANÇA PRIMORDIAL

Particularmente revelador, no entanto, foi saber que o uso do humor pelos líderes bem-sucedidos guardava forte correlação com as aptidões de inteligência emocional que identificamos como essenciais ao desempenho superior de um líder.[2] Essas aptidões de IE são os veículos da liderança primordial.

Para recapitular o que já publicamos antes, uma parte significativa da pesquisa básica sobre aptidões à qual recorremos origina-se numa proposta, considerada radical na época, feita em 1973 pelo falecido professor de Harvard David McClelland.[3] Em artigo para a principal revista de psicologia, McClelland propôs que, se uma organização quisesse contratar ou promover o melhor candidato a um emprego específico, como um cargo de liderança, deveria descartar os critérios adotados na época como padrão. Em vez de testar QI, habilidades técnicas ou personalidade — ou simplesmente examinar o currículo —, McClelland sugeriu primeiro estudar os empregados que já revelavam um desempenho excepcional naquele tipo de serviço e compará-los sistematicamente com aqueles que tinham desempenho apenas mediano.

Essa análise mostra não só as capacidades essenciais para o cargo (habilidades básicas que qualquer pessoa precisa ter para fazer o serviço), mas, o que é mais importante, as aptidões *distintivas*: as capacidades que os empregados excepcionalmente talentosos demonstram e que os medianos não têm. Em seguida, sugeria McClelland, escolha pessoas com as mesmas aptidões — ou ajude seu pessoal a desenvolver esses pontos fortes. A proposta de McClelland deu origem ao que hoje é prática-padrão nas melhores organizações do mundo: desenvolver um "modelo de aptidões" de liderança para identificar, treinar e promover possíveis astros.

Consideremos, por exemplo, o modelo de competência de liderança desenvolvido por Lyle Spencer, colega de longa data de McClelland, para uma firma de controles industriais (uma divisão global da Siemens, de 2 bilhões de dólares, com quatrocentas filiais em 56 países).[4] O primeiro passo foi identificar o pool de líderes excepcionais cujo crescimento em receita e retorno sobre vendas colocava o desempenho deles entre os 10% a 15% do topo.[5]

Em seguida, os astros foram comparados a gestores cujo desempenho era apenas mediano, e os dois grupos foram submetidos a uma intensa bateria de entrevistas destinadas a avaliar suas aptidões. Quatro aptidões de inteligência emocional — mas nenhuma competência técnica ou meramente cognitiva — destacaram-se como pontos fortes exclusivos dos supertalentosos: o impulso para alcançar resultados, a capacidade de tomar iniciativa, as habilidades de colaboração e trabalho em equipe e o talento para liderar equipes.

Então, com uma ideia clara sobre as aptidões de IE desejáveis, outro pool de gestores de filial foi treinado para cultivar os mesmos pontos fortes. Eles se familiarizavam com cada competência e eram julgados por elas, estabelecendo metas para aperfeiçoá-las — e, consequentemente, para aperfeiçoar o seu desempenho nos negócios.

O resultado foi que os líderes aumentaram sua eficácia e obtiveram lucros significativamente elevados. O crescimento da receita em suas filiais naquele ano representou um adicional de 1,5 milhão de dólares, o dobro do obtido por um grupo usado como comparação, que não tinha recebido treinamento.

LÍDERES: A PRÓXIMA GERAÇÃO

Quando falamos do valor de um líder emocionalmente inteligente, nossa intenção não é reabilitar a desacreditada afirmação de que os altos e baixos de uma organização — ou de um país — dependem exclusivamente de um líder carismático. Como disse o sociólogo Max Weber um século atrás, as instituições duradouras crescem não por causa do carisma de um líder, mas porque cultivam a liderança no sistema inteiro.

Isso é especialmente verdadeiro quando se trata de criar empresas "construídas para durar": aquelas que crescem muito ao longo de décadas sabem como incubar gerações de líderes eficientes.[6] Consideremos, por exemplo, um convincente estudo sobre o futuro da liderança na Johnson & Johnson (J&J), a empresa farmacêutica global.

Examinando as projeções de crescimento da empresa, o CEO Ralph Larsen percebeu que a J&J precisaria de um número cada vez maior de líderes se quisesse ter êxito; na verdade, ele achava que esse desenvolvimento de lideranças era a questão fundamental da organização. Sua equipe de pesquisadores começou a prestar atenção em 358 executivos em nível já avançado da carreira na J&J, metade dos quais tinha sido identificada como "de alto potencial", ou seja, gestores que demonstraram sucesso já no início; o restante compreendia um grupo de comparação de desempenho não tão alto.[7] Os 358 executivos, dos quais 45% eram mulheres e 55% homens, foram cuidadosamente escolhidos para refletir uma propagação global, representando Américas, Europa, Oriente Médio, África, Ásia e Austrália. Cada qual era avaliado confidencialmente por três executivos que conheciam bem o seu trabalho, usando tanto o modelo de liderança da empresa como as suas aptidões de inteligência emocional. Os pesquisadores avaliaram esse pool de talentos através das lentes das aptidões de liderança medidas no ECI (Emotional Competence Inventory, ou Inventário de Aptidões Emocionais), um cálculo abrangente de inteligência emocional em liderança.[8]

Descobriu-se que os gestores do grupo de alto potencial exibiam todas as aptidões, enquanto os executivos no grupo de comparação tinham poucas.[9] Em outras palavras, aptidões de IE, as capacidades de liderança que criam ressonância, marcavam distintas habilidades desse grupo seleto. Além disso, as diferenças relativas a características culturais mostraram-se insignificantes; aptidões de IE podiam ser identificadas igualmente bem no mundo inteiro, indicando que essas habilidades são importantes e podem ser avaliadas em qualquer lugar onde uma empresa opere.

AS QUATRO DIMENSÕES DA INTELIGÊNCIA EMOCIONAL

As nossas ideias sobre as dimensões da inteligência emocional e as suas aptidões correspondentes desenvolveram-se e foram simplificadas à medida que íamos analisando novos dados. Leitores acostumados a versões iniciais do modelo de IE devem notar algumas mudanças aqui. Onde antes enumerávamos cinco pilares de IE, agora simplificamos o modelo para quatro — autoconsciência, autogestão, consciência social e gestão de relacionamentos —, com dezoito aptidões em vez das 25 originais (ver o quadro).[10] Por exemplo, um pilar de IE seria a consciência social; uma competência nesse pilar seria empatia ou serviço. O resultado é um modelo de inteligência emocional que estabelece vínculos mais claros entre grupos de aptidões específicos e as dinâmicas cerebrais subjacentes que as impulsionam.

Descobertas recentes sobre as emoções e o cérebro deixam ainda mais clara a base neurológica dessas aptidões.[11] Isso nos permite esboçar a dinâmica dessas aptidões de forma mais completa, fornecendo diretrizes práticas para desenvolver habilidades de liderança.

Uma observação importante, sobre a qual nos estenderemos mais adiante neste livro: essas aptidões de IE não são talentos inatos, mas habilidades adquiridas, cada uma delas dando uma contribuição única para formar líderes mais ressonantes e, consequentemente, mais eficazes.

Esse fato diz respeito a uma urgente necessidade empresarial, com grande impacto nos resultados financeiros: ajudar líderes a liderar com mais eficiência. Agora, guiados pela subjacente estrutura neurológica de inteligência emocional, podemos fazer uma nítida distinção entre o que funciona e o que não funciona quando se trata de aprender a arte da liderança — nosso tópico na Parte II deste livro.

Em resumo, o nosso principal argumento é que a liderança primordial opera com máxima eficácia através de líderes inteligentes emocionalmente, que criam ressonância. Por trás dessa tese há uma teoria do desempenho, que traz à tona os vínculos entre a neurologia dos quatro pilares da inteligência emocional e as aptidões de IE que repousam nesses pilares. Essas aptidões são, por sua vez, os ingredientes dos modos de liderança que induzem a ressonância em um grupo.[12]

Curiosamente, nunca encontramos um líder, por mais excepcional que fosse, que tivesse pontos fortes em todas essas muitas aptidões de IE. Tipicamente, líderes altamente eficientes exibem uma massa considerável de força em mais ou menos meia dúzia de aptidões de IE.[13] Além disso, não há uma fórmula fixa da grande liderança: há muitos caminhos que levam à excelência, e líderes magníficos podem ter estilos pessoais bem diferentes. Apesar disso, constatamos que líderes eficazes demonstram, tipicamente, talentos em pelo menos uma competência de cada uma das quatro áreas fundamentais da inteligência emocional.

PILARES DA INTELIGÊNCIA EMOCIONAL E APTIDÕES A ELES ASSOCIADAS (Ver detalhes no Apêndice B)

Competência Pessoal: Esses talentos determinam o modo como nos conduzimos.

Autoconsciência
- Autoconsciência emocional: interpretar as próprias emoções e reconhecer o impacto delas; usar a "intuição" para orientar decisões
- Autoavaliação correta: conhecer pontos fortes e limites pessoais
- Autoconfiança: uma ideia bem fundamentada do próprio valor e das capacidades pessoais

Autogestão
- Autocontrole emocional: manter sob controle emoções e impulsos desestabilizadores
- Transparência: demonstrar honestidade e integridade; confiabilidade
- Adaptabilidade: flexibilidade para se adaptar a novas situações ou superar obstáculos
- Realização: o desejo de melhorar o desempenho para alcançar padrões íntimos de excelência
- Iniciativa: disposição para agir e aproveitar oportunidades
- Otimismo: ver o lado positivo dos acontecimentos

Competência Social: Esses talentos determinam o modo como administramos as nossas relações.

Consciência Social
- Empatia: dar-se conta das emoções alheias, compreender a sua perspectiva e interessar-se ativamente pelas preocupações dos outros
- Consciência organizacional: interpretar as correntes, os diagramas de influência e as políticas em nível organizacional
- Serviço: reconhecer e atender as necessidades de seguidores, clientes ou compradores

Gestão de Relacionamentos
- Liderança inspiradora: guiar e motivar com uma visão convincente
- Influência: empregar um conjunto de táticas para persuadir
- Desenvolvimento dos outros: apoiar e fortalecer habilidades alheias com feedback e orientação
- Estímulo a mudanças: instituir, administrar e liderar numa nova direção
- Administração de conflitos: resolver discórdias
- Criação de vínculos: cultivar e manter uma rede de relações
- Trabalho em equipe e colaboração: cooperação e formação de equipe

AUTOCONSCIÊNCIA

Dito da maneira mais simples, autoconsciência significa ter conhecimento profundo das próprias emoções, bem como das próprias forças e limitações e dos próprios valores e motivos. Pessoas com autoconsciência forte são realistas — nem excessivamente autocríticas, nem ingenuamente confiantes. São honestas consigo mesmas a respeito delas próprias, e honestas a respeito delas mesmas com os demais, a ponto de rir das próprias fraquezas.

Líderes autoconscientes também compreendem os próprios valores, objetivos e sonhos. Sabem para onde vão e por quê. Estão em sintonia com o que "parece certo" para eles. Por exemplo, conseguem recusar com firmeza uma oferta de emprego que seja financeiramente tentadora mas não corresponda nem aos seus princípios, nem aos seus objetivos de longo prazo. De modo inverso, uma pessoa sem autoconsciência provavelmente tomará decisões que desencadeiam problemas pessoais por pisotear valores ocultos. "O salário parecia bom, por isso aceitei", dirá alguém depois de dois anos no emprego, "mas o trabalho tem tão pouco significado para mim que vivo chateado." Como tomam decisões entrosadas com os próprios valores, pessoas autoconscientes costumam achar o trabalho revigorante.

Talvez o sinal mais revelador (embora menos visível) de autoconsciência seja a tendência à autorreflexão e a considerações. Pessoas autoconfiantes tipicamente acham tempo para refletir de forma sossegada, quase sempre sozinhas, o que lhes permite pensar antes de agir, em vez de reagir por impulso. Muitos líderes excepcionais, na verdade, levam para o trabalho o modo pensativo de autorreflexão que cultivam na sua vida espiritual. Para alguns, isso significa rezar ou meditar; para outros, é uma busca mais filosófica de autoconhecimento.

Todas essas características dos líderes autoconscientes lhes permitem agir com a convicção e a autenticidade que a ressonância requer.

Um senso do que mais importa

Num sentido técnico, os valores que nos orientam são representados no cérebro como uma hierarquia de pensamentos, com aqueles de que "gostamos" e que julgamos atraentes no topo, e aqueles que desprezamos na base. A força e a direção dessas emoções determinam se um objetivo nos atrai ou repele. Se a ideia de ajudar crianças menos favorecidas, por exemplo, ou de trabalhar com pessoas excepcionalmente capazes, nos faz vibrar de entusiasmo, ela será muito mais motivadora.

Tudo isso se passa nas áreas pré-frontais do cérebro — a sede da atenção e, portanto, da autoconsciência — que monitoram sentimentos de preferência. Circuitos nessa parte do cérebro, então, abrigam os nossos sentimentos positivos, trazendo-os repetidamente à consciência, enquanto lutamos para alcançar um objetivo. Desse modo, pensamentos agradáveis operam como uma espécie de torcida, incentivando-nos no longo prazo. De um ponto de vista neurológico, o que nos faz perseguir nossos objetivos na vida é a habilidade do cérebro de nos lembrar que ficaremos muito satisfeitos quando os alcançarmos — capacidade essa que reside no circuito entre a amígdala e o lobo pré-frontal esquerdo.[14]

Seja o que for que impele a nossa paixão de trabalhar da melhor maneira possível — a excitação pura e simples, a alegria de aprender a fazer melhor alguma coisa, ou a felicidade de colaborar com colegas altamente talentosos (ou apenas o dinheiro ganho) —, esses motivadores têm um caminho neural comum. A paixão pelo trabalho, no nível do cérebro, significa que circuitos ligados ao córtex pré-frontal esquerdo bombeiam um fluxo constante de boas sensações enquanto executamos o nosso trabalho.

Ao mesmo tempo, circuitos baseados na área pré-frontal esquerda prestam outra ajuda motivacional: acalmam os sentimentos de frustração ou preocupação que às vezes nos tiram a vontade de prosseguir. Isso significa que podemos aceitar sem transtornos os inevitáveis reveses, as frustrações e os fracassos inerentes a qualquer objetivo digno. Podemos ver a oportunidade oculta, ou a lição importante, que há na adversidade, e seguir em frente.

A eficácia desses circuitos pré-frontais em induzir sentimentos motivadores e controlar os sentimentos de desalento é que diferencia o pessimista — que se preocupa demais com o que está errado, e acaba perdendo a esperança — do otimista, que segue em frente apesar das dificuldades, tendo sempre em mente a satisfação que virá quando o objetivo for alcançado.

E como é que tudo isso se aplica a líderes e a organizações? A motivação no trabalho é, com demasiada frequência, tida como fato; supomos que todos se importam com o que fazem. Mas a verdade é mais matizada: o local em torno do qual as pessoas gravitam dentro da sua função no trabalho indica onde está o seu verdadeiro prazer — e esse prazer é, em si, uma motivação. Embora incentivos tradicionais, como bonificações ou reconhecimento, estimulem as pessoas a melhorar o desempenho, nenhum motivador externo é capaz de levá-las a dar o máximo de si na execução de uma tarefa.

A hipótese razoável

A intuição, essa capacidade essencial que permite à liderança empregar não apenas a expertise técnica mas também a experiência de vida na tomada de decisões empresariais, ocorre naturalmente ao líder autoconsciente. Por que um senso intuitivo ainda teria lugar hoje no mundo dos negócios, em meio a uma profusão de dados sólidos à disposição dos líderes? Porque, de acordo com pesquisas neurológicas, estar em sintonia com os nossos sentimentos nos ajuda a dar sentido aos dados, conduzindo-nos a melhores decisões. Dessa maneira, a nossa memória emocional nos permite julgar informações com competência.[15] As emoções — é o que agora nos diz a ciência — fazem parte da racionalidade, em vez de se oporem a ela.

Hoje em dia a hipótese razoável é mais importante do que nunca justamente porque os líderes se veem diante de um dilúvio de dados — em geral sem uma ideia clara do que se deseja para o futuro. Como diz Richard Fairbank, CEO da Capital One:

> Descobrir a estratégia visionária em que você pense como líder é a coisa mais intuitiva. Há um monte de coisas que o líder não tem como prever usando dados. Como saber de que é que você vai precisar daqui a três anos? Mesmo assim, deve começar a se aprimorar agora, do contrário não terá o que é necessário quando precisar. Nossa empresa contrata brilhantes analistas de dados; temos um dos maiores bancos de dados Oracle do mundo. Mas, no fim das contas, o que sei é que tudo que os dados fazem é nos soltar lá na fronteira onde tudo volta a ser incerteza.

Hoje, quando líderes são chamados para construir empresas criando o futuro mais do que investindo no passado, a visão é mais importante que nunca. Visão exige o que para outros parece um ato de fé: a capacidade de ir além dos dados e trabalhar com uma hipótese razoável.

De outro lado, a intuição por si só às vezes pode levar a decisões ruins. A intuição funciona bem, parece, quando o instinto pode ser usado em combinação com outros tipos de dados. Por exemplo, num estudo com sessenta empresários que formaram — e chefiaram — empresas altamente bem-sucedidas na Califórnia, quase todos disseram que ao tomar decisões de negócios avaliavam informações pertinentes à luz da própria intuição.[16] Se, por exemplo, um plano de negócios parecia bom com base nos dados, mas "qualquer coisa lhes dizia que não era bem assim", eles seguiam adiante com grande cautela — ou não seguiam. Reconheciam que sentimentos intuitivos também são dados.

Mesmo empresas que hoje estão no topo podem fracassar no futuro se os seus líderes fizerem as apostas erradas. O desafio não é muito diferente de fazer a previsão do tempo. Na verdade, numa simulação desse complexo processo de tomar decisões, cientistas pediram a voluntários que previssem o tempo com base em dados meteorológicos.[17] A relação entre esses dados e os efeitos no clima estava enterrada numa função probabilística tão complexa que até o raciocínio analítico se tornava inútil. À medida que ia chutando com base nesses dados, cada voluntário era informado se sua hipótese estava certa ou errada. Em outras palavras, era-lhes oferecida uma chance de aprender o que funcionava e o que não funcionava — tal como ocorre naturalmente com qualquer líder ao longo da carreira.

Surpreendentemente, apesar de ninguém poder afirmar com certeza quais eram as conexões específicas entre os dados meteorológicos e o clima, depois de cinquenta tentativas as pessoas passaram a chutar certo 70% das vezes. Aos poucos, foram ganhando um "senso" do que estava acontecendo: o cérebro tinha tranquilamente aprendido as lições acumuladas. Embora o intelecto lógico continuasse perplexo, aquelas pessoas compreenderam de forma instintiva a essência da solução. Simplesmente *parecia* certo — a intuição lhes dizia o que fazer com base nas lições aprendidas.

O estudo oferece um elegante microcosmo do conhecimento cumulativo que qualquer líder adquire apenas com a experiência dos erros e acertos da vida. O cérebro constantemente registra regras de decisões sobre o que funciona e o que não funciona: como as pessoas respondem a essa abordagem da liderança ou a outra, qual tática dá certo em determinada situação. Com o afã de um eterno aprendiz, o cérebro absorve as lições da vida a fim de nos deixar mais bem preparados para a próxima vez em que estivermos diante de um desafio, uma incerteza ou um ponto crítico similar.

Como esse tipo de aprendizado se passa, em grande parte, numa zona profunda do cérebro, fora do alcance das palavras (nos gânglios basais, parte primitiva do cérebro localizada em cima da medula espinal), líderes precisam aprender a confiar na própria intuição para acessar a sua sabedoria de vida.[18] O circuito envolvido em decisões complicadas na verdade inclui não só os gânglios basais, mas também a amígdala, onde o cérebro armazena as emoções associadas a lembranças.[19] Quando se trata de recorrer ao que aprendemos silenciosamente durante uma vida inteira, enquanto enfrentamos pontos críticos, não é a parte verbal do cérebro que nos fornece o melhor plano de ação — é a parte que maneja nossos sentimentos.

A cada dia que o líder passa em determinado negócio ou carreira, seu cérebro automaticamente extrai as regras de decisão subjacentes a esta ou aquela situação imprevista, ou as sequências operacionais de causa e efeito. Enquanto o cérebro aprende continuamente nessa modalidade tácita, o líder acumula a sabedoria de uma experiência de vida no trabalho. Essa sabedoria aumenta ao longo da sua carreira, ainda que a sua capacidade de adquirir novas habilidades técnicas possa diminuir.

Sempre que enfrentamos uma situação em que essas regras de decisão são pertinentes, o cérebro as aplica silenciosamente, chegando à sua mais sábia conclusão. Em consequência, ele não nos informará desses julgamentos por meio de palavras; em vez disso, o cérebro emocional ativa um circuito que vai dos centros límbicos até as entranhas, dando-nos a sensação convincente de que *parece que é isso*. A amígdala, então, nos comunica as suas conclusões basicamente através do circuito que se estende até o trato gastrointestinal, criando em nós uma sensação intuitiva nascida, literalmente, das entranhas.[20] Intuições servem de guia quando precisamos tomar uma decisão complexa que ultrapassa informações disponíveis. A intuição, na verdade, tem merecido um novo respeito científico, devido a descobertas recentes sobre aprendizado implícito — ou seja, as lições que aprendemos na vida sem saber que estamos aprendendo.

Em resumo, a intuição oferece a líderes IE um contato direto com sua sabedoria de vida acumulada a respeito de um assunto. E o pré-requisito para sentir essa mensagem é a sintonia íntima da autoconsciência.

O DESAFIO DO LÍDER PRIMORDIAL: AUTOGESTÃO

Da autoconsciência — compreender as próprias emoções e ter clareza de propósito — decorre a autogestão, o impulso dirigido de que todos os líderes precisam para alcançar objetivos. Sem sabermos o que estamos sentindo não temos condição de lidar com tal sensação. Nesse caso, nossas emoções é que nos controlam. Isso costuma ser bom, quando se trata de emoções positivas, como o entusiasmo e o prazer de enfrentar um desafio. Mas nenhum líder pode se dar ao luxo de ser controlado por emoções negativas, como frustração, raiva, ansiedade e pânico.

O problema é que esses surtos de emoções negativas podem ser avassaladores: são um recurso do cérebro para nos fazer prestar atenção em uma ameaça. O resultado é que essas emoções inundam a capacidade do cérebro pensante de se concentrar na tarefa a ser executada, seja planejamento estratégico ou lidar com a notícia de uma queda na fatia de mercado.

O scan cerebral de alguém que esteja chateado ou ansioso mostra alta atividade, em particular na amígdala e no lado direito da área pré-frontal. Tal imagem sugere um sequestro da amígdala: os centros emocionais estão produzindo ou repercutindo a alta atividade na zona pré-frontal, que nos leva a fixar nossa atenção na causa da nossa angústia, e a ficarmos obcecados com ela. O scan de uma pessoa animada, por sua vez, mostra o circuito principal correndo do córtex pré-frontal esquerdo para a amígdala. O circuito cerebral que gera humor positivo concentra-se na área pré-frontal esquerda e inibe a ação da amígdala e das áreas relacionadas que produzem angústia.

O lado esquerdo da área pré-frontal, acreditam os pesquisadores, é parte de um circuito crucial que inibe neurônios na amígdala e com isso impede que a pessoa seja capturada pela angústia.[21] Esse circuito ajuda o líder a acalmar emoções problemáticas e a manter um tom confiante e entusiástico.

A autogestão, portanto — que lembra uma contínua conversa interior —, é o componente de inteligência emocional que nos liberta da condição de prisioneiros dos nossos sentimentos. É o que nos permite a clareza mental e a energia concentrada que a liderança requer, e que nos protege de sermos desestabilizados por emoções destruidoras. Líderes com autodomínio incorporam um entusiasmo animado, otimista, que ajusta a ressonância a um âmbito positivo.

Tudo isso tem importância decisiva para a inteligência emocional. Por serem as emoções tão contagiosas — irradiando-se especialmente dos líderes para outras pessoas do grupo —, as primeiras funções dos líderes são equivalentes emocionais da boa higiene: manter as próprias emoções sob controle. Não há como os líderes administrarem emoções alheias sem primeiro controlarem as suas. A maneira como o líder se sente, portanto, deixa de ser apenas uma questão pessoal; devido à realidade da disseminação emocional, as emoções do líder têm consequências públicas.

Não quer dizer, é claro, que o líder não seja afetado pelas adversidades da vida. Um divórcio, um filho que dê trabalho ou a doença de uma pessoa querida perturbam qualquer um. Mas a questão aqui é saber se as pressões da vida privada do líder atingem as suas relações no trabalho.

Líderes que expressam raiva livremente, dão a tudo um tom de catástrofe ou deixam suas emoções angustiadas correrem soltas não são capazes de conduzir o grupo para um ambiente positivo, onde se consiga trabalhar da melhor forma possível. Aqui também o cérebro desempenha um papel decisivo: em certo sentido, sempre que duas pessoas se encontram, há uma dança de amígdalas que cria ressonância ou dissonância. Nesse cabo de guerra neural, a pessoa com mais capacidade de autogestão emocional tende a vencer. Quando alguém com uma pronunciada inclinação pré-frontal esquerda — ou seja, uma pessoa eternamente animada — fala com alguém que está sempre em pé de guerra sobre questões em que divergem, a pessoa imperturbável em geral acaba acalmando a irritadiça.

O segredo? Tipicamente, pessoas desagradáveis provocam irritação nas outras, que por sua vez começam a ficar com raiva. Em outras palavras, no circuito aberto, a amígdala irritada leva a outra a ficar agitada. Mas quando a outra pessoa não devolve a agressão à altura — ao contrário, permanece firme em uma atitude positiva —, então a que provocou a amígdala tem uma chance de acalmar-se, ou pelo menos de não ficar ainda mais exaltada. Na verdade, em um estudo, a pessoa irritável contou depois que simplesmente não conseguira ser hostil porque a outra continuava respondendo de forma otimista.

Da mesma maneira, líderes que conseguem permanecer positivos e animados, mesmo sob a mais intensa pressão, irradiam os sentimentos favoráveis que criam ressonância. Ao manterem os próprios sentimentos e impulsos sob controle, constroem um ambiente de confiança, conforto e jogo limpo. E essa autogestão tem um efeito dominó: ninguém quer ficar conhecido como exaltado quando o chefe transpira, consistentemente, uma postura calma.

Não surpreende, portanto, que a autogestão seja importante também por razões competitivas. No atual ambiente ambíguo, onde empresas constantemente se fundem e se separam, e a tecnologia transforma o trabalho em ritmo alucinante, líderes que controlam as próprias emoções são mais capazes de se adaptar às mudanças e ajudar a empresa a adaptar-se também.

Autogestão também possibilita transparência, que é não só uma virtude de liderança, mas também uma vantagem organizacional.[22] A transparência — autêntica abertura aos outros com relação aos próprios sentimentos, crenças e ações — leva à integridade, ou à sensação de que o líder merece confiança. Num nível primordial, a integridade depende do controle de impulsos, impedindo-nos de agir de um modo do qual venhamos a nos arrepender. Integridade também quer dizer que o líder vive os valores que apregoa. Aos outros, esses líderes parecem genuínos, porque não pretendem ser o que não são. Integridade, portanto, resume-se a uma pergunta: o que você faz está de acordo com os seus próprios valores? Líderes IE, foi o que descobrimos, possuem uma integridade que os deixa à vontade com as questões que a transparência levanta.

No fim das contas, o ato de responsabilidade mais carregado de significado que um líder pode cometer é controlar o próprio estado de ânimo. O sentido original do termo hipster *cool* [*legal*] diz respeito à capacidade demonstrada por músicos afro-americanos de jazz de controlar a raiva diante do racismo da época, mesmo quando canalizavam essa raiva numa extraordinária expressão de sentimento profundo.[23] A liderança eficaz requer a mesma capacidade de administrar os próprios sentimentos turbulentos, permitindo, no entanto, a plena expressão de emoções positivas.

CONSCIÊNCIA SOCIAL E O TANGO LÍMBICO

Depois da autoconsciência e da autogestão emocional, o que a liderança ressonante requer é a consciência social ou, dito de outra forma, empatia. A capacidade de estabelecer empatia, em sua forma mais básica, vem dos neurônios, no circuito maior conectado à amígdala e dentro dela, que decifra o rosto e a voz alheios à procura de emoção e continuamente nos põe em sintonia com o que outras pessoas sentem enquanto falamos com elas. Esse circuito emite um fluxo contínuo de boletins — *ele está ficando um pouco chateado com esse último comentário... agora parece um pouco entediado... isso ele gostou de ouvir* — que a zona pré-frontal e áreas relacionadas usam para fazer a sintonia fina do que dizemos ou fazemos em seguida.[24]

Informando-nos sobre como a outra pessoa acaba de reagir, a amígdala e os circuitos relacionados nos mantêm em sincronia como uma estação repetidora essencial no circuito aberto interpessoal das emoções. Esse circuito também sintoniza nossa biologia com a faixa dominante de sentimentos da pessoa com quem estamos, de modo que nossos estados emocionais tendem a convergir.

Um termo usado pelos cientistas para essa afinação neural é *ressonância límbica*, "uma sinfonia de permutas e adaptação interna", pela qual duas pessoas harmonizam seu estado emocional.[25] Sempre que temos uma genuína conexão com alguém e nos sentimos "vibrar na mesma frequência" — seja por termos passado um tempo agradável juntos ou até mesmo por termos compartilhado um momento de tristeza —, ela avisa que acabamos de vivenciar esse entrelaçamento de cérebros. Essa harmonia tácita ocorre em qualquer boa conexão humana — entre mãe e filho, entre amigos que se sentam para tomar um café, entre membros de uma equipe rindo juntos durante o trabalho. A ressonância é que desencadeia uma onda de emoção num grupo ou multidão, seja o sentimento de dor num funeral, seja a animação depois de uma bem-sucedida Oferta Pública Inicial.

Enquanto a empatia representa um ingrediente necessário da liderança IE, outro ingrediente importante é a habilidade que têm os líderes de expressar sua mensagem de um jeito que mexa com as emoções alheias. A ressonância é criada por um líder que expressa sentimentos com convicção, porque essas emoções são claramente autênticas, estando associadas a valores arraigados.

Líderes IE disseminam emoções no registro positivo: mobilizam pessoas dando voz a um sonho que abrigam e que provoca otimismo, compaixão ou um senso de conexão — aspirações que apontam para um futuro promissor. No nível do cérebro, essas mensagens emanam emoções positivas, uma amplitude de sentimentos centrada no circuito que chega e sai da área pré-frontal esquerda. Essa zona do cérebro também contém a chave da motivação; quando as visões positivas se espalham, um grupo se inflama de paixão em torno desse objetivo comum.[26] Basta pensar, por exemplo, em Martin Luther King Jr. mobilizando o movimento americano de direitos civis com o poderoso refrão "Eu tenho um sonho", que imaginava um mundo onde houvesse oportunidades iguais para todos.

A consciência social — particularmente a empatia — é crucial para a tarefa do líder primordial de criar ressonância. Estando em sintonia com o que os outros sentem no momento, o líder pode dizer e fazer o que convém dizer e fazer — seja para acalmar temores, aliviar a raiva ou participar de bons momentos. Essa afinação também permite que o líder identifique os valores e prioridades compartilhados que podem conduzir o grupo. Pela mesma razão, o líder sem empatia estará involuntariamente desafinado, e por isso o que disser ou fizer poderá provocar reações negativas. A empatia — que inclui ouvir os outros e assumir pontos de vista alheios — permite que os líderes estejam afinados com os canais emocionais entre pessoas que criam ressonância. E estar em sintonia lhes permite refinar a mensagem para permanecerem em sincronia.

Empatia: o caso dos negócios

De todas as dimensões da inteligência emocional, a consciência social talvez seja a mais fácil de reconhecer. Todos já sentimos a empatia de um professor ou amigo sensível; todos já ficamos chocados com a ausência dela num treinador ou chefe insensível. Mas quando se trata de negócios, raramente ouvimos alguém ser elogiado, ou mesmo recompensado, por sua empatia. A palavra em si já parece pouco comercial, deslocada em meio à dura realidade do mercado.

Mas empatia — a competência fundamental de consciência social — não significa sentimentalismo excessivo do tipo "Se você está bem, eu estou bem". Não quer dizer que líderes devam adotar as emoções de outras pessoas como se fossem suas ou tentar agradar a todos. Isso seria um pesadelo — e impossibilitaria qualquer ação. Empatia significa levar os sentimentos dos empregados em consideração e, em resposta, tomar decisões inteligentes que incluam esses sentimentos. E, mais crucial ainda, empatia torna possível a ressonância; líderes sem empatia atuam de maneira a criar dissonância.

A empatia repousa na autogestão, mas isso significa expressar emoções adequadamente, e não reprimi-las. A habilidade dos líderes IE para sentir empatia às vezes os leva a ficar com os olhos marejados ou até chorar quando os seus empregados choram, seja por causa de uma tragédia pessoal ou mesmo durante uma repreensão ou demissão. De outro lado, embora uma resposta sisuda não signifique necessariamente falta de paixão, líderes que abafam as próprias emoções podem parecer emocionalmente distantes.

Quando são capazes de compreender sentimentos e perspectivas de outras pessoas, os líderes têm acesso a um poderoso sistema de orientação emocional que lhes permite continuar dizendo ou fazendo o que devem. Nesse sentido, a empatia é o sine qua non de toda eficácia social na vida profissional. Pessoas que têm empatia são excelentes para reconhecer e atender as necessidades de clientes, compradores ou subordinados. Parecem acessíveis, dispostas a ouvir o que outras têm a dizer. Ouvem com cuidado, selecionando o que de fato preocupa as pessoas, e respondem corretamente. Consequentemente, a empatia é vital para reter talentos. Líderes sempre precisaram de empatia para desenvolver, e segurar, bons funcionários, mas cada vez que há uma guerra por talentos os desafios são maiores. De todos os fatores que dependem de uma empresa, líderes desafinados, dissonantes, estão entre as principais razões que fazem pessoas talentosas ir embora — levando com elas o que sabem da empresa.

Finalmente, na economia global em expansão, a empatia é uma habilidade decisiva para conviver bem com diversos colegas de trabalho e fazer negócios com pessoas de outras culturas. O diálogo entre culturas pode facilmente levar a mal-entendidos e erros de interpretação. A empatia é um antídoto que sintoniza pessoas com sutilezas de linguagem corporal ou lhes permite escutar a mensagem emocional por trás das palavras.

GESTÃO DE RELACIONAMENTOS

A tríade autoconsciência, autogestão e empatia se junta na habilidade final de IE: gestão de relacionamentos. Aqui encontramos as ferramentas de liderança mais visíveis — persuasão, administração de conflitos e colaboração entre elas. Gerir relacionamentos com habilidade resume-se a lidar com emoções alheias. Isso, por sua vez, exige que os líderes estejam cientes das próprias emoções e afinados por empatia com seus liderados.

Se um líder age dissimuladamente, ou manipula sentimentos, por exemplo, o radar emocional dos liderados perceberá uma nota de falsidade e eles passarão instintivamente a desconfiar desse líder. A arte de lidar bem com relações, portanto, começa pela autenticidade: agir a partir de sentimentos genuínos. Uma vez que o líder entra em sintonia com a sua própria visão e com os seus próprios valores, se estabiliza na faixa emocional positiva e está afinado com as emoções do grupo, então as suas habilidades de gestão de relacionamentos lhe permitem que interaja no sentido de estimular ressonância.

Lidar com relações, no entanto, não é tão fácil como parece. Não é só uma questão de afabilidade, embora pessoas com fortes habilidades sociais raramente sejam mesquinhas. A rigor, gerir relacionamentos é usar a afabilidade com um objetivo: conduzir pessoas na direção certa, quer se trate de chegar a um acordo sobre uma estratégia de mercado, ou de despertar entusiasmo por um novo projeto.

É por isso que líderes socialmente habilidosos tendem a criar ressonância com um círculo mais amplo de pessoas — e a ter faro para encontrar um terreno comum e construir um bom entendimento. Isso não quer dizer que estejam continuamente socializando; quer dizer apenas que trabalham sabendo que não se faz nada importante sozinho. Esses líderes têm uma rede já preparada para quando chegar a hora de agir. E numa época em que mais e mais trabalho é realizado a longa distância — por e-mail ou telefone —, formar relações se torna, paradoxalmente, mais importante do que nunca.

Sabendo qual é a tarefa primal de liderança, a capacidade de inspirar e mobilizar pessoas com uma visão convincente avulta em importância. Líderes inspiradores conseguem entusiasmar as pessoas sobre uma missão comum. Dão-lhes um sentido que vai além das tarefas diárias ou das metas trimestrais que com frequência tomam o lugar de uma visão mais relevante. Esses líderes sabem que aquilo a que as pessoas dão valor é o que as mobilizará poderosamente no trabalho. Por estarem cientes dos valores que os orientam, conseguem enunciar uma visão que soa verdadeira para os seus liderados. Esse forte senso de missão coletiva também dá aos líderes inspiradores liberdade para dirigir e guiar com firmeza. Como disse um diretor de produtos: "Sou uma empresa de um só — não tenho equipe, não tenho poder; compartilho pessoas com outros projetos. Não posso mandar nas pessoas — mas posso convencê-las apelando para os seus interesses".[27]

Finalmente, à medida que as tarefas de liderança vão se tornando mais complexas e colaborativas, habilidades de relacionamento tornam-se ainda mais essenciais. Por exemplo, toda grande organização precisa distribuir a função de liderança entre os chefes de divisão, e isso cria uma equipe de fato. Além disso, quando as organizações percebem que as antigas estruturas funcionais — marketing aqui, estratégia ali, indenização acolá — precisam ser demolidas, mais líderes trabalham no dia a dia com colegas como parte de equipes cross-funcionais [formadas por pessoas com diferentes habilidades]. Se algum grupo precisa maximizar sua eficiência, é a equipe do topo. E isso significa estabelecer relações estreitas e afáveis, para que todos possam compartilhar informações com facilidade e coordenar com eficácia.

Habilidades de relacionamento permitem que líderes ponham sua inteligência emocional para funcionar. Mas é mais do que isso. Quando se trata de obter resultados, as aptidões que distinguem os melhores líderes operam numa harmonia bem orquestrada, tornando-se estilos distintos de liderança — como veremos no próximo capítulo.

4. O repertório da liderança

A ressonância nasce não só dos bons humores dos líderes, ou de sua capacidade de dizer as palavras certas, mas também de todo o conjunto de atividades coordenadas que abrangem estilos particulares de liderança. Tipicamente, os melhores e mais eficientes líderes agem de acordo com uma ou mais de seis abordagens de liderança e habilmente mudam de estilo dependendo da situação.

Quatro desses estilos – visionário, treinador, afetivo e democrático – criam o tipo de ressonância que estimula o desempenho, enquanto outros dois – modelador e coercitivo –, apesar de úteis em situações bem específicas, devem ser usados com cautela, como veremos.

Para descobrir como estilos particulares de liderança afetam uma organização e seu clima emocional, recorremos a pesquisas existentes num banco de dados global de 3871 executivos, nas quais vários fatores essenciais que influenciavam o ambiente de trabalho foram avaliados.[1]

A análise foi um pouco além, para examinar como o clima criado pelos variados estilos de liderança afetava resultados financeiros, como retorno sobre vendas, crescimento de receita, eficiência e lucratividade. Os resultados mostravam que, tudo o mais sendo igual, os líderes que usavam estilos com impacto emocional positivo viam retornos financeiros decididamente melhores do que os que não usavam. Talvez mais importante ainda, os líderes que apresentavam melhores resultados não praticavam apenas um estilo particular. Em vez disso, em qualquer dia ou semana, usavam muitos dos seis estilos distintos — sem problemas e em diferentes doses — dependendo da situação de negócio. Imaginem-se os estilos, portanto, como as coleções de tacos de golfe existentes na bolsa de um profissional. Durante uma partida, o jogador vai à bolsa e escolhe de acordo com as demandas da tacada. Às vezes precisa refletir sobre a escolha, mas quase sempre é automático. O profissional "sente" o desafio que tem pela frente, rapidamente tira a ferramenta certa, e elegantemente a põe para trabalhar. É assim que líderes de alto impacto também operam.

Embora esses estilos de liderança (ver quadro) tenham sido identificados anteriormente por nomes diferentes, o que há de novo em nosso modelo é o entendimento das aptidões de inteligência emocional subjacentes requeridas em cada abordagem e — mais irrefutável — a relação de causa e efeito entre cada estilo e os respectivos resultados. A pesquisa, em outras palavras, permite ver que cada estilo afeta o clima e, portanto, o desempenho. Para executivos envolvidos na batalha diária pela obtenção de resultados, essa conexão acrescenta uma necessária dose de ciência à decisiva arte de liderar.

Examinaremos primeiro os quatro estilos de liderança que estimulam resultados, depois os dois que prontamente criam dissonância quando não usados efetivamente.

OS ESTILOS DE LIDERANÇA EM POUCAS PALAVRAS

Visionário
- Como Cria Ressonância: mobiliza pessoas em direção a objetivos compartilhados
- Impacto no Clima: muito positivo
- Quando É Indicado: quando as mudanças exigem uma nova visão, ou quando uma direção clara é necessária

Treinador
- Como Cria Ressonância: vincula o que uma pessoa deseja com os objetivos da organização
- Impacto no Clima: altamente positivo

- Quando É Indicado: para ajudar um funcionário a melhorar seu desempenho desenvolvendo habilidades de longo prazo

Afetivo
- Como Cria Ressonância: cria harmonia conectando pessoas
- Impacto no Clima: positivo
- Quando É Indicado: para curar problemas na equipe, motivar em tempos estressantes, ou fortalecer ligações

Democrático
- Como Cria Ressonância: valoriza a contribuição pessoal e consegue dedicação por meio de participação
- Impacto no Clima: positivo
- Quando É Indicado: para conseguir apoio ou consenso, ou contribuições valiosas de funcionários

Modelador
- Como Cria Ressonância: enfrenta desafios e alcança metas estimulantes
- Impacto no Clima: por ser muitas vezes mal executado, costuma ser altamente negativo
- Quando É Indicado: para obter resultados de alta qualidade de uma equipe motivada e competente

Coercitivo
- Como Cria Ressonância: acalma temores traçando um rumo claro numa emergência
- Impacto no Clima: por ser com frequência mal utilizado, altamente negativo
- Quando É Indicado: numa crise, para dar o pontapé inicial em um momento de grandes mudanças ou para resolver problemas com funcionários

O LÍDER VISIONÁRIO

Quando Shawana Leroy assumiu como diretora de uma agência de serviço social para famílias pobres numa cidade grande, havia problemas evidentes — na maior parte, deixados por seu antecessor, um velho servidor público com um gosto especial por regras e regulamentos. A missão da agência atraía empregados talentosos e estimulava uma tremenda dedicação — pelo menos na fase inicial. Tipicamente, no entanto, esse entusiasmo evaporava quando os funcionários se viam atolados num pantanal de regras complicadíssimas estabelecidas para a execução das tarefas. Ficava difícil reconhecer qual era a missão em meio a tantos regulamentos. Apesar da demanda cada vez maior pelos serviços da agência — e das queixas dos financiadores —, o ritmo de trabalho era lento e o nível de eficácia lamentável.

Como primeira medida, Leroy conversou com cada funcionário para descobrir o que funcionava e o que era motivo de orgulho para quem trabalhava na agência. As pessoas pareciam aliviadas por terem uma oportunidade de falar sobre a importância do trabalho e sobre as frustrações que enfrentavam na execução de suas tarefas. Leroy descobriu que não era a única a sentir um compromisso com a missão de ajudar famílias pobres, e apostou na ideia de que essa visão ajudaria as pessoas a atravessar as mudanças pelas quais a agência passaria.

Iniciando a conversa nesse tom positivo, Leroy dava aos funcionários uma ideia do sonho que almejavam, e por que o almejavam. Incentivava as pessoas a falar de suas esperanças para o futuro, utilizando-se da compaixão que sentiam e do seu senso de dedicação. Depois enunciava essa visão sempre que surgia uma oportunidade, expressando os valores compartilhados que atraíram todos para o mesmo serviço.

Como passo seguinte, Leroy pediu aos funcionários que questionassem se realmente viviam a missão de ajudar os pobres, e os orientou a avaliar como aquilo que faziam diariamente afetava a capacidade da agência de atingir seu objetivo. Esse processo trouxe outra recompensa: criar nas pessoas um senso de iniciativa e a crença de que traziam as respostas dentro de si.

Nessa análise dos problemas da agência começou-se a dar atenção a detalhes específicos, exatamente como devia ser: que práticas administrativas atrapalhavam, que regras não faziam sentido, e que sistemas antiquados precisavam ser substituídos. Enquanto isso, Leroy tomava providências para dar forma à nova organização que pretendia criar: uma que fosse transparente e honesta; que concentrasse sua atenção no rigor e nos resultados. Então, à medida que o processo passava da palavra à ação, Leroy e sua equipe abordaram algumas das práticas burocráticas mais rígidas, alterando-as com o apoio de praticamente toda a equipe. Sob sua direção, o clima emocional da agência mudou, passando a refletir sua paixão e dedicação; ela deu o tom para a organização inteira.

O visionário ressoa

Shawana Leroy, claro, exemplifica o estilo visionário, que empurra com força para cima o clima emocional e transforma o espírito da organização em muitos níveis. Por exemplo, líderes visionários enunciam para onde o grupo está indo, mas não como chegar lá — dando às pessoas liberdade para inovar, experimentar e assumir riscos calculados. Conhecer o plano geral e saber como determinado trabalho se encaixa nele dá clareza às pessoas; elas compreendem o que se espera delas. E o senso de que todos trabalham visando metas comuns estimula a dedicação e a lealdade da equipe: as pessoas se orgulham de pertencer à organização.

Líderes visionários colhem outro benefício: reter os funcionários mais valiosos. Quando as pessoas dão ressonância aos valores, objetivos e missão de uma empresa, essa empresa se torna seu empregador favorito. Uma empresa inteligente percebe que a sua visão e a sua missão oferecem ao seu pessoal uma "grife" única uma forma de distinguir-se, como empregador, das outras empresas da mesma área de atuação.

Além disso, ao formular a tarefa coletiva nos termos de uma visão mais grandiosa, essa abordagem define um padrão de feedback de desempenho que gira em torno dessa visão. Líderes visionários ajudam as pessoas a verem de que maneira o trabalho delas se encaixa no plano geral, oferecendo um senso claro não só de que o que fazem é importante, mas também por quê. Essa liderança maximiza o apoio dos empregados aos objetivos gerais de longo prazo e à estratégia da organização. Esse é o molde clássico de liderança, descrito com mais frequência nos cursos das faculdades de administração.

Consideremos o exemplo de Bob Pittman, então CEO da Six Flags Entertainment. Ao ser informado de que os faxineiros dos parques de diversões estavam sendo grosseiros com os frequentadores, Pittman decidiu ver o problema com os próprios olhos: disfarçou-se de faxineiro.[2] Enquanto varria as ruas, começou a entender a dificuldade. Embora a ordem dos administradores para os faxineiros fosse manter os parques imaculadamente limpos, os frequentadores impediam que essa missão se cumprisse, jogando lixo no chão, o que era uma eterna dor de cabeça para os funcionários da limpeza.

A estratégia visionária de Pittman foi instruir os administradores a redefinir a missão principal dos faxineiros: agora seria deixar os frequentadores satisfeitos. E, como um parque sujo tornaria a experiência menos prazerosa para os visitantes, o trabalho dos faxineiros era fazer a limpeza — mas em um estado de bom humor e amizade. Com essa reformulação, Pittman encaixou a pequena parte desempenhada pelos faxineiros num plano mais amplo.

Dos seis estilos de liderança, nossas pesquisas sugerem que, em termos gerais, a abordagem visionária é a mais eficaz. Lembrando sempre às pessoas qual é o objetivo maior do seu trabalho, o líder visionário dá um significado grandioso a tarefas que do contrário seriam rotineiras e banais. Os empregados entendem que os objetivos compartilhados estão em sincronia com os seus próprios interesses. Resultado: trabalho inspirado.

O que faz de alguém um visionário

Liderança inspiradora, claro, é a competência de inteligência emocional que mais vigorosamente fundamenta o estilo visionário. (Para uma descrição mais completa das aptidões de IE, ver Apêndice B.) Usando a inspiração juntamente com a tríade IE de autoconfiança, autoconsciência e empatia, líderes visionários formulam um objetivo que soa verdadeiro para eles mesmos e o sintonizam com os valores partilhados pelas pessoas que lideram. E, como acreditam genuinamente nessa visão, podem conduzir pessoas nessa direção com mão firme. Quando se trata de mudar de rumo, a capacidade de confiar em si mesmo e de estimular mudanças suaviza a transição.

Transparência, outra competência de IE, também é crucial; para inspirarem credibilidade, os líderes precisam acreditar nas suas próprias visões. Se a visão do líder é fingida, os comandados percebem. Além disso, transparência quer dizer remover barreiras ou cortinas de fumaça dentro da empresa. É um movimento em direção à honestidade e ao compartilhamento de informações e conhecimentos, para que pessoas de todos os níveis da empresa se sintam incluídas e capazes de tomar as melhores decisões possíveis. Embora alguns gestores possam ter a falsa impressão de que terão mais poder se segurarem informações, os líderes visionários compreendem que distribuir conhecimento é o segredo do sucesso; em consequência, o compartilham abertamente e em grandes doses.

De todas as aptidões de IE, porém, a empatia é a que tem mais importância para a liderança visionária. A capacidade de intuir como os outros se sentem e de entender os seus pontos de vista significa que o líder pode formular uma visão verdadeiramente estimulante. O líder que interpreta mal as pessoas, por outro lado, simplesmente não consegue inspirá-las.

Devido ao seu impacto positivo, o estilo visionário funciona bem em muitas situações de negócios. Mas pode ser ainda mais eficaz numa empresa à deriva — durante uma volta por cima ou quando ela necessita terrivelmente de uma visão nova. Não é de surpreender que o modo visionário ocorra com facilidade aos líderes "transformacionais" — os que buscam mudar por completo uma organização.[3]

Poderoso como é, no entanto, o estilo visionário não funciona em toda e qualquer situação. Falha, por exemplo, quando o líder trabalha com uma equipe de especialistas ou colegas mais experientes do que ele — e que podem enxergar um líder que explica uma visão grandiosa como pomposo, ou simplesmente fora de sintonia com o programa a ser executado. Esse tipo de passo equivocado gera cinismo, terreno fértil para o desempenho medíocre. Outra limitação: um gestor que tenta ser visionário e acaba se tornando despótico pode enfraquecer o espírito igualitário da administração em equipe.

Mas, advertências à parte, qualquer líder seria sábio se apanhasse o "taco de golfe" visionário com frequência. Pode não garantir o encaixe da bola com uma única tacada, mas certamente ajuda na tacada inicial.

A ARTE DO UM A UM: O ESTILO TREINADOR

Ela era nova na empresa e estava grávida de oito meses. Trabalhando até tarde certa noite, ela levantou os olhos do trabalho e se espantou ao ver o chefe em pé em frente à sua porta. Ele perguntou se tudo estava bem, sentou-se e começou a conversar. Queria saber tudo sobre sua vida. O que ela achava do trabalho? O que esperava que acontecesse em sua carreira? Voltaria para o trabalho depois de dar à luz?

Essas conversas continuaram diariamente por um mês, até a mulher ter o bebê. O chefe era David Ogilvy, lendário executivo de publicidade. A novata grávida era Shelly Lazarus, atual CEO da Ogilvy & Mather, a gigantesca agência de publicidade fundada por Ogilvy. Lazarus diz que uma das principais razões para ainda estar lá, décadas depois, são os laços que formou com seu mentor Ogilvy naquelas primeiras conversas depois do expediente.[4]

A liderança de Ogilvy incluía uma grande dose do estilo treinador: ter com as pessoas conversas sérias, que ultrapassam as preocupações de curto prazo, abordando a vida pessoal, incluindo sonhos, objetivos de vida e esperanças de carreira. Apesar da crença comum de que todo líder precisa ser um bom treinador, líderes tendem a adotar esse estilo com menos frequência. Nesta época tensa, de muita pressão, os líderes alegam "não ter tempo" para treinar pessoas. Mas ao ignorar esse estilo deixam escapar uma poderosa ferramenta.

Ainda que o treinador dê particular atenção ao desenvolvimento pessoal, mais do que à execução de tarefas, seu estilo em geral prognostica uma resposta emocional excepcionalmente positiva, e melhores resultados, quase independentemente dos outros estilos empregados pelo líder. Ao fazerem questão de manter conversas pessoais com empregados, líderes treinadores estabelecem uma relação de proximidade e confiança. Manifestam genuíno interesse pela equipe, em vez de ver nela apenas ferramentas para executar o trabalho. O treinador, portanto, cria uma conversa permanente que permite aos empregados ouvir um feedback de desempenho mais abertamente, vendo-o como importante para suas próprias aspirações, e não apenas para os interesses do chefe.

Como nos disse Patrick O'Brien, presidente da Johnson Outdoors, uma empresa de recreação ao ar livre: "Conhecer as pessoas individualmente é mais importante que nunca. Se você tiver uma conversa de uma hora com alguém, seis meses depois, numa sexta-feira às quatro da tarde, essa pessoa se sentirá à vontade para puxar qualquer assunto com você".

O treinador em ação

Como funciona em um líder essa habilidade de treinador? Líderes treinadores ajudam as pessoas a identificar os próprios pontos fortes e fraquezas, associando-os a aspirações pessoais e profissionais. Estimulam empregados a estabelecer objetivos de desenvolvimento de longo prazo, ajudando-os a definir um plano para alcançar esses objetivos, ao mesmo tempo que falam com clareza sobre qual é a responsabilidade do líder e qual será o papel do empregado. Como já discutimos, as pessoas tendem a gravitar em torno dos aspectos de que mais gostam em seu trabalho, ou seja, aqueles que têm a ver com seus sonhos, identidade e aspirações. Ao vincularem o trabalho diário das pessoas a esses objetivos de longo prazo, treinadores conseguem mantê-las motivadas. Só conhecendo os empregados num nível mais profundo, pessoal, os líderes podem começar a transformar esse vínculo em realidade.

Treinadores também são bons em delegar, passando aos empregados tarefas desafiadoras que exigem deles o máximo de suas capacidades, em vez de tarefas que simplesmente ajudam a executar um serviço. (Esse tipo de exigência, a propósito, tem um impacto particularmente positivo no estado de espírito de uma pessoa; há um sabor especial no sucesso que resulta da máxima utilização de nossas capacidades.)[5] Além disso, treinadores geralmente toleram fracassos de curto prazo, por compreenderem que isso pode ampliar os sonhos de um empregado.

Não é de surpreender, portanto, que o estilo treinador funcione melhor com funcionários que demonstram iniciativa e buscam o desenvolvimento pessoal. De outro lado, o treinador não funciona quando o empregado é desmotivado ou requer um excesso de instruções pessoais e feedback — ou quando o líder não tem a expertise ou a sensibilidade necessárias para ajudar o empregado a seguir adiante. Quando mal executado, o estilo treinador mais parece microgerenciamento, ou controle excessivo de empregado. Esse tipo de equívoco pode destruir a autoconfiança do funcionário e acabar lançando seu desempenho numa espiral decrescente. Infelizmente, descobrimos que muitos gestores não conhecem direito — ou não sabem usar — o estilo treinador, particularmente quando se trata de dar um feedback contínuo de desempenho que crie motivação em vez de medo ou apatia.

Por exemplo, líderes que são também modeladores — preocupados exclusivamente com alto desempenho — costumam achar que estão treinando, quando na verdade estão microgerenciando ou simplesmente dizendo às pessoas como trabalhar. Esses líderes tendem a se concentrar em objetivos de curto prazo, como volume de vendas. Essa tendência orientada para a solução os impede de descobrir quais são as aspirações de longo prazo dos empregados — e os empregados, por sua vez, podem achar que o líder os vê como simples ferramentas para executar tarefas e, consequentemente, se sentir subvalorizados em vez de motivados.

No entanto, quando bem aplicado, o estilo treinador não só torna os empregados mais capazes, mas também fortalece sua autoconfiança, ajudando-os a trabalhar com mais autonomia e em um nível de desempenho mais elevado.

O que faz de alguém um treinador

O estilo treinador exemplifica a competência de IE para desenvolver outras pessoas, o que dá ao líder a oportunidade de agir como conselheiro, explorando objetivos e valores dos empregados e ajudando-os a expandir o próprio repertório de habilidades. Funciona em conjunção com duas outras aptidões que, segundo pesquisas, são típicas dos melhores conselheiros: autoconsciência emocional e empatia.

A autoconsciência emocional cria líderes autênticos, capazes de dar conselhos que são genuinamente de interesse do empregado, e não conselhos que façam a pessoa sentir-se manipulada, ou mesmo agredida. E empatia significa líderes que escutam antes de reagir ou dar feedback, permitindo manter o foco da interação. Bons treinadores, portanto, costumam fazer a si mesmos esta pergunta: isto é sobre meu assunto, meu objetivo, ou sobre assuntos e objetivos deles?

O impacto surpreendentemente positivo do estilo treinador vem em grande parte da empatia e do bom entendimento que o líder estabelece com os empregados. O bom treinador comunica sua crença no potencial das pessoas e na expectativa de que podem fazer o melhor possível. A mensagem tácita é "acredito em você, estou investindo em você e espero que se empenhe ao máximo". Como resultado, as pessoas têm a sensação de que o líder lhes dá importância, por isso se sentem motivadas para manter o mais alto padrão de desempenho, além de ser responsáveis pelo próprio nível de sucesso.

Às vezes treinar assume a forma de um ativo programa de *mentoring* (tutoria). E nas empresas "criadas para durar", que têm crescido ao longo de décadas, o constante desenvolvimento de liderança caracteriza uma força cultural, bem como uma chave do contínuo sucesso empresarial.[6] Numa época em que mais e mais empresas encontram dificuldade para reter os empregados talentosos e promissores, as empresas que oferecem ao seu pessoal boas experiências de desenvolvimento têm mais êxito em formar empregados leais. Em resumo, o estilo treinador pode não apregoar "resultados financeiros", mas, de forma surpreendentemente indireta, é isso que produz.

FORMADORES DE RELAÇÕES: O ESTILO AFETIVO

Joe Torre pode ser chamado da alma do New York Yankees. Como treinador desse celebrado time de beisebol, quando a equipe ganhou mais uma World Series em 1999, atribuiu-se a Torre o mérito de saber cuidar da mente dos seus jogadores submetidos à panela de pressão emocional da corrida para vencer o campeonato. Numa área que costuma ser marcada por exemplos notórios de mau gênio e insensibilidade, Torre se destaca como exceção, exemplificando o trabalho de equipe e a competência colaborativa em ação.

Consideremos o que aconteceu durante a comemoração em campo logo depois da partida final em 1999. Torre procurou determinados jogadores para abraçá-los, especialmente Paul O'Neill, cujo pai tinha acabado de falecer, aos 79 anos. Apesar de haver recebido a notícia da morte do pai pouco antes do jogo, O'Neill resolveu jogar a partida decisiva daquela noite — e explodiu em lágrimas no momento em que o jogo terminou. Posteriormente, na festa da vitória no clube, Torre fez questão de mencionar a crise pessoal de O'Neill, chamando-o de "um guerreiro".

Torre procurou outros dois jogadores — que também haviam perdido parentes durante a temporada. Um deles, Scott Brosius, tinha recebido repetidos elogios de Torre, nos meses anteriores, por manter o otimismo quando trabalhava com o time, apesar da preocupação com a doença terminal do pai. Finalmente, Torre usou a publicidade oferecida pelas comemorações da vitória para dar apoio a dois jogadores cuja volta no ano seguinte estava ameaçada por causa de problemas contratuais. Ele resolveu elogiar os dois jogadores para dar um recado ao próprio chefe, o dono do clube, mostrando que eram valiosos demais para que o time os perdesse.

Certamente Torre não é nenhum frouxo: é muito firme em suas reprimendas, quando necessário. Mas também é aberto com seus liderados a respeito dos próprios sentimentos. No ano em que seu irmão esteve à beira da morte, aguardando um transplante de coração, Torre não tentou esconder a preocupação, conversando sobre o assunto com os jogadores — como o fez quando tratou de um câncer de próstata na primavera anterior à vitória do time.

Essa receptividade para falar de emoções é uma das marcas registradas do estilo afetivo de liderança, exemplificado por Torre. Esse tipo de líder também tende a valorizar pessoas e sentimentos — dando menos ênfase à execução de tarefas e metas, e mais às necessidades emocionais dos funcionários. Líderes que adotam o estilo afetivo se alegram em ver as pessoas contentes, estabelecer harmonia e — como Torre fazia tão bem — criar ressonância na equipe.

Apesar de limitado como impulsionador direto de desempenho, o estilo afetivo tem impacto inesperadamente positivo no clima de um grupo, perdendo apenas para os estilos visionário e treinador em empurrar para cima todos os indicadores. Uma vez que tratam funcionários como pessoas — por exemplo, oferecendo-lhes apoio emocional em momentos difíceis de sua vida privada —, esses líderes geram extraordinária lealdade e fortalecem conexões.

Quando faz sentido adotar o estilo afetivo? Seu impacto em geral positivo faz dele um bom criador de ressonância em qualquer circunstância, mas os líderes devem adotá-lo especialmente quando desejam fortalecer a harmonia da equipe, elevar o moral, melhorar a comunicação ou reparar a confiança perdida numa organização.

Muitas culturas dão enorme valor aos vínculos pessoais, o que faz da formação de boas relações um elemento indispensável para a realização de negócios. Na maioria das culturas asiáticas — bem como em alguns países da América Latina e da Europa —, estabelecer uma forte relação é pré-requisito para fazer negócios. Isso ocorre naturalmente aos líderes que adotam o estilo afetivo.

QUANDO SER "LEGAL" NÃO BASTA

"Aqui não sabemos ser ao mesmo tempo amáveis e sinceros", nos disse o vice-presidente de uma empresa de bens de consumo de 6 bilhões de dólares. "Somos uma empresa familiar, orientada para o relacionamento. Nossos líderes dão grande importância a valorizar e respeitar as pessoas. Se erramos em alguma coisa é em nos preocuparmos demais com o clima de harmonia. Somos bonzinhos demais. Como nossa tendência é evitar o confronto, não damos o tipo de feedback que ajuda as pessoas a crescer."

Há uma falha óbvia quando o líder recorre unicamente à abordagem afetiva: o trabalho fica em segundo plano em relação aos sentimentos. Líderes que abusam desse estilo deixam de oferecer o feedback corretivo sobre desempenho que poderia ajudar os empregados a melhorar. Tendem a se preocupar demais em se dar bem com as pessoas, muitas vezes às custas da tarefa a ser executada. Já se constatou que esse tipo "ansioso" de afiliação piora o clima em vez de melhorar.[7] Ansiosos para saber se são amados ou não, líderes que estão sempre evitando o confronto podem frustrar o grupo, conduzindo-o ao fracasso.

Esses líderes podem facilmente se perder, pois sua postura excessivamente afetiva cria uma situação que os deixa na posição de ser os últimos a receber más notícias. Nas crises ou quando as pessoas precisam de diretrizes claras para contornar desafios complexos, líderes que não sabem o que se passa — por mais gente fina que sejam — deixam os seguidores sem rumo.

O que faz de alguém um líder afetivo

O estilo afetivo representa a competência colaborativa em ação. Líderes com esse perfil estão mais preocupados com promover a harmonia e estimular interações amistosas, nutrindo relações pessoais que ampliam o tecido conectivo com as pessoas que chefia. Consequentemente, os líderes afetivos valorizam o tempo de inatividade no ciclo organizacional, que dá mais tempo para formar capital emocional a ser utilizado quando a pressão é forte.

Em seu modo afetivo, os líderes concentram-se nas necessidades emocionais de funcionários mesmo com relação a metas de trabalho. Esse foco torna a empatia — a capacidade de entender os sentimentos, as necessidades e as perspectivas de outros — mais uma das aptidões fundamentais. A empatia permite que o líder mantenha as pessoas felizes, porque seu interesse é pelo indivíduo, não apenas pelas tarefas de trabalho sob responsabilidade delas. A empatia de um líder torna a abordagem afetiva um incentivador do moral por excelência, elevando os ânimos mesmo enquanto os empregados marcham de forma automática através de tarefas banais ou repetitivas. Finalmente, o estilo afetivo às vezes se baseia também na competência IE de administração de conflito, quando parte do desafio consiste em entrosar indivíduos diversos ou mesmo conflitantes num harmonioso grupo de trabalho.

Apesar dos benefícios, o estilo afetivo não deveria ser utilizado sozinho. O foco exclusivo dessa modalidade em fazer elogios permite que o mau desempenho prossiga sem ser corrigido, e os empregados podem achar que a mediocridade é tolerada. Além disso, como os líderes afetivos quase nunca dão conselhos construtivos sobre como melhorar, os empregados têm que descobrir sozinhos como fazê-lo.

Talvez seja por isso que muitos líderes afetivos — incluindo Joe Torre — usam esse estilo em combinação com a abordagem visionária. Líderes visionários proclamam uma missão, fixam padrões e dizem às pessoas se o trabalho delas está facilitando as metas do grupo. Se a isso for aliada a abordagem interessada do líder afetivo, o resultado será uma poderosa combinação.

VAMOS CONVERSAR SOBRE O ASSUNTO: O ESTILO DEMOCRÁTICO

Uma escola católica particular, localizada em um bairro pobre de uma grande área metropolitana, perdeu dinheiro durante anos. Incapaz de mantê-la em funcionamento, a arquidiocese ordenou à irmã Mary, que chefiava o sistema de escolas católicas daquela área, que acabasse com o estabelecimento.

Mas, em vez de fechar as portas de imediato, irmã Mary convocou uma reunião de professores e funcionários e explicou em detalhes a crise financeira que ameaçava a instituição. Pediu-lhes sugestões sobre como ajudar a manter a escola aberta e como fechá-la, se não houvesse outro jeito. E sentou-se para escutar. Fez a mesma coisa em reuniões posteriores com os pais dos alunos, com a comunidade e, depois, durante uma série de reuniões com professores e funcionários.

Ao fim de uma rodada de reuniões que se estendeu por meses, chegou-se a um consenso: a escola teria que ser fechada. Os estudantes que desejassem continuar numa escola do sistema católico seriam transferidos.

Embora o desfecho tivesse sido o mesmo se irmã Mary houvesse fechado a escola logo depois de receber a ordem, o processo usado por ela fez toda a diferença. Ao permitir que os integrantes da escola chegassem juntos àquela decisão, irmã Mary não teve que lidar com os efeitos negativos que uma medida como aquela costuma provocar. As pessoas lamentaram a perda da escola, mas compreenderam sua inevitabilidade. Praticamente não houve objeções.

Compare-se a atitude de irmã Mary com a de um padre diretor de outra escola católica que também recebeu ordem para fechar. O padre imediatamente fechou a instituição — por decreto. Resultado: pais moveram ações judiciais, professores e pais organizaram piquetes e jornais publicaram editoriais criticando a decisão. As disputas mantiveram a escola funcionando durante mais um ano, antes de finalmente fechar.

Ao contrário, o estilo democrático de irmã Mary de obter apoio do seu público criou sentimentos de confiança e respeito — e, em uma palavra, dedicação. Ao usar seu tempo em conversas individuais e em reuniões, ouvindo as preocupações dos funcionários (e, no caso de irmã Mary, de acionistas como os pais), o líder democrático mantém o moral elevado. O impacto resultante no clima é positivo de ponta a ponta.

Quando ser democrático

Uma abordagem democrática funciona melhor quando, como irmã Mary, o líder não sabe direito que direção tomar e precisa das ideias de funcionários capazes.

Parece ter sido o caso de Louis Gerstner Jr., que se tornou presidente da IBM em 1993, quando a empresa esteve à beira da morte. Não pertencendo à indústria de informática, Gerstner teve que recorrer ao estilo democrático, voltando-se para colegas mais experientes em busca de conselho. No fim, mesmo tendo que cortar 9 bilhões de dólares por ano em despesas e demitir milhares de funcionários, Gerstner comandou uma volta por cima espetacularmente bem-sucedida, traçando uma nova estratégia para a empresa. Olhando para trás, Gerstner considera que as decisões que tomava diariamente baseavam-se em "bons conselhos de colegas que sabiam muitíssimo mais da IBM e dessa indústria do que eu jamais saberia".[8]

Ainda que o líder tenha uma forte visão, o estilo democrático funciona bem trazendo à tona ideias sobre maneiras de implementar essa visão, ou gerando novas ideias para executá-la. Por exemplo, David Morgan, CEO do Westpac Bank, na Austrália, passa vinte dias por ano reunido com grupos dos seus oitocentos funcionários mais importantes, quarenta de cada vez. "É uma sessão em que eles me dão feedback", disse-nos Morgan. "Eu quero saber o que acontece. Se algum dia foi verdade que uma pessoa sentada em seu escritório isolado em um canto conseguia dirigir esse negócio, não é mais. O maior risco é perder contato com o que está transcorrendo."

Para que essas sessões de feedback sejam proveitosas, o líder precisa estar aberto a qualquer coisa — não só às notícias boas, mas também às ruins. "É preciso ouvir coisas bem duras", diz Morgan. "Mas a primeira vez que eu demitir alguém por me dizer verdades duras eles deixarão de falar comigo. Tenho que garantir a todos que é seguro falar com sinceridade. Não há nenhum problema que não sejamos capazes de resolver, se estivermos abertos."

O estilo democrático, claro, tem os seus defeitos. Um dos resultados, quando o líder abusa dessa abordagem, são as reuniões intermináveis, exasperantes, nas quais ideias são debatidas à exaustão, continua difícil alcançar o consenso, e o único desfecho visível é marcar novas reuniões. O líder que adia decisões cruciais, na esperança de conseguir uma estratégia consensual, corre o risco de vacilar. O custo pode ser confusão e falta de rumo, resultando em atrasos ou conflitos cada vez maiores.

Nem é preciso dizer que pedir conselhos a funcionários mal informados ou incompetentes pode ser desastroso. Da mesma forma, a busca do consenso é um equívoco em tempos de crise, quando os acontecimentos se precipitam exigindo decisões tomadas na hora. Consideremos o caso de um CEO analisado por nós cuja empresa de computação estava ameaçada pelas mudanças do mercado, mas ele insistia em buscar consenso sobre o que fazer. Enquanto os concorrentes roubavam clientes — e as necessidades dos consumidores mudavam —, esse CEO continuava criando comitês para estudar alternativas. Então, quando o mercado de repente mudou em consequência de novas tecnologias, o CEO ficou paralisado. Antes de poder convocar outra força-tarefa para examinar a situação, o conselho o substituiu.

O *que faz de alguém um líder democrático*

O estilo democrático repousa numa tríade de aptidões de inteligência emocional: trabalho em grupo e colaboração, administração de conflitos e influência. Os melhores comunicadores são ouvintes magníficos — e ouvir é uma virtude essencial do líder democrático. Esses líderes dão a sensação de que de fato desejam ouvir as opiniões e preocupações dos funcionários e são acessíveis. Também são genuínos colaboradores, trabalhando como membros de equipe, mais do que como chefes coercitivos. E sabem debelar conflitos e criar um senso de harmonia — por exemplo, reparando fraturas dentro do grupo.

A competência IE da empatia também tem seu papel na liderança democrática, especialmente quando o grupo é bastante diverso. Sem a capacidade de sintonizar com uma grande variedade de pessoas, o líder fica mais propenso a cometer erros.

Os quatro primeiros estilos de liderança — visionário, treinador, afetivo e democrático — são infalíveis criadores de ressonância. Cada um tem seu impacto forte, positivo, no clima emocional de uma organização. Os dois últimos estilos — modelador e coercitivo — também têm seu lugar na caixa de ferramentas do líder. Mas cada um deles deve ser usado cuidadosamente, e com habilidade, se quisermos que tenha impacto positivo. Quando líderes modeladores e coercitivos vão longe demais, recorrendo a esses estilos com demasiada frequência, ou usando-os imprudentemente, eles criam dissonância, não ressonância — como veremos no próximo capítulo.

5. Os estilos dissonantes
Use com cuidado

A ascensão espetacular da EMC, a empresa de sistemas de armazenamento de dados, que foi do nada à posição de líder mundial, é um clássico exemplo de zelo empresarial. Durante anos a alta cúpula da empresa comandou sua força de vendas numa corrida deliberadamente frenética para vencer a concorrência. Na verdade, o CEO Michael Ruettgers disse que selecionava seus gerentes de venda com base nessa vontade de vencer e atribui o êxito da EMC à agressividade de sua força de marketing. Como disse um dos executivos de vendas da EMC, "somos como pit bulls — a única diferença é que uma hora pit bulls soltam".

Essa tenacidade deu enormes retornos: em 1995, o primeiro ano em que a EMC vendeu sistemas de *open-storage*, as vendas chegaram a 200 milhões de dólares. Em 1999, a EMC — que não tinha aparecido no radar de ninguém — era uma das quatro empresas norte-americanas a alcançarem as notas mais altas em rentabilidade para os acionistas, aumento de vendas, crescimento de lucros, margem de lucro líquido e retorno sobre o patrimônio.[1]

Ruettgers e sua equipe de administradores representam o estilo modelador em ação: líderes que esperam boa qualidade e a exemplificam. Esse estilo pode funcionar muito bem em áreas técnicas, entre profissionais altamente capacitados ou — como na EMC — com uma equipe de vendas ambiciosa e enérgica. Ser um modelador faz sentido, em particular, durante a fase de empreendedorismo no ciclo de vida de uma empresa, quando o que importa é crescer. Se os membros do grupo forem todos competentes ao máximo, motivados e não necessitem de muita orientação, o estilo pode gerar resultados brilhantes. Com uma equipe talentosa, o líder modelador executa o trabalho no prazo, ou mesmo antes.

O ESTILO MODELADOR: USAR COM MODERAÇÃO

Apesar disso, embora o estilo modelador tenha seu lugar na caixa de ferramentas do líder, deve ser usado com moderação, restrito a ambientes em que de fato funcione. Esse conselho contraria o senso comum. Afinal, as características do modelador parecem admiráveis. O líder segue e exemplifica altos padrões de desempenho. É obsessivo quanto a trabalhar da melhor maneira e o mais rapidamente possível e pede a mesma coisa a todo mundo. Identifica sem demora os que não estão fazendo o trabalho direito, exige mais deles e, se não estiverem à altura, vai lá e resolve pessoalmente.

Mas, quando mal aplicado, ou aplicado em excesso, no ambiente errado, o estilo modelador pode fazer os funcionários se sentirem pressionados demais pelas implacáveis demandas do chefe. E como os modeladores tendem a ser claros no que diz respeito a diretrizes — esperando que as pessoas "saibam o que devem fazer" — os seguidores com frequência têm que adivinhar o que o chefe quer. O resultado é que o moral desaba, com os empregados achando que o líder está exigindo demais ou, pior ainda, que o líder não confia neles o suficiente para deixar que executem o trabalho à sua maneira. Mais ainda, os modeladores podem estar tão concentrados em atingir metas que dão a impressão de não se importar de fato com as pessoas das quais dependem para atingir essas metas. O resultado é a dissonância.

Nossos dados mostram que o estilo modelador tende a envenenar o clima — em particular por causa dos custos emocionais que ocorrem quando o líder o emprega com excessiva frequência. Essencialmente, o dilema do modelador é o seguinte: quanto maior a pressão por resultados, mais ansiosas ficam as pessoas. Embora uma pressão moderada possa estimular o pessoal — o desafio de cumprir um prazo, por exemplo —, se exercida por muito tempo a alta pressão pode ser debilitante. E quando os funcionários se afastam de uma visão inspirada, questões básicas de sobrevivência se impõem. A pressão constrange o talento para pensar de maneira inovadora. Embora os modeladores possam conseguir obediência — e consequentemente breves sinais positivos a curto prazo —, não conseguem um desempenho verdadeiro que as pessoas possam sustentar.

Consideremos, por exemplo, o caso de um executivo que vamos chamar de Sam. Academicamente, a carreira de Sam teve um começo brilhante; foi um dos primeiros da turma. Em seguida, como bioquímico de pesquisa e desenvolvimento numa grande empresa farmacêutica, sua extraordinária expertise técnica fez dele em pouco tempo um astro: todos recorriam a ele em busca de conselho técnico. Movido por altos padrões de excelência e realização, era quase obsessivo em sua determinação de descobrir melhores maneiras de executar seu trabalho.

Quando foi designado chefe de uma equipe para desenvolver um novo produto, Sam continuou a brilhar, e seus colegas eram, em geral, tão competentes e motivados quanto ele. O ofício de Sam como chefe de equipe passou a ser modelar, trabalhar até tarde e servir de padrão sobre como fazer trabalho científico de qualidade sob tremenda pressão de prazo. Sua equipe concluiu a tarefa em tempo recorde.

Mas quando foi escolhido para chefiar a divisão inteira de pesquisa e desenvolvimento, Sam começou a falhar. Suas tarefas tinham virado a missão maior de liderança — formular uma visão, delegar responsabilidade e ajudar a desenvolver pessoas —, mas Sam não achava que os subordinados fossem tão capazes quanto ele. Relutava em delegar poderes, tornando-se um microgerente obcecado com detalhes, que tomava o lugar dos outros quando o desempenho deles deixava a desejar, em vez de acreditar que pudessem melhorar sob sua orientação. Finalmente, por sugestão do chefe — e alívio dele —, Sam voltou para a função antiga de supervisor de uma equipe de desenvolvimento de produto.

A história de Sam apresenta os sinais clássicos do modelador: padrões altíssimos de qualidade, impaciência com quem trabalha mal, disposição para arregaçar as mangas e prontidão para fazer o trabalho dos outros quando estes enfrentam dificuldades. Não quer dizer que a abordagem do modelador não possa funcionar. Pode — mas só em determinadas situações, ou seja, quando os funcionários são motivados, altamente competentes e quase não precisam de orientação.

O estilo modelador: os ingredientes

O que é preciso para ser um líder modelador bem-sucedido? O alicerce de inteligência emocional deste estilo está no impulso para realizar descobrindo sempre formas de aprimorar o desempenho — em união com uma grande dose de iniciativa para aproveitar oportunidades. A competência para realizar significa que líderes modeladores lutam para aprender novas abordagens que melhorem a própria performance e a dos liderados. Também significa que esses líderes são motivados não por recompensas externas, como dinheiro ou títulos, mas por uma necessidade irresistível de satisfazer os próprios padrões de qualidade. Ser um modelador requer iniciativa, a disposição das pessoas agressivamente empreendedoras para aproveitar e criar oportunidades de melhorar. Mas se surge onde faltam outras aptidões cruciais de IE, esse impulso de realizar pode dar muito errado. A ausência de empatia, por exemplo, significa que líderes podem se concentrar com tranquilidade em realizar tarefas sem dar a mínima importância à crescente angústia daqueles que as executam. Da mesma forma, a ausência de autoconsciência torna os modeladores cegos para os próprios fracassos.

Outras aptidões que costumam faltar a esses líderes incluem a capacidade de colaborar ou de comunicar-se efetivamente (em particular o talento para oferecer um oportuno e útil feedback de desempenho). A falta mais gritante é a de autogestão emocional, déficit esse que se manifesta na forma de microgerenciamento, impaciência ou coisa pior.

Em geral, o estilo modelador funciona bem junto com outros estilos de liderança, como a paixão do estilo visionário e a capacidade de formar equipes do estilo afetivo. Os problemas mais comuns do estilo modelador surgem quando um *"techie"* em ascensão para o estrelato é promovido a gestor, como aconteceu no exemplo de Sam, o talentoso bioquímico que falhou como chefe de pesquisa. Na verdade, Sam ostentava os sintomas clássicos do Princípio de Peter, alguém que é promovido além do que permitia o seu nível de competência. Ele tinha toda a capacitação técnica de que precisava para o cargo antigo, mas poucas das aptidões de liderança necessárias para a nova função. Por isso se tornou um líder que faz o trabalho dos outros quando os outros não conseguem, que não sabe delegar porque não acredita que outras pessoas sejam capazes de trabalhar tão bem quanto ele, e não hesita em condenar o mau desempenho, mas são muito econômicos nos elogios ao trabalho bem-feito. Outro sinal de modeladores que se enquadram no Princípio de Peter é que se sobressaem nos aspectos técnicos do trabalho, mas desprezam a tendência cooperativa que a liderança demanda.

Quando os líderes usam exclusivamente o estilo modelador, ou o usam mal, é porque lhes falta não apenas visão, mas também ressonância. Com frequência, esses líderes são impulsionados apenas por números — que nem sempre bastam para inspirar ou motivar pessoas.

FAÇA O QUE ESTOU MANDANDO: LIDERAR POR COMANDO

A empresa de informática estava desmoronando: vendas e lucros desabavam, ações despencavam, e os acionistas se desesperavam. O conselho trouxe um novo CEO com reputação de mestre em grandes viradas, e ele se pôs a trabalhar cortando pessoal, vendendo divisões e tomando as decisões duras e impopulares que deveriam ter sido tomadas anos antes.

No fim, a empresa foi salva — pelo menos a curto prazo —, mas a um preço altíssimo. Desde o início o CEO impôs uma política de terror, mais sentido entre os subordinados diretos. Como um Gengis Khan dos dias atuais, ele intimidava e humilhava executivos, manifestando aos berros a sua insatisfação com as mínimas falhas. Aterrorizados com a sua tendência a "assassinar" o portador de más notícias, os subordinados diretos pararam de lhe dar qualquer tipo de notícia. Os mais talentosos logo desertaram — e o CEO demitiu muitos dos que ficaram. Em toda a empresa, o moral era inexistente, fato que se refletiu em outro declínio depois da recuperação de curto prazo. Finalmente, o CEO foi demitido pelo conselho administrativo.

Sem dúvida, o mundo empresarial está repleto de líderes coercitivos cujo impacto negativo nos liderados ainda não se virou contra eles. Por exemplo, quando um importante sistema hospitalar estava perdendo dinheiro, o conselho contratou um novo presidente para dar a volta por cima — e o efeito foi desastroso. Como nos contou um médico, "ele cortou pessoal sem dó nem piedade, especialmente na enfermagem. O hospital parecia mais lucrativo, mas sofria de perigosa escassez de funcionários. Não conseguíamos atender as demandas de pacientes, e todo mundo se sentia desanimado".

Não admira, portanto, que o grau de satisfação dos pacientes tenha despencado. Quando o hospital começou a perder fatia de mercado para a concorrência, o presidente recontratou a contragosto muitas pessoas que havia demitido. "Mas até hoje não admitiu que foi implacável demais", disse o médico, "e continua a administrar por meio de ameaças e intimidação. Os enfermeiros voltaram, mas o moral não. Enquanto isso, o presidente reclama dos números sobre o grau de satisfação dos pacientes — sem perceber que é parte do problema."

O estilo coercitivo em ação

Como é a abordagem coercitiva — às vezes chamada de *estilo autoritário* — em ação? Com o lema "Faça o que estou mandando", esses líderes exigem obediência imediata às suas ordens, mas não se preocupam em explicar as razões que há por trás dessas ordens. Se os subordinados não obedecem sem fazer perguntas, esses líderes recorrem a ameaças. E, em vez de delegarem autoridade, buscam controlar com rigor qualquer situação e monitorá-la com cuidado. Em consequência, o feedback de desempenho — quando é dado — invariavelmente se limita ao que as pessoas fizeram de errado, e não ao que fizeram de certo. Em resumo, uma clássica receita para a dissonância.

Não é de surpreender que, entre todos os estilos de liderança, a abordagem coercitiva seja a menos eficiente na maioria das situações, como mostram os nossos dados. Consideremos o que esse estilo faz no clima de uma organização. Levando em conta que o contágio emocional se espalha mais rapidamente de cima para baixo, um líder ameaçador e frio contamina o humor de todos, e a qualidade geral do ambiente despenca. Apesar de um líder coercitivo como o CEO do hospital não perceber a relação entre o seu estilo de liderança e a queda do grau de satisfação dos pacientes, a ligação existe. As interações com enfermeiros e médicos estragam o humor deles, que, por sua vez, ficam menos capazes de manter as animadas brincadeiras que melhoram o humor dos pacientes e fazem toda a diferença na atitude dos enfermos para com a assistência médica que recebem.

Por raramente fazer elogios e viver criticando os empregados, o líder coercitivo corrói o espírito, o orgulho e a satisfação que as pessoas sentem pelo trabalho que fazem — exatamente aquilo que motiva os funcionários de alto desempenho. Assim, o estilo enfraquece uma ferramenta essencial de que todos os líderes necessitam: a capacidade de dar às pessoas a sensação de que o trabalho delas se encaixa numa grandiosa missão compartilhada. Em vez disso, as pessoas acabam ficando menos dedicadas, até mesmo alienadas do próprio serviço, e se perguntando: Que importância tem isso mesmo?

Apesar de seus muitos efeitos negativos, porém, os líderes coercitivos prosperam no mundo inteiro, em números surpreendentemente expressivos, legado das velhas hierarquias de comando e controle que tipificaram os negócios no século XX. Essas organizações adotavam um modelo militar de liderança (de cima para baixo, "estou mandando") que na verdade era mais adequado para o campo de batalha. Mas mesmo nas organizações militares modernizadas de hoje o estilo coercitivo é equilibrado por outros estilos, no interesse da formação de lealdade, *esprit de corps* e trabalho em equipe.

A comunidade médica oferece outro exemplo. Atualmente, muitas organizações médicas nos Estados Unidos enfrentam uma crise de liderança, em parte porque a cultura da medicina tem favorecido os estilos modelador e coercitivo. Esses estilos são, claro, apropriados, digamos, nas salas de cirurgia ou nas emergências. Mas seu predomínio significa que muitos médicos que chegam a cargos de liderança têm tido pouca chance de aprender um repertório mais variado de estilos.

Em organizações mais modernas, portanto, o chefe tipo "faça o que estou mandando" tornou-se um dinossauro. Como diz o CEO de uma empresa de tecnologia, "você pode passar por cima das pessoas e ganhar dinheiro, mas essa empresa vai durar?".

Quando mandar funciona

Apesar das inclinações negativas, o estilo comando e controle pode ocupar lugar importante no repertório do líder IE quando usado de maneira correta. Por exemplo, líderes que administram uma crise empresarial, como uma volta por cima urgente, podem descobrir que o estilo coercitivo é particularmente eficaz — em especial de início — para dissolver hábitos inúteis de negócios, e despertar as pessoas para novas maneiras de trabalhar. Da mesma forma, em situações reais de emergência, como um incêndio no prédio ou um furacão que se avizinha — ou diante de uma compra hostil —, líderes de estilo controlador podem ajudar a sobreviver ao tumulto. Além disso, quando tudo o mais falha, o estilo às vezes funciona quando se trata de lidar com funcionários difíceis.

Um executivo em nossa pesquisa soube usar habilmente o estilo coercitivo quando foi contratado como presidente de divisão para mudar os rumos de uma empresa de alimentos que perdia dinheiro. Começou agindo com firmeza nas primeiras semanas, para anunciar as medidas que pretendia arquitetar.

Por exemplo, a diretoria reunia-se sempre numa sala de conferências muito formal, um tanto intimidadora, sentando-se em cadeiras gigantescas em volta de uma mesa com tampo de mármore que "parecia a nave *Enterprise*" de *Star Trek*, como falou o novo presidente de divisão. A distância entre as pessoas prejudicava as conversas informais, e as próprias reuniões eram forçadas — ninguém ousava balançar o barco. Em resumo, a sala de reuniões simbolizava a falta de diálogo e de verdadeira colaboração dentro da diretoria. Para indicar uma mudança no sentido da abertura, o novo presidente mandou derrubar a sala — sem dúvida, uma decisão de estilo coercitivo — com efeitos positivos. A partir daquele momento, a diretoria se reunia em uma sala comum de reuniões, "onde as pessoas de fato se falavam", disse o novo presidente.

Ele usou a mesma abordagem com relação a um conjunto de manuais administrativos muito detalhados, que especificavam quem deveria contribuir antes de uma decisão administrativa. A nova advertência era: chega de manuais e de intermináveis trocas de papéis. "Quero que as pessoas conversem umas com as outras", explicou-nos o presidente. "Qualquer um que precise pode vir às reuniões do comitê executivo e dizer: 'estou trabalhando nisto — preciso de ajuda e de ideias'. Quero que sejamos mais um recurso para as pessoas do que simplesmente um carimbo."

Ao mandar essas mensagens, o novo presidente foi forte e enérgico. Mas sua tática de força deu certo porque ele atacou os velhos modos — e não pessoas. Na verdade, deixou claro que valorizava seus talentos e habilidades; era o jeito de trabalhar delas que ele achava necessário mudar drasticamente.

O que é preciso

Essa execução eficaz do estilo coercitivo se vale de três aptidões de inteligência emocional: influência, realização e iniciativa. E, como ocorre com o estilo modelador, autoconsciência, autocontrole emocional e empatia são cruciais para evitar que o estilo coercitivo perca o rumo. O impulso de realizar significa que o líder exerce uma direção vigorosa a serviço de melhores resultados. Iniciativa, no estilo coercitivo, em geral é sinônimo não apenas de aproveitar oportunidades, mas também de adotar um tom "coercitivo" sem hesitação, dando ordens na hora em vez de parar para pensar no que fazer. A iniciativa do líder coercitivo também se manifesta em não esperar até ser inevitável, mas tomar rápido medidas vigorosas para executar as tarefas.

Talvez o mais importante na habilidosa execução desse estilo seja o autocontrole emocional. Isso permite que o líder controle a própria raiva e impaciência — ou que use a raiva numa explosão canalizada com habilidade para conseguir atenção instantânea e mobilizar pessoas a apresentarem resultados. Quando o líder não dispõe da autoconsciência que possibilite o autocontrole necessário — talvez o defeito mais comum nos líderes que empregam mal esse estilo —, os perigos do estilo coercitivo são maiores. Líderes coercitivos que demonstram não só raiva, mas também desgosto ou desprezo, podem ter um impacto emocional devastador em seu pessoal.

Pior ainda, se as explosões descontroladas do líder combinarem com falta de empatia — uma insensibilidade emocional —, o estilo sai dos trilhos: o líder ditatorial dá ordens aos berros, indiferente à reação das pessoas na outra ponta. Executar o estilo coercitivo eficientemente, portanto, requer que o líder "se zangue com a pessoa certa, da maneira certa, no momento certo e pela razão certa", como disse Aristóteles.

Dito isso, o estilo coercitivo deveria ser usado com extrema cautela, em situações em que fosse absolutamente imperativo, como numa volta por cima ou em caso de iminente compra hostil. Se um líder sabe quando as condições exigem mão forte na cúpula — e quando deixá-la de lado —, então essa habilidosa firmeza pode ser tonificante. Mas se a única ferramenta de que o líder dispõe em sua caixa é a motosserra, vai provocar uma carnificina na organização.

O PARADOXO DOS FDPS

Apesar das provas de que chefes indevidamente coercitivos (ou modeladores) criam uma dissonância desastrosa, qualquer um é capaz de citar um CEO rude e severo que, aparentemente, exemplifica a antítese da ressonância e, apesar disso, colhe grandes resultados empresariais. Se a inteligência emocional é tão importante, como explicar o êxito desses mesquinhos FDPs?

Em primeiro lugar, vamos examinar mais de perto esses FDPs. Só o fato de determinado executivo ser o mais visível significa que ele seja realmente a pessoa que lidera a empresa? Um CEO que chefia um conglomerado pode não ter seguidor algum; na verdade, os chefes de divisão é que ativamente lideram as pessoas e mais afetam a lucratividade. Já foi dito que Bill Gates e sua empresa, a Microsoft, funcionam dessa maneira. Ele pode ser um modelador eficiente, porque seus subordinados diretos são tecnicamente brilhantes e motivados. Por sua vez, esses subordinados diretos tendem a adotar a liderança ressonante dentro de suas divisões, onde esse repertório é pré-requisito obrigatório para estimular o trabalho em equipe de que a empresa depende para obter resultados.

Depois há os líderes cujo êxito é uma ilusão, como uma alta capitalização de mercado ou uma reestruturação demasiado drástica, que escondem uma desastrosa rotatividade de pessoal que custará caro à empresa no futuro. Em geral, esses executivos se revelam narcisistas egocêntricos que na verdade são líderes horríveis.

Veja, por exemplo, Al Dunlap, que se gabou na autobiografia, *Mean Business* [Negócio malvado], de que sua liderança como CEO da Scott Paper "entraria nos anais da história empresarial norte-americana como uma das voltas por cima mais bem-sucedidas de todos os tempos". Embora Dunlap exaltasse a dureza, até mesmo a maldade, como ferramenta de liderança enquanto demitia milhares de empregados, análises posteriores consideraram seus cortes excessivos, prejudicando a capacidade da empresa de fazer negócios. E seus aparentes êxitos de curto prazo, pelo menos no cargo subsequente na Sunbeam, parecem resultantes de outras táticas: dois anos depois de ser demitido como CEO da Sunbeam, Dunlap e outros executivos foram formalmente acusados pela Securities and Exchange Commission [a Comissão de Valores Imobiliários] de "orquestrar um plano fraudulento para criar a ilusão de uma reestruturação bem-sucedida da Sunbeam e facilitar a venda da empresa por um preço inflacionado".[2]

Líderes com esses egos gigantescos muitas vezes têm uma fissura por objetivos financeiros imediatos, sem nenhuma consideração pelos custos humanos ou organizacionais de longo prazo inerentes à sua maneira de alcançar seus objetivos.[3] E com grande frequência, como no caso de Al Dunlap, as empresas que eles deixam para trás podem apresentar todos os sinais de abuso de esteroides: infladas por um intenso período para mostrar alta lucratividade, mas à custa no longo prazo de recursos humanos e econômicos essenciais para manter esses lucros.[4]

Finalmente, o chefe em questão pode exibir uma ou duas óbvias fraquezas de IE, apesar de ainda ter forças compensadoras suficientes para ser eficaz. Em outras palavras, nenhum líder é perfeito ou precisa ser. Nossas idealizações de líderes podem nos levar a estabelecer padrões pouco razoáveis, querendo que sejam paradigmas de todas as virtudes.

Ao examinar a questão do FDP, precisamos levar em conta também se o líder tem importantes pontos fortes que contrabalancem o comportamento cáustico, mas não atraem tanta atenção na imprensa econômica. Em seus primeiros tempos de General Electric, Jack Welch exibiu uma mão forte no leme enquanto conduzia a empresa numa virada radical. Nessa época e nessa situação, seu estilo firme, de cima para baixo, foi apropriado. O que recebeu menos atenção da imprensa foi o fato de Welch, nos anos seguintes, adotar um estilo de liderança mais claramente IE, em especial na formulação de uma nova visão para a empresa, e na mobilização do pessoal para segui-la.

Dissipar a fumaça

Em resumo, é fácil demais para um cético apresentar um argumento capcioso contra a utilidade de IE dando exemplos de líderes "toscos e duros" cujos resultados para os negócios são bons apesar da severidade. Esse argumento ingênuo — o de que os grandes líderes têm êxito por serem mesquinhos e implacáveis (ou apesar disso) — só pode ser sustentado na falta de dados sobre que tipos de liderança de fato obtêm resultados.

Um estudo científico sobre líderes começa por dissipar a fumaça, colocando todos em posição de igualdade para que comparações sistemáticas possam ser feitas. Esses métodos objetivos controlam os êxitos falsos ou passageiros que um líder mesquinho alegue ter conseguido, mas que na verdade resultaram, digamos, da sorte de uma indústria inteira que atravessava um período de grande crescimento, ou de manobras de curto prazo como cortes ou falsificação de métodos contábeis.

Numa rara ação de abertura, por exemplo, uma associação comercial de empresas de seguro norte-americanas encomendou um estudo sobre as qualidades de liderança de CEOs e o desempenho das empresas que chefiavam. Uma equipe de pesquisa rastreou os resultados financeiros obtidos por dezenove CEOs das principais empresas de seguros e dividiu-os em dois grupos — "excepcionais" e "bons" — com base em medições como lucros e crescimento empresariais.[5] Em seguida, realizou entrevistas intensivas para avaliar as aptidões que distinguiam os CEOs excepcionais daqueles que simplesmente faziam um serviço aceitável. A equipe avaliou diretamente cada CEO e também pediu avaliações francas (e confidenciais) de subordinados diretos.

Descobriu-se que o talento único que distinguia os CEOs mais bem-sucedidos era uma massa crítica de aptidões de inteligência emocional. Os CEOs mais bem-sucedidos passavam mais tempo treinando executivos de altos cargos, aprimorando-os como colaboradores e cultivando relações pessoais com eles. Das habilidades que *primavam pela ausência* em líderes estilo FDP, claro, as principais foram empatia, colaboração habilidosa e o cuidado de desenvolver os melhores funcionários. Além disso, quando um dos pontos fortes do CEO da empresa era IE, os lucros e o crescimento sustentado eram mais altos — significativamente superiores aos nas empresas onde os CEOs não tinham essas virtudes.

Quem vai querer trabalhar para um FDP?

Outro segredinho sobre esses FDPs: eles afugentam talentos. Os melhores funcionários em qualquer campo — o pouco numeroso grupo de pessoas talentosas que contribuem com os mais altos valores empresariais — simplesmente não precisam aceitar a miséria perpetuada pelo mau chefe. E, cada vez mais, partem em busca de outros empregos. A principal razão citada pelos que se demitem é a insatisfação com o chefe. Em um mercado de trabalho disputado, quando é fácil encontrar emprego equivalente, os que trabalham com chefes ruins têm uma probabilidade de ir embora quatro vezes maior do que aqueles que gostam do líder com quem trabalham.[6]

De fato, entrevistas com 2 milhões de funcionários de setecentas empresas norte-americanas revelaram que o que determina quanto tempo os empregados permanecem — e o seu grau de produtividade — é a qualidade das relações com o chefe imediato. "As pessoas aderem a empresas e deixam gestores", observa Marcus Buckingham, da Gallup Organization, que analisou os dados.

A conclusão dos dados parece não deixar dúvida: o líder FDP precisa mudar ou ir embora.

O IMPACTO NOS NEGÓCIOS DOS ESTILOS FLEXÍVEIS

Ampliando o repertório de aptidões de liderança, líderes dissonantes podem, realmente, mudar. Lembremo-nos de que o professor de Harvard David McClelland descobriu que líderes com pontos fortes numa massa crítica de seis ou mais aptidões de IE de liderança eram muito mais eficientes do que colegas desprovidos desses talentos.[7] Ele descobriu ainda que vários tipos de líderes excepcionais criavam ressonância utilizando-se de conjuntos singularmente diferentes de aptidões de liderança. Por exemplo, um líder pode se destacar por autoconfiança, flexibilidade, iniciativa, afã de realizar, empatia e uma habilidade para desenvolver os talentos alheios, enquanto os pontos fortes de outros líderes podem estar na autoconsciência, integridade, capacidade de permanecer calmo sob pressão, consciência organizacional, influência e colaboração.

Ter um repertório maior de competências de inteligência emocional torna o líder mais eficiente porque significa que se trata de uma pessoa flexível o bastante para lidar com a ampla diversidade de demandas inerentes a dirigir uma organização. Cada estilo requer diferentes aptidões de inteligência emocional; os melhores líderes são capazes de usar a abordagem certa no momento certo e passar para outra de acordo com a necessidade. Pessoas sem as habilidades básicas contam com um repertório de liderança mais limitado e com frequência ficam presas a estilos inadequados para os desafios do momento. Consideremos novamente aquele estudo com dezenove CEOs na indústria de seguros norte-americana. A pesquisa, como já vimos, descobriu que as empresas de maior êxito eram chefiadas por CEOs com uma massa crítica de aptidões de inteligência emocional — como o afã de melhorar, a habilidade de estimular mudanças, a capacidade de empatia e um talento para desenvolver outros líderes. Mas essa pesquisa foi um passo além: a equipe de pesquisadores perguntou a funcionários em posições essenciais não apenas o quanto estavam "satisfeitos", mas como era trabalhar nas empresas dirigidas por esses dezenove CEOs, focando em especial as áreas que afetavam diretamente a capacidade das pessoas de fazerem bem o seu trabalho.

Havia uma acentuada diferença entre o clima de organizações chefiadas por CEOs que apresentavam excepcionais resultados nos negócios e o daquelas comandadas por líderes cujos resultados não eram tão excelentes. As organizações chefiadas pelos CEOs excepcionais saíam-se melhor em todos os requisitos de clima, desde a clareza na comunicação de normas até o fato de as pessoas se sentirem flexíveis e livres para inovar na execução do trabalho. Os CEOs de alto desempenho estimulavam os funcionários a se sentirem proprietários do seu trabalho e responsáveis por ele, estabeleciam padrões de desempenho mais elevados e mobilizavam as pessoas a atingir metas "elásticas" que exigiam mais delas. Em resumo, esses CEOs criavam um ambiente em que todos se sentiam animados e focados, tinham orgulho do trabalho, amavam o que faziam — e permaneciam.

A liderança impulsiona o desempenho em organizações de todos os tipos — não só comerciais. No Reino Unido, o governo encomendou um estudo para analisar estilos de liderança em 42 escolas e descobriu quais deles melhoravam o desempenho acadêmico dos alunos.[8] Em 69% das instituições de alto desempenho, a direção utilizava quatro ou mais estilos de liderança criadores de ressonância de acordo com a necessidade. Mas em dois terços das escolas de desempenho medíocre, a direção recorria a apenas um ou dois estilos de liderança — em geral dissonantes. O elo oculto era o clima: quando líderes escolares eram flexíveis em seu repertório de estilos — capazes de chamar um professor de lado para uma conversa pessoal, de formular metas inspiradoras para o grupo inteiro, ou de apenas escutar com atenção, conforme a necessidade —, o clima entre os professores era mais positivo. Quando o estilo dos líderes era rígido — congelado no modo comando e controle —, o moral dos professores era mais baixo.

Portanto, quanto mais estilos entre os seis existentes o líder domina, mais ele é capaz de aplicar, e melhor. Líderes que dominam quatro ou mais estilos, é o que nossos dados sugerem — especialmente estilos que criam ressonância —, estimulam o melhor clima possível, bem como o melhor desempenho nos negócios. Além disso, a mudança de estilo era usada tanto por veteranos experientes, capazes de explicar exatamente como e por que lideravam, como por empreendedores que alegavam liderar por "instinto".

Vejamos como uma liderança fluida pode funcionar em ação.

Liderar com estilo — o certo na hora certa

Joan, diretora-geral de importante divisão de uma empresa global de alimentos e bebidas, foi designada para o cargo em um momento de profunda crise. A divisão não atingia suas metas de lucro havia seis anos, tendo perdido recentemente 50 milhões de dólares. O moral na cúpula administrativa era lamentável; desconfiança e ressentimentos imperavam. A diretriz que Joan recebeu de cima foi clara: dar uma guinada geral na divisão.

Joan conseguiu isso com uma habilidade para mudar de estilo que para nós distingue o desempenho de uma líder excepcional. Desde o início, ela percebeu que tinha uma pequena brecha para mostrar liderança eficiente e estabelecer um clima de entendimento e confiança — e que precisava descobrir rapidamente o que era que não estava funcionando. Nas primeiras semanas no cargo, portanto, teve almoços e jantares de negócios com cada membro da equipe administrativa. Joan queria saber como cada pessoa via a situação de um ponto de vista comercial e organizacional. Mas seu foco não era tanto saber como determinado gestor diagnosticava os problemas, e sim conhecer pessoalmente todos e cada um. Adotando um estilo afetivo, ela conversou sobre a vida, os sonhos e as aspirações de todos.

Também adotou o estilo treinador, buscando maneiras de ajudar cada um a conseguir o que desejava na carreira. Por exemplo, um gestor que costumava receber feedback de que era fraco para trabalhar em equipe confidenciou-lhe suas preocupações. Ele na verdade se julgava bom para trabalhar em equipe, mas era afligido por persistentes queixas que precisava dissipar se quisesse ter êxito na empresa. Reconhecendo que se tratava de um executivo de talento e um valioso ativo para a empresa, Joan fez um acordo com ele, de mostrar por que ele minava a própria capacidade de trabalhar em equipe. Ela percebeu que ele às vezes era cáustico, dizendo sem querer coisas que acabavam deixando alguém com raiva — e prometeu conversar com ele depois de cada reunião em que visse isso acontecer, para ajudá-lo a compreender melhor o próprio comportamento.

Em seguida, Joan complementou esses encontros individuais com uma reunião da equipe administrativa fora do local de trabalho. O objetivo era fortalecer o espírito de equipe, de modo que cada um pudesse aceitar qualquer solução que surgisse para problemas nos negócios. Usando uma postura inicial de líder democrática, estimulou todos a manifestarem suas frustrações e queixas sem restrições, como ela disse, numa "espécie de limpeza de tudo que havia de errado".

No dia seguinte, Joan achou que o grupo estava pronto para se concentrar na busca de soluções e pediu a cada pessoa que propusesse três ideias específicas sobre o que deveria ser feito. Enquanto Joan agrupava as sugestões, um consenso natural foi surgindo sobre as prioridades do negócio, como de que forma cortar custos. Como o grupo apresentou planos específicos de ação para cada prioridade, Joan conseguiu a dedicação e o apoio que queria.

Com essa visão do futuro, Joan mudou para o estilo visionário, incumbindo executivos específicos de acompanhar cada fase do processo, tornando-os responsáveis por sua realização. Por exemplo, a divisão vinha baixando preços dos produtos, mas sem conseguir aumento em volume; uma solução óbvia era elevar um pouco os preços. O vice-presidente de vendas anterior tinha vacilado, deixando o problema se agravar; o novo vice-presidente de vendas agora tinha a responsabilidade específica de ajustar os preços para resolver o problema.

Nos meses seguintes, Joan continuou a liderar basicamente no estilo visionário, formulando continuamente a nova missão do grupo, para lembrar a cada pessoa que era crucial atingi-la. Apesar disso, em particular nas primeiras semanas, quando o plano foi adotado, Joan achou que a urgência da crise nos negócios justificava uma mudança ocasional para o estilo coercitivo, no caso de alguém deixar de cumprir as responsabilidades. Como ela disse, "eu tinha que ser brutal com relação ao acompanhamento daquilo que precisávamos fazer. Era essencial termos disciplina e foco".

Sete meses depois, quando nossa equipe de pesquisadores entrevistou Joan, a divisão já estava 5 milhões de dólares à frente de sua meta de lucro anual — sendo que um ano antes da chegada de Joan estava 50 milhões de dólares atrás dessa meta. Foi a primeira vez em cinco anos que a divisão atingiu seus objetivos.

As ferramentas certas para o serviço

Como saber quando aplicar este ou aquele estilo?

Os líderes mais ressonantes vão além de um processo mecânico de adequar seu estilo a uma lista de verificação de situações; são muito mais fluidos. Esquadrinham as pessoas individualmente e em grupo, interpretando pistas que lhes dizem no momento qual é o tipo de liderança certo e ajustam seu estilo no ato. Isso significa que podem aplicar não apenas os quatro estilos que com certeza criam ressonância, mas também o modelador ou até exibir o lado positivo do estilo coercitivo — com instruções fortes, urgentes —, conforme a necessidade. Mas quando lideram utilizando-se desses estilos mais arriscados, o fazem com a dose necessária de autodisciplina, para não virem a criar dissonância agindo com raiva ou impaciência, ou cedendo ao impulso da agressão pessoal. Como resultado, esses líderes não só conseguem bom desempenho e resultados, mas também criam dedicação e entusiasmo em seus liderados.

Devido à importância crucial, para a liderança eficiente, de um vasto repertório de estilos de liderança, uma lição imediata diz respeito a contratações, promoções e planejamento sucessório. Em outras palavras, quando se trata de preencher cargos de liderança, vale a pena procurar alguém com o repertório flexível de quatro ou mais estilos que assinala o líder excepcional. Se isso não for possível, pergunte se a pessoa a quem você está pensando oferecer determinado cargo de liderança pelo menos domina o estilo ou os estilos específicos mais obviamente importantes para a realidade dos seus negócios.

Por exemplo, um líder que seja contratado para promover uma volta por cima precisa ter as habilidades de um visionário — a capacidade de formular uma nova visão que estimule mudanças. Se o cargo demanda medidas de emergência, como uma rápida e radical demissão de pessoas incompetentes, ele precisará adotar o estilo coercitivo num primeiro momento — e depois abandoná-lo. Quando as necessidades do negócio pressupõem obter consenso dos empregados, estimular dedicação ou simplesmente gerar novas ideias, será preciso liderar de maneira democrática. Se o que se requer é apenas orientar uma equipe muito competente e motivada — digamos, de advogados ou farmacêuticos pesquisadores —, o repertório do líder deve incluir o uso consciencioso do estilo modelador.

Seja qual for o repertório atual de estilos de um líder, amanhã ele pode ser ainda mais amplo. O essencial é fortalecer as habilidades de inteligência emocional que estão por trás de determinado estilo. Liderança é algo que *pode* ser aprendido — como veremos na próxima parte deste livro. O processo não é fácil. Leva tempo e, principalmente, exige dedicação. Mas os benefícios advindos de uma liderança com inteligência emocional bem desenvolvida, tanto para o indivíduo como para a organização, tornam-na não apenas compensadora, mas revitalizante.

Parte 2

Fazer líderes

6. Como tornar-se um líder ressonante
As cinco descobertas

Toda a equipe dirigente de uma cadeia de lojas de varejo estava em constante mudança — para cima, para baixo, para fora, enquanto a empresa lutava para se reinventar. Como era de esperar, havia mais do que o habitual em matéria de intrigas, empurra-empurra político e até subterfúgios. E Bill, o diretor de recursos humanos, se achava no meio daquilo tudo, envolvendo-se em todas as conversas e em todos os debates. Fazia questão de que todos soubessem o que ele pensava — e pensassem que ele sabia — apresentando-se como "o cara que mais tinha informações".

Algumas pessoas da equipe dirigente aceitavam Bill com seu alto senso de presunção, fazendo a vontade dele, porque ele servia aos seus objetivos. Outros simplesmente o evitavam. Então, a certa altura, no meio da debacle, o conselho administrativo pediu a um destacado mas coercitivo membro do comitê executivo que entregasse o cargo — ato que deixou a equipe inteira chateada. Bill reagiu analisando a situação à exaustão para qualquer um que estivesse disposto a ouvir. Falava mal das pessoas e espalhava boatos. Quando o chefe soube de uma dessas conversas, fez um comentário melancólico: "Bill é a ignorância entusiástica".

Mas nem aquele chefe, nem qualquer outra pessoa da equipe dirigente tinham jamais chamado Bill de lado para conversar sobre o seu comportamento — coisa que com certeza o teria ajudado a começar a melhorar. Enquanto isso, Bill continuava se achando a "pessoa a quem todos podiam pedir ajuda ou apoio" e um membro respeitado da equipe. Com a incapacidade de Bill para interpretar o complexo ambiente em que se achava, e mais ainda para se conduzir nele, sua falta de autoconsciência só era comparável ao espetacular déficit de consciência política e empatia.

Como é possível que um líder de tão alto nível como Bill estivesse tão em descompasso com a verdade a seu próprio respeito? Isso é mais comum do que se imagina. Na verdade, quanto mais alto sobe o líder, menos exata tende a ser a avaliação que faz de si mesmo. O problema é uma aguda falta de feedback, como no caso particular de Bill. Líderes têm mais dificuldade do que qualquer outra pessoa, quando se trata de receber um feedback franco e honesto, em particular sobre sua atuação *como líder*. Mais especificamente — levando em conta a clara contribuição da inteligência emocional na composição dos líderes excepcionais —, é essencial para os líderes saber onde precisam melhorar suas aptidões de IE. Os boatos espalhados por Bill criavam tensão na organização, e suas análises intermináveis eram cansativas e chatas. O resultado era que as pessoas não o levavam a sério.

O paradoxo, claro, é que quanto mais alta a posição do líder numa organização, mais necessário se torna esse tipo de feedback.

A DOENÇA DO CEO

"Com grande frequência sinto que não estou conseguindo saber a verdade", nos disse o CEO de uma empresa europeia. "Não consigo pôr o dedo na ferida, porque na verdade ninguém está mentindo para mim. Mas percebo que as pessoas escondem informações, ou camuflam fatos essenciais para que eu não perceba. Não estão mentindo, mas também não estão me dizendo tudo que preciso saber. Estou sempre tentando adivinhar."

Esse é um caso claro de *doença do CEO*: o vazio de informações em volta do líder, criado quando as pessoas escondem informações importantes (e quase sempre desagradáveis).[1] Por que as pessoas negam informações aos líderes sobre questões vitais? Às vezes quem deveria fornecer fatos teme a ira do líder — particularmente quando o principal estilo do líder é o coercitivo ou o modelador. Qualquer pessoa que traga más notícias para um líder desse tipo pode ser simbolicamente executada por ser o mensageiro. Alguns só passam aos líderes informações positivas, como forma de mostrar que são bons moços ou que estão jogando com o time — ou por medo de parecerem hereges blasfemadores se falarem contra a política partidária. Ou talvez queiram apenas parecer animados, por isso suprimem os fatos negativos.

Sejam quais forem os motivos, o resultado é um líder que só dispõe de informações parciais sobre o que se passa à sua volta. Essa doença pode ser epidêmica numa organização — não se limitando aos CEOs, mas estendendo-se à maioria dos líderes de alto nível. É alimentada pelo instinto natural de agradar ao chefe, resultando em uma tendência generalizada a dar feedback positivo e esconder o que há de negativo sempre que as informações fluem de baixo para cima.

Quando se trata de os líderes receberem feedback proveitoso especificamente sobre o *próprio* desempenho, o problema piora. Pode ser preciso um pequeno ato de coragem para confrontar o chefe com más notícias sobre a empresa, mas é preciso ser ainda mais destemido para informar o chefe de que ele perdeu contato com o que as pessoas sentem, ou que suas conversas "inspiradoras" não serviram para nada.

Claro, muitas pessoas — não só líderes — reclamam de receber pouquíssimo feedback verdadeiramente útil. Porém os mais altos executivos em geral recebem as informações menos confiáveis sobre como estão se saindo. Por exemplo, uma análise de 177 estudos separados que avaliaram mais de 28 mil gestores revelou que o feedback sobre desempenho vai ficando cada vez mais inconsistente à medida que o cargo do gestor vai subindo na hierarquia, ou que suas funções se tornam mais complexas.[2] O problema é agravado no caso de líderes do sexo feminino, ou pertencentes a minorias.[3] As mulheres, em geral, recebem feedback menos útil sobre seu desempenho em qualquer posição — como líder ou não — do que os homens. O mesmo é verdade com relação a membros de grupos minoritários, sejam eles gestores chineses na Malásia ou executivos sikhs em Londres.

As pessoas privam colegas — sejam chefes ou subordinados — de um feedback honesto de desempenho pelas mais variadas razões, sendo a principal delas o desconforto de comunicar esse feedback. Temos medo de ferir os sentimentos alheios ou de magoar as pessoas de alguma maneira. No entanto, apesar da tendência de guardarmos para nós mesmos a verdade sobre como os outros estão realmente se saindo (curiosamente não só quando essa verdade é negativa, mas quando é positiva também), todos nós, em geral, ansiamos por esse tipo de avaliação. Avaliações francas têm grande importância, num sentido que outras informações não têm.

É possível todo mundo ser acima da média?

Mas que dizer da função da *autoavaliação* no que diz respeito à doença do CEO? Sem dúvida, a autoconsciência do líder e a sua capacidade de perceber com exatidão o próprio desempenho são tão importantes quanto o feedback de outras pessoas. Mas aí reside, talvez, a variedade mais perniciosa da doença: embora a maioria das pessoas tenda a superestimar até certo ponto as próprias habilidades, os piores funcionários são os que mais exageram as próprias virtudes.[4] Essa fraqueza demasiado humana pode ter grandes consequências, não só para os líderes, mas também para as empresas que eles comandam.

Por exemplo, um estudo sobre CEOs de prestadoras de serviços de saúde conduzido por Eric Harter, CEO da Health Care Partners de Lexington, Kentucky, revelou que a autoconsciência de aptidões de liderança era maior entre os CEOs das empresas que mais se destacavam e menor entre os CEOs das que apresentavam desempenho mais fraco.[5] Harter, CEO com uma veia erudita, fez curso de pós-graduação para pesquisar as qualidades que distinguiam os altos executivos mais eficientes dos menos eficientes. Estudou os CEOs das empresas de saúde que apresentavam dez anos de desempenho financeiro positivo (medido por resultados de balancete e retorno sobre o patrimônio líquido) e os comparou com colegas à frente de empresas com desempenho financeiro negativo por boa parte do mesmo período de dez anos.

Concentrando-se nos níveis de autoconsciência, ele comparou as avaliações feitas pelos CEOs do próprio desempenho em dez habilidades de liderança com as avaliações que seus subordinados fizeram sobre essas mesmas habilidades deles (incluindo, por exemplo, autoconfiança e empatia). De maneira reveladora, os CEOs das empresas de desempenho mais fraco deram a si próprios as notas mais altas em sete das dez habilidades de liderança. Mas esse padrão *se invertia* quando os subordinados é que faziam as avaliações, atribuindo notas baixas aos CEOs exatamente nas mesmas habilidades. De outro lado, para seus subordinados, os CEOs das empresas mais destacadas demonstravam com frequência todas as dez habilidades de liderança.

Os dados de Harter coincidem com nossas descobertas sobre 787 pessoas em cargos que iam dos níveis mais baixos aos mais altos, numa ampla variedade de organizações.[6] Quando analisamos os dados por nível organizacional, um interessante resultado apareceu: executivos e gestores de alto nível, comparados com colegas em níveis inferiores, tinham tendência a fazer uma autoavaliação mais generosa em vinte aptidões de IE do que as notas que outras pessoas lhes deram nas mesmas aptidões. Quanto mais altos os líderes dentro de uma organização, maior a taxa de inflação — ou seja, o número de vezes em que se julgavam mais eficazes numa competência do que eram julgados pelas pessoas à sua volta. Um resultado dessa percepção equivocada é que a distância entre a maneira como os executivos e os gestores viam a si mesmos e a maneira como eram vistos pelos outros era maior entre os que ocupavam cargos mais altos dentro da organização. Os ocupantes de cargos mais altos viam com menos precisão do que os outros as próprias ações.

Portanto, buscar informações honestas sobre aptidões de liderança pode ser vital para a autoconsciência de um líder e, em consequência, para o seu crescimento e eficácia. Assim sendo, por que, então, os líderes não pedem e incentivam o feedback correto? Não é porque sejam monumentalmente vaidosos ou se julguem infalíveis. Nossas conversas com líderes nos levaram a acreditar que quase sempre é porque eles realmente não acreditam que possam mudar. Portanto, ainda que recebessem um bom feedback sobre como seus estilos de liderança afetam a equipe ou a organização, e ainda que reconhecessem a verdade desse feedback, no fundo eles acham que seriam incapazes de mudar o jeito como se conduzem há tantos anos — em muitos casos, a maior parte da vida. Coisa parecida ocorre com as pessoas em volta do líder. Se acham que o líder não vai mesmo mudar, por que se dar ao trabalho de oferecer um desagradável e embaraçoso feedback negativo?

Apesar disso, vimos indícios que apontam enfaticamente em sentido contrário: velhos líderes *podem*, *sim*, aprender novos truques. Líderes podem e fazem importantes alterações de estilo, em alguns casos capazes de mudar uma vida, que repercutem nas equipes e desencadeiam importantes mudanças na organização inteira.

APRENDIZADO VERSUS NATUREZA

Nick Mimken tinha sido um astro numa corretora de seguros, ganhando vários prêmios como vendedor. Mas quando foi promovido a chefe de uma agência numa nova cidade, com 25 vendedores como seus subordinados diretos, ficou claro que não ganharia prêmio algum por suas habilidades de liderança. Ele mesmo se deu conta disso rápido — e sabia que não poderia se dar ao luxo de cometer um erro. A nova agência ficou no quartil inferior em desempenho de vendas entre as filiais da empresa nos Estados Unidos.

Quando a consultoria de liderança McBer & Company, agora Hay Group, começou a trabalhar com ele poucos meses depois que assumiu o emprego, o feedback dos subordinados revelou que o êxito de Mimken como vendedor se transformara num estilo de liderança do tipo modelador. Mimken recorria à mesma sufocante ânsia de alcançar resultados cada vez melhores que fizera dele um grande vendedor. Mas em seu novo cargo esse empenho desmotivava os vendedores. Pior ainda, quando o estresse aumentava e os prazos de entrega se aproximavam, Mimken adotava um estilo coercitivo dizendo às pessoas quais eram as metas de vendas que *deveriam* fixar, em vez de sentar-se com elas para, juntos, estabelecerem metas realistas. Enquanto isso, o clima na agência era cada vez mais tenso.

Como primeira medida, Mimken foi estimulado a se concentrar no desempenho dos seus vendedores, e não no próprio. Isso significava descobrir maneiras de ajudar cada subordinado a evoluir — em suma, usar os estilos treinador e visionário. Felizmente, esses estilos baseavam-se em muitas aptidões que Memkin já tinha — as mesmas que fizeram dele um vendedor tão eficiente —, tais como empatia, autogestão e liderança inspiradora. Ele só precisava aprender a usá-las para chefiar sua equipe.

Com o tempo, começou a aproveitar oportunidades para sessões de treinamento individual com cada vendedor, que incluíam um diálogo contínuo sobre metas e desempenho. Aprendeu a controlar o impulso de intervir e tomar conta quando estava impaciente com o trabalho de um vendedor, e fazia questão de equilibrar críticas com estímulos positivos. No devido tempo, descobriu maneiras de formular os objetivos da agência num discurso sobre valores e visão que todos pudessem compartilhar.

Dezoito meses depois, os sinais de progresso eram claros. As avaliações dos subordinados de Mimken mostravam que ele tinha trocado seus estilos dominantes de modelador e coercitivo para treinador, e começava a desenvolver um estilo visionário. Além disso, uma pesquisa revelou que essas mudanças estavam produzindo bons resultados: vendedores informaram sobre um grande aumento na sensação de que as recompensas eram justas e o trabalho, motivador. Também viam com maior clareza suas prioridades, graças à orientação de Mimken.

Em três anos, enquanto Mimken desenvolvia poderes de liderança, sua agência ganhou o primeiro de dois prêmios nacionais consecutivos por crescimento, um deles concedido a apenas oito entre cem agências no país inteiro. Mimken foi um dos mais jovens agraciados com o prêmio na história da empresa. Em cinco anos, a contar do dia em que entrou no escritório como o novo gerente, a agência passou do quartil inferior para o superior em produtividade.

Mostramos que histórias como a de Mimken se repetem com frequência (ver o boxe "Líderes são feitos, não nascem prontos"). Elas demonstram não apenas que líderes *podem* ser feitos, mas também que inteligência emocional se adquire — assim como Mimken foi capaz de aprender e aplicar estilos de liderança mais ressonantes.

Apesar disso, a pergunta persiste: algumas pessoas simplesmente nascem com certos níveis de empatia ou é uma qualidade que elas aprendem? A resposta é: as duas coisas. Há um componente genético na inteligência emocional, sem dúvida, mas o aprendizado desempenha também um papel importante. Embora as pessoas possam diferir no nível inicial de aptidões, todo mundo é capaz de melhorar, não importa onde comece.

Às vezes é só uma questão de desenvolver capacidades que já temos. Por exemplo, embora Mimken, o vendedor, viesse usando empatia com seus clientes havia anos, Mimken, o chefe, demonstrou uma fraqueza de modelador por se concentrar nas falhas dos subordinados, mais do que naquilo de que precisavam para trabalhar melhor. Com a prática, melhorou espetacularmente seu nível de empatia com os vendedores, a ponto de eles sentirem que o chefe compreendia suas necessidades. Mimken também aprendeu a dominar ferramentas para respaldar os estilos de liderança que estava desenvolvendo. Por exemplo, tornou-se perito em preparar planos de desempenho e, à medida que treinava os vendedores para colocá-los em prática, eles passavam a acreditar na habilidade dele de ajudá-los a ser bem-sucedidos. Mais ainda, as mudanças de Mimken no escritório foram levadas para sua vida pessoal. Sua mulher disse que ele se tornou muito mais sintonizado com ela e com as necessidades da família.

A história de Mimken ilustra outro ponto importantíssimo: a inteligência emocional não só pode ser adquirida, como também retida no longo prazo. Nossa pesquisa revelou que há medidas muito específicas a serem tomadas pelos líderes para que esse conhecimento perdure. Seguimos esses ganhos de liderança ao longo de até sete anos a partir de seu desenvolvimento inicial — muito mais do que aquilo que às vezes se chama de efeito lua de mel.

Além do efeito lua de mel

Vemos continuamente o tipo de aprendizado duradouro — e seu impacto no desempenho dos negócios — que a história de Mimken demonstra. São resultados espetaculares em comparação com o conhecido efeito lua de mel da maioria dos programas de treinamento, quando uma melhora imediata desaparece quase completamente em três ou no máximo seis meses. O ciclo funciona mais ou menos assim: a pessoa sai do programa cheia de entusiasmo e decidida a melhorar. Mas, de volta ao escritório, dezenas de e-mails, cartas e telefonemas esperam por ela. O chefe e os subordinados ligam, cada um com demandas urgentes, e a pessoa é tragada pela correria do dia a dia. Tudo que aprendera de novo vai embora, enquanto respostas antigas, automáticas, predominam. Logo ela está agindo como sempre agiu — não do jeito novo que se comprometera a adotar ao término do treinamento. A lua de mel chegou ao fim de forma brusca.

Profissionais de recursos humanos se frustram com esse fenômeno há décadas. Perderam a conta das vezes que viram pessoas saírem entusiasmadas do treinamento, e com o tempo terem suas boas intenções atrofiadas. Embora estudos mostrem que o treinamento pode provocar mudanças genuínas, na maior parte dos casos a mudança não se sustenta, sendo por isso chamada de efeito lua de mel.[7] Pensando nos mais de 60 bilhões de dólares gastos só na América do Norte com treinamento, é uma observação desalentadora.

Possivelmente em razão da crença generalizada em que os efeitos do treinamento não duram muito, houve relativamente poucos estudos sobre o impacto do treinamento no comportamento funcional.[8] Dos poucos estudos examinados sobre o progresso na maneira de agir das pessoas, um número ainda menor testou as pessoas antes e depois do treinamento, ou comparou esses efeitos com o comportamento de quem não passou pelo treinamento.[9]

Há exceções. Já foi demonstrado que podemos provocar melhoras nas habilidades de apresentação e comunicação de alguém. Um estudo sobre gerentes de sucursais de vendas revelou uma melhora de 37% em efetivas habilidades de comunicação e apresentação uma semana depois do treinamento.[10] Mas não se pode concluir que houve mudança sustentável com base em uma semana.

Quando uma coleção mais ampla de habilidades de autogestão e gestão de relacionamentos que representam aptidões de inteligência emocional discutidas neste livro é examinada, programas de treinamento têm, tipicamente, impacto menos substancial.[11] Estudos sobre essa vasta coleção de habilidades de IE revelam uma melhora de cerca de 10% medida entre três meses e um ano e meio depois do treinamento.[12] Com tanto dinheiro e esforço investidos, por que os resultados são tão pífios?

Quando se trata de desenvolver habilidades de liderança duradouras, a motivação e o desejo de aprender têm imensa importância. As pessoas só aprendem o que querem aprender. Se o aprendizado nos é imposto, ainda que dominemos por um tempo o assunto (por exemplo, ao estudarmos para uma prova), logo esquecemos tudo. Deve ser por isso que um estudo revelou que o tempo de vida útil do conhecimento aprendido num curso de mestrado em administração de empresas era de seis semanas.[13] Portanto, quando uma empresa exige que todo o seu pessoal passe por um programa de desenvolvimento de liderança, os participantes podem se limitar a fazer tudo superficialmente — a não ser que de fato queiram aprender. Na verdade, um princípio já bem testado de mudança de comportamento nos diz que quando a pessoa é obrigada a mudar, a mudança desaparecerá quando ela deixar de ser pressionada.[14]

A boa notícia é que, embora muitos programas de liderança percam o impacto com o passar do tempo, se o desenvolvimento de liderança seguir os princípios corretos, os progressos alcançados podem durar. Modeladores podem mudar, cultivando habilidades de líder treinador ou visionário. Pode-se desenvolver mais empatia — e essa empatia pode permanecer. Para tanto, o que se requer é esforço intencional, motivação e compromisso emocional dos participantes.

Mais ainda, sabemos até que tipo de aprendizado ocorre no cérebro.

> ### LÍDERES SÃO FEITOS, NÃO NASCEM PRONTOS
>
> Ele tinha acabado de chegar aos Estados Unidos e, aos treze anos, numa nova escola, estava ansioso para se adaptar e ser aceito. Por isso entrou no time de lacrosse. Jogador de lacrosse apenas razoável, decidiu que, em vez de jogar no time, treinaria novos jogadores, ensinando o jogo. Foi a primeira vez que se deu conta do que era preciso para ajudar outras pessoas a desenvolver suas habilidades. Aos 24 anos, no primeiro emprego depois de sair da faculdade, foi promovido a chefe da equipe de vendas. Teve que aprender tudo sozinho — ninguém lhe mostrou como fazer uma visita a um possível cliente. Mas, quando aprendeu, começou a levar membros de sua equipe em visitas de demonstração para ajudá-los a se aprimorarem. Posteriormente, quando ingressou numa empresa farmacêutica, ensinava tão bem que lhe pediram que preparasse um vídeo a ser usado no treinamento de vendedores. Na época em que foi promovido a gerente, já era mestre em desenvolver pessoas.
>
> Na faculdade, como membro de um clube internacional de comércio, uma jovem viu que os objetivos de muitos colegas estavam em desacordo com os do clube — e descobriu um jeito de fazer todos adotarem um fim comum. Posteriormente, em seu primeiro emprego depois da faculdade, como vendedora trabalhando sozinha, teve que criar uma equipe virtual com outros vendedores por telefone e e-mail — e nisso aprendeu como motivar as pessoas e conseguir sua colaboração. Quando se tornou chefe, aprendeu a desenvolver espírito de equipe com um subordinado que tinha um tino especial para encontrar maneiras de reconhecer as contribuições dos membros. Finalmente, como parte de uma equipe dirigente multifuncional, sua habilidade para alcançar consenso era visível no hábito de procurar acionistas para conversar com eles antes que decisões importantes fossem tomadas.

Em linhas gerais, essas duas histórias ilustram como líderes de alto desempenho aprendem a dominar as aptidões de IE que os tornam tão eficientes. O gerente de vendas e a chefe de equipe eram dois de nove executivos excepcionais estudados por um grupo de pesquisadores da Johnson & Johnson, encabeçada por Matthew Mangino e Christine Dreyfus, para descobrir como as pessoas se tornavam mestras na arte de desenvolver liderança.[15] O mesmo padrão se repetia frequentemente: a consciência de uma competência ocorria aos líderes pela primeira vez no fim da infância ou na adolescência; então, no primeiro emprego, ou quando outra transição radical a tornava essencial para a sobrevivência, eles utilizavam a competência de forma mais deliberada. Com o passar dos anos, e continuando a praticar sua habilidade, iam ficando cada vez melhores; havia momentos distintos em que usavam essas aptidões pela primeira vez e aqueles em que as usavam regularmente. A progressão do momento em que a pessoa se dava conta de uma competência até quando a dominava — em outras palavras, até serem capazes de usar a competência regular e de maneira eficiente — oferece uma visão detalhada de como a liderança de qualidade se desenvolve ao longo da vida. Apesar de parecer que os líderes dos nossos exemplos "nasceram líderes" porque adquiriram poderes de liderança tacitamente, e a bem dizer de forma imperceptível, nenhum deles nasceu sabendo liderar uma equipe ou desenvolver aptidões em outras pessoas. Eles aprenderam. Grandes líderes, de acordo com a pesquisa, são feitos à medida que adquirem, aos poucos, ao longo da vida e da carreira, as aptidões que os tornam tão eficientes. As habilidades podem ser aprendidas por qualquer líder, em qualquer momento.

O desafio de dominar a arte da liderança é uma habilidade como qualquer outra — como tornar-se um bom jogador de golfe ou aprender a tocar *slide guitar*. Qualquer pessoa que tenha vontade ou motivação pode ser um líder cada vez melhor, uma vez que aprenda quais são os passos.

De fato, em análises de dados do Inventário de Competências Emocionais (ICE), descobrimos que ao longo de uma carreira as pessoas tendem naturalmente a desenvolver mais talento em aptidões de

IE — melhoram com a idade.[16] Isso aparece não só na forma de melhor autoavaliação quando as pessoas amadurecem, mas — mais convincentemente — nas avaliações que outras fazem delas, que também melhoram com o tempo.

Mas cuidado: essa tendência geral para melhorar não garante de forma alguma que todos os líderes venham a desenvolver aptidões de IE nos níveis de que necessitam e quando necessitam. É por isso que um diagnóstico sólido das virtudes e fraquezas de determinado líder — bem com um plano de desenvolvimento — continua sendo crucial.

Como o cérebro é importante

A inteligência emocional, como vimos nos capítulos 2 e 3, envolve circuitos que vão dos centros executivos do cérebro nos lobos pré-frontais até o sistema límbico, que governa sentimentos, impulsos e apetites. As habilidades baseadas nessas áreas límbicas, de acordo com as pesquisas, são adquiridas com mais facilidade através de motivação, prática prolongada e feedback.[17] Compare-se esse tipo de aprendizado com o que ocorre no neocórtex, que governa a capacidade analítica e técnica. O neocórtex aprende conceitos com rapidez, colocando-os dentro de uma rede em expansão de associações e compreensões. Essa parte do cérebro, por exemplo, pode ser desenvolvida lendo um livro sobre como usar um programa de computador, ou noções básicas de como visitar um potencial comprador. Quando está aprendendo habilidades técnicas ou analíticas, o neocórtex opera com magnífica eficiência.

O problema é que a maioria dos programas de treinamento para incrementar habilidades de inteligência emocional, como liderança, visa o neocórtex, e não o cérebro límbico. Por essa razão, o aprendizado fica limitado e às vezes pode ter até impacto negativo. Examinadas ao microscópio, as áreas límbicas — o cérebro emocional — apresentam uma organização mais primitiva de células cerebrais do que o neocórtex, o cérebro pensante. O design do neocórtex faz dele uma máquina de aprender altamente eficiente, ampliando nossa compreensão ao ligar novas ideias ou novos fatos a uma vasta rede cognitiva. Esse modo associativo de aprender ocorre com extraordinária rapidez. O cérebro pensante pode compreender uma coisa depois de ouvir ou ler a respeito dela uma única vez.

O cérebro límbico, de outro lado, aprende muito mais devagar — em particular quando o desafio consiste em abandonar hábitos profundamente arraigados. Essa diferença tem imensa importância quando tentamos aprimorar habilidades de liderança: no nível mais básico, essas habilidades vêm de hábitos aprendidos nos primeiros anos de vida. Se esses hábitos já não forem suficientes, ou atrasarem nossa vida, aprender leva mais tempo. Reeducar o cérebro emocional para o aprendizado de liderança, portanto, requer um modelo diferente daquele que funciona para o cérebro pensante: requer muita prática e repetição.

Se o modelo certo for adotado, treinar pode de fato alterar os centros cerebrais que regulam emoções negativas e positivas — os laços entre a amígdala e os lobos pré-frontais. Por exemplo, pesquisadores na universidade de Wisconsin ensinaram mindfulness [atenção plena] para cientistas de pesquisa e desenvolvimento numa empresa de biotecnologia que se queixavam do ritmo estressante de trabalho.[18] Mindfulness é uma habilidade que ajuda as pessoas a se concentrarem no momento atual e se livrarem de pensamentos dispersivos (como preocupações), em vez de se perderem neles, produzindo um efeito calmante. Depois de apenas oito semanas, os cientistas de P&D relataram uma visível redução do estresse, dizendo sentir-se mais criativos e entusiasmados com o trabalho. Mais notável ainda, seu cérebro diminuiu as atividades nas áreas pré-frontais do lado direito (que geram emoções de angústia) e aumentou as do lado esquerdo — centros cerebrais de sentimentos animados, otimistas.

Essas descobertas — e muitas outras parecidas — desmentem a crença popular de que ao entrar na vida adulta mais cedo do que o normal, as conexões neurais inevitavelmente se atrofiam e não podem ser substituídas (e a crença resultante de que, como adultos, é tarde demais para mudarmos nossas habilidades fundamentais). A pesquisa neurológica revelou o oposto. O cérebro humano pode criar novos tecidos neurais, bem como novas conexões e vias neurais durante a vida adulta. Pesquisadores descobriram, por exemplo, que os taxistas londrinos, famosos por suas façanhas de navegação num labirinto de ruas de mão única e trânsito paralisado, demonstram plasticidade cerebral ao aprenderem o ofício. Depois de anos dirigindo em Londres, a parte do cérebro que lida com relações espaciais (ou seja, navegação) cresce no tamanho e no vigor da atividade.[19] Em qualquer altura da vida, as conexões neurais exercitadas pelo uso constante ficam mais fortes, enquanto as não exercitadas enfraquecem.[20]

É óbvio, portanto, que o ato de aprender é crucial para estimular novas conexões neurais.[21] Quando se trata de desenvolver liderança, uma abordagem de inteligência emocional é indispensável para criar essas mudanças neurais: uma abordagem que trabalhe diretamente sobre os centros emocionais. Como os cientistas concluíram, "quando uma conexão límbica estabelece um padrão neural, só uma conexão límbica pode corrigi-lo".[22]

A oportunidade favorável original para aprender habilidades eficientes de liderança estende-se pela adolescência até pouco depois dos vinte anos. Durante esse período, o cérebro — último órgão do corpo a desenvolver-se anatomicamente — continua a lançar os alicerces dos circuitos para os hábitos emocionais. Jovens que se esforçam para adquirir algum tipo de disciplina, são membros de equipes, ou têm chance de aprimorar a habilidade de falar em público, estão construindo os andaimes que, mais adiante na vida, darão apoio crucial para a liderança. Esse aprendizado precoce servirá de suporte para aptidões como autocontrole, o desejo de ser bem-sucedido, colaboração e persuasão.

Mesmo que as pessoas careçam de experiência anterior que lhes permita dominar determinada competência de liderança, ainda assim nunca é tarde — mas elas vão precisar de motivação. A capacidade cerebral de fazer brotar novas conexões continua ao longo da vida. Só dá um pouco mais de trabalho, e exige mais energia, aprender na fase adulta lições que teriam sido adquiridas com mais facilidade nos primeiros anos, porque essas novas lições enfrentam uma batalha difícil contra padrões arraigados que o cérebro já instalou. A tarefa é dupla — será necessário abandonar hábitos que não nos ajudam e substituí-los por novos hábitos que o façam. É por isso que a motivação é tão importante para o desenvolvimento da capacidade de liderança: temos que trabalhar com mais afinco, e por mais tempo, para mudar um hábito do que quando o adquirimos. Desenvolver a inteligência emocional só é possível se houver um desejo sincero e um esforço combinado. Um seminário de curta duração não será suficiente; também não é coisa que se possa aprender lendo manuais. Como o cérebro límbico aprende mais devagar — e exige muito mais prática — do que o neocórtex, fortalecer uma habilidade como a empatia requer mais esforço do que, digamos, tornar-se perito em análise de risco. Mas é possível.

Aprendizado sustentado: a prova

Como requer mais tempo e prática, o tipo de aprendizado do cérebro límbico que acabamos de descrever também é mais fácil de ser retido. Por isso as pessoas não só *podem* melhorar suas aptidões de inteligência emocional, como também sustentar esses ganhos durante anos, como já mostraram os dados de uma série única de estudos longitudinais ainda em andamento na Escola Weatherhead de Administração. Os estudos, realizados com alunos desde 1990 como parte de um curso obrigatório sobre desenvolvimento de aptidões,[23] permitem que estudantes avaliem suas aptidões de inteligência emocional (e também algumas cognitivas), escolham que aptidões querem fortalecer e se orientem por um plano de aprendizado personalizado para fortalecer as habilidades visadas. Avaliações objetivas dos alunos no começo do curso, novamente ao se formarem e mais uma vez anos depois, no trabalho, têm oferecido a oportunidade extraordinária de aferir a força de longo prazo dessa abordagem de desenvolvimento de liderança.[24]

Os resultados foram esplêndidos. Ao contrário do efeito lua de mel da maioria dos programas de desenvolvimento de liderança, os ganhos desses estudantes de MBA foram duradouros. Até dois anos depois de passarem pelo processo de mudanças, ainda mostravam um índice de 47% de melhora em aptidões de autoconsciência como autoconfiança, e em aptidões de autogestão, como adaptabilidade e vontade de ser bem-sucedido. Com relação a habilidades de consciência social e gestão de relacionamentos, o progresso foi ainda maior: 75% em aptidões como empatia e liderança de equipe.

Esses ganhos também contrastam com resultados de programas comuns de MBA, nos quais quase não se tenta aprimorar habilidades de inteligência emocional. Os melhores dados neste caso vêm de um comitê de pesquisa da Assembleia Americana de Faculdades de Administração Colegiadas.[25] Nesse estudo de duas faculdades de administração altamente conceituadas descobriu-se que, em comparação com quando começaram seus programas de MBA, estudantes só mostravam progresso em 2% das habilidades de inteligência

Porcentagem de Aprimoramento de Inteligência Emocional

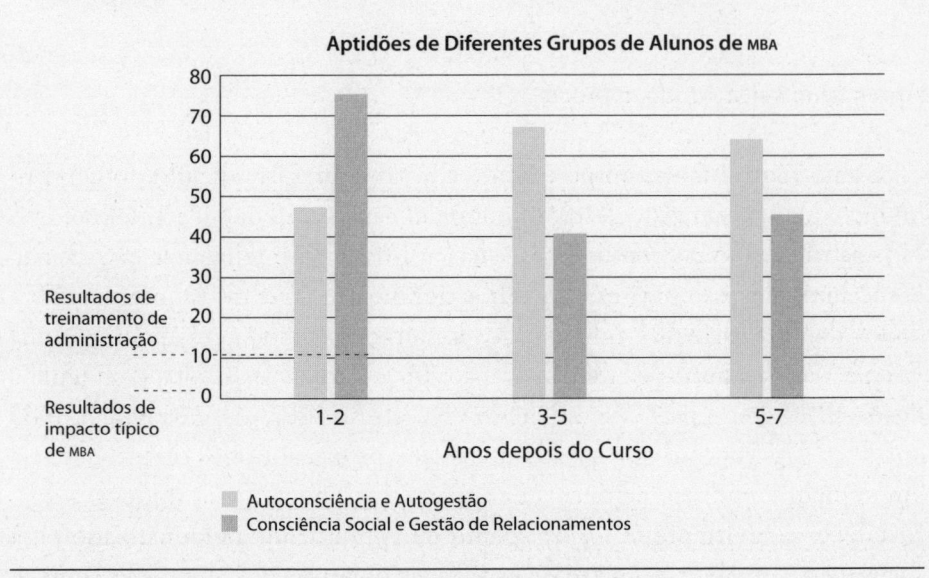

Aptidões de Diferentes Grupos de Alunos de MBA

Resultados de treinamento de administração

Resultados de impacto típico de MBA

Anos depois do Curso: 1-2, 3-5, 5-7

■ Autoconsciência e Autogestão
■ Consciência Social e Gestão de Relacionamentos

emocional. Na verdade, os alunos de outros quatro conceituados programas de MBA, quando avaliados numa série de testes mais exaustivos, mostraram um ganho de 4% em habilidades de autoconsciência e autogestão, mas uma *queda* de 3% em consciência social e gestão de relacionamentos (ver a tabela).[26]

A análise de um estudo da Escola Weatherhead de Administração mostra que ganhos em inteligência emocional também apareceram em alunos que faziam MBA em tempo parcial, e em geral levam de três a cinco anos para se formar. Pelo fim do programa, esses grupos mostraram 67% de aprimoramento em aptidões de autoconsciência e autogestão, e 40% de progresso em aptidões de consciência social e gestão de relacionamentos. Mas mesmo dois anos depois que esses alunos de tempo parcial se formaram (de cinco a sete anos após fazerem os cursos), Jane Wheeler, professora da Universidade Estadual de Bowling Green, descobriu que os ganhos persistiam: 63% mostravam avanços em aptidões de autoconsciência e autogestão, e 45% tinham melhorado em aptidões de consciência social e gestão de relacionamentos.

Entre os alunos de MBA em tempo integral, os progressos documentados nesses estudos aparecem no catálogo completo das catorze aptidões de inteligência emocional avaliadas. Não houve uma única competência que os alunos não conseguissem aprimorar, desde que a selecionassem como objetivo em seus planos de aprendizado.[27]

Esses notáveis resultados são os primeiros a demonstrar ganhos sustentados num período de muitos anos nos elementos de inteligência emocional constitutivos da liderança ressonante. São motivo de esperança, à luz dos avanços de 10% mostrados em programas de treinamento no tempo de um a dois anos no qual os resultados foram rastreados, ou dos 2% de aprimoramento em aptidões de inteligência emocional mostrados em programas típicos de MBA. Mas houve ainda um bônus inesperado que Jane Wheeler encontrou nos dados: entre cinco e sete anos depois do curso original, as pessoas ainda apresentavam avanços em aptidões *adicionais*, não só naquelas que já tinham aperfeiçoado depois de três ou cinco anos. Em outras palavras, uma vez que aprendiam a aprimorar as aptidões de inteligência emocional que fazem o grande líder, elas continuaram desenvolvendo novos talentos por conta própria. A descoberta oferece uma prova concreta de que é possível continuar adquirindo essas aptidões pela vida afora.

Mais provas desse tipo de aprendizado para o resto da vida vêm de um estudo realizado com altos executivos no Professional Fellows Program da Escola Weatherhead de Administração em Case Western. O programa, destinado a executivos experientes e profissionais avançados (com idade média de 48 anos ao ingressar, em comparação com a média de 27 dos alunos de MBA), atrai altos executivos, advogados e médicos que querem aprimorar habilidades de negócio e liderança. Em estudos longitudinais desses altos executivos realizados até três anos depois do programa, progressos foram constatados em dois terços das aptidões de inteligência emocional.[28]

Está claro, portanto, que líderes podem se tornar mais eficientes — desde que lhes sejam oferecidas as ferramentas corretas de aprendizado. Esse aprendizado profundo, no entanto, vai até além do uso das ferramentas corretas. É um processo não necessariamente linear e suave; na verdade, é uma jornada com muitas surpresas e momentos de epifania.

Um toque de despertar

Ao clicar o mouse em Enviar, Nolan Taylor percebeu que tinha acabado de despachar um contundente e-mail criticando o recente anúncio de demissões feito pela empresa — e o papel desempenhado por seu chefe — não para um amigo em outra divisão, como pretendia, mas para o *próprio* chefe. No entanto, enquanto ainda tentava descobrir um jeito de recuperar a mensagem antes que o chefe lesse, a questão mais ampla sobre o que aquele e-mail representava o atingiu como um raio. Foi um momento chocante de despertar. Ele se deu conta de que não estava agindo como a pessoa que queria ser.

Durante anos, Nolan Taylor tinha jurado controlar suas explosões e tentar descobrir uma maneira de melhorar o autocontrole. O choque daquele erro tão gritante, e as possíveis consequências, resultou num empenho diferente e muito mais forte de alcançar esse objetivo. Ele queria ser mais otimista, e ver as possibilidades positivas em situações desalentadoras, sem recorrer imediatamente ao cinismo e à crítica de outras pessoas. Com aquele e-mail enviado, ele agora teria que enfrentar uma *descontinuidade* — a diferença brutal entre seu eu ideal e a realidade. E naquele momento se comprometeu a mudar o jeito de ser.

Essas descontinuidades podem levar a poderosas mudanças, mesmo na natureza. A teoria da complexidade, ou do caos, declara que muitos processos são descritos mais exatamente como mudanças bruscas do que como transições suaves. Um terremoto, por exemplo, ocorre como um súbito tremor da terra, mas a pressão debaixo da superfície já vinha aumentando lentamente.

Da mesma forma, ao desenvolvermos a capacidade de liderança, descobertas súbitas e chocantes sobre nossa vida podem nos despertar para a ação, "nos espantando" com uma verdade nua sobre nós mesmos e permitindo-nos ver com novos olhos a nossa vida. Essas surpreendentes descontinuidades podem nos assustar ou iluminar. Alguns reagem fugindo. Outros simplesmente negam o seu poder e as ignoram. Outros, ainda, dão ouvidos ao toque de despertar, fortalecendo sua resolução, e começam a transformar hábitos autodestrutivos em novas virtudes. Mas como fazer, na prática, essas mudanças?

APRENDIZAGEM AUTODIRIGIDA

O essencial no desenvolvimento da liderança que funciona é a *aprendizagem autodirigida*: desenvolver ou fortalecer intencionalmente um aspecto da pessoa que somos, ou queremos ser, ou as duas coisas. Para isso é preciso construirmos uma imagem forte do nosso *eu ideal*, bem como uma imagem do nosso *eu real* — quem somos hoje. Essa aprendizagem autodirigida é mais eficiente e sustentável quando compreendemos o processo de mudança — e os passos desse processo — enquanto passamos por ele.

Esse modelo de aprendizagem foi feito por Richard Boyatzis ao longo de três décadas de trabalho em desenvolvimento de liderança, como consultor de organizações e como pesquisador acadêmico.[29] O gráfico na p. 122 delineia o processo de aprendizado autodirigido.[30]

As cinco descobertas

A aprendizagem autodirigida envolve cinco descobertas, cada qual representando uma descontinuidade. O objetivo, claro, é usar cada descoberta como ferramenta para fazer a mudança necessária para se tornar um líder inteligente emocionalmente nas dezoito aptidões de liderança IE já vistas neste livro (ver quadro no capítulo 3).

Esse tipo de aprendizagem é recursivo: as etapas não se desenrolam de maneira suave e ordeira, obedecendo, em vez disso, a uma sequência, com cada etapa exigindo diferentes quantidades de tempo e esforço. O resultado da prática de novos hábitos ao longo do tempo é que eles acabam se tornando parte do novo eu real. Frequentemente, com as mudanças de hábito, a inteligência emocional e os estilos de liderança, ocorrem mudanças nas aspirações e nos sonhos, o eu ideal. E assim o ciclo prossegue — um processo de crescimento e adaptação que dura o resto da vida.

Quando passamos pela descoberta de encontrar uma visão ideal de nós mesmos, nos sentimos motivados para desenvolver habilidades de liderança. Ou seja, vemos a pessoa que queremos ser. Se essa visão nos vem através de um sonho, ou por termos entrado em contato com valores e compromissos que orientam nossa vida, ou ainda por simples reflexão, a imagem é poderosa

Teoria da Aprendizagem Autodirigida de Boyatzis

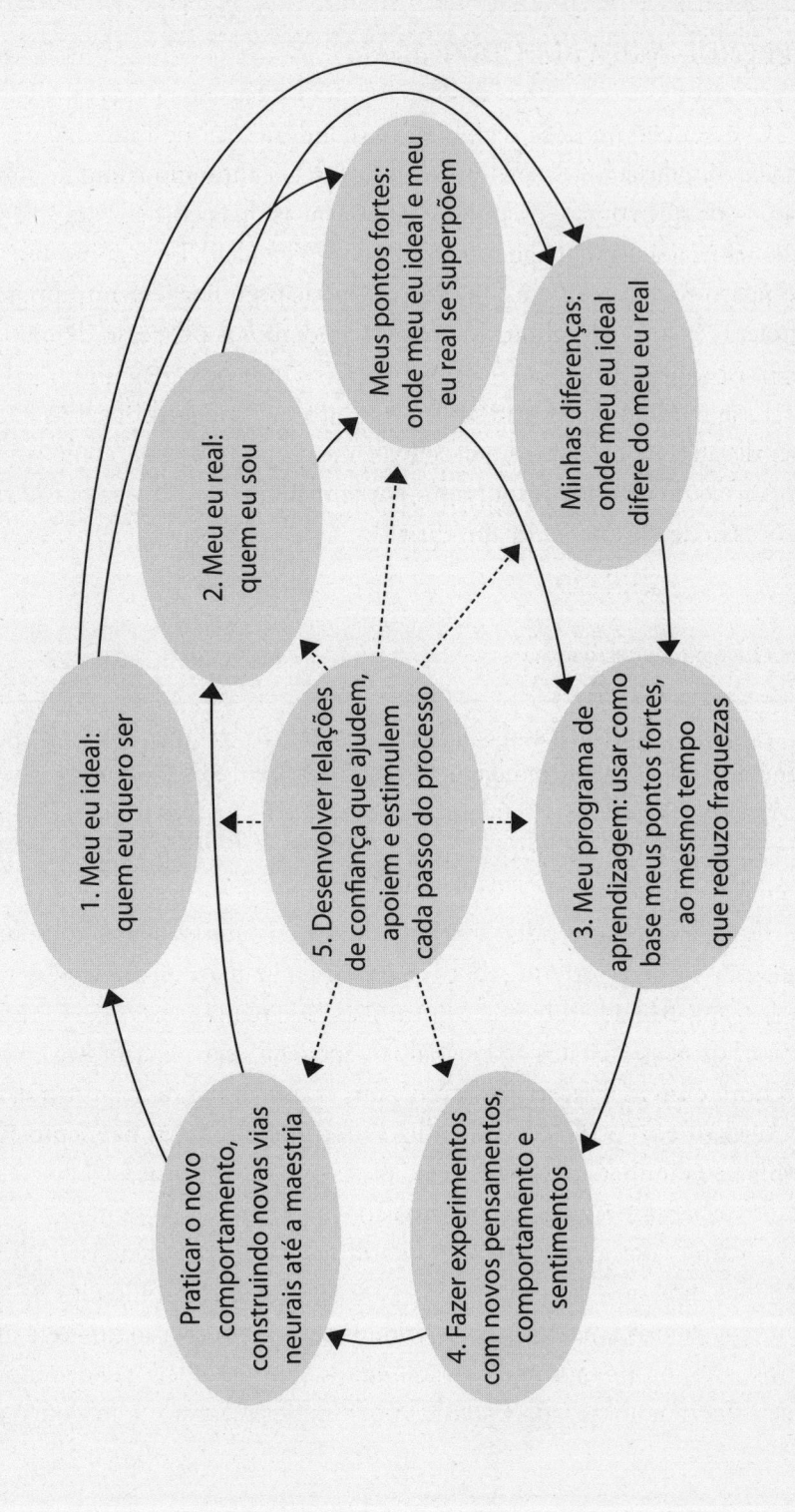

- 1. Meu eu ideal: quem eu quero ser
- 2. Meu eu real: quem eu sou
- Meus pontos fortes: onde meu eu ideal e meu eu real se superpõem
- Minhas diferenças: onde meu eu ideal difere do meu eu real
- 3. Meu programa de aprendizagem: usar como base meus pontos fortes, ao mesmo tempo que reduzo fraquezas
- 4. Fazer experimentos com novos pensamentos, comportamento e sentimentos
- Praticar o novo comportamento, construindo novas vias neurais até a maestria
- 5. Desenvolver relações de confiança que ajudem, apoiem e estimulem cada passo do processo

o suficiente para evocar nossa paixão e nossas esperanças. Ela se torna o combustível que mantém a energia de que precisamos para trabalhar o difícil e por vezes frustrante processo de mudança.

A segunda descoberta é parecida com olhar num espelho e ver quem realmente somos agora — como agimos, como os outros nos veem e em que consistem nossas mais profundas crenças. Algumas dessas observações feitas serão compatíveis com nosso eu ideal e podem ser consideradas pontos fortes; outras representarão hiatos entre quem somos e quem queremos ser. Essa percepção de nossas forças e deficiências prepara o caminho para mudar nosso estilo de liderança. É o antídoto para a doença do CEO anteriormente descrita.

Mas a mudança só dará certo se desenvolvermos um programa para aprimorar nossas habilidades, que é a terceira descoberta. Precisaremos elaborar um plano de ação que ofereça orientação minuciosa sobre que coisas tentar a cada dia, usando como base nossos pontos fortes e nos aproximando do nosso ideal. O plano precisa ser satisfatório, adequando-se a nossas preferências de aprendizagem e à realidade de nossa vida e de nosso trabalho.

A quarta descoberta consiste em praticar novas habilidades de liderança.

A quinta descoberta, que pode acontecer em qualquer ponto do processo, é que *precisamos de outras pessoas* para identificar ou encontrar nosso eu ideal, nossos pontos fortes e nossas deficiências, a fim de desenvolvermos um programa para o futuro, para experimentarmos e praticarmos. O desenvolvimento da liderança só ocorre no tumulto e nas possibilidades das nossas relações. Outros nos ajudam a ver o que está faltando, a afirmar o progresso que porventura tivermos feito, a testar as nossas percepções e a nos informar como estamos indo. Eles nos dão o contexto para experimentar e praticar. Embora o modelo seja chamado de processo de aprendizagem autodirigida, na verdade não podemos aplicá-lo sozinhos. Sem o envolvimento de outros, não haverá mudanças duradouras.

Para resumir o processo, pessoas que tiveram êxito em mudar de maneira sustentável cumprem o ciclo através dos seguintes estágios:

- *A primeira descoberta*: Meu eu ideal — Quem desejo ser?
- *A segunda descoberta*: Meu eu real — Quem sou? Quais são meus pontos fortes e minhas deficiências?

- *A terceira descoberta*: Meu programa de aprendizagem — Como usar por base meus pontos fortes enquanto reduzo minhas fraquezas?
- *A quarta descoberta*: Experimentar e praticar novos comportamentos, pensamentos e sentimentos até alcançar a maestria.
- *A quinta descoberta*: Desenvolver relações de apoio e confiança que possibilitem a mudança.

Idealmente, a progressão ocorre através de uma descontinuidade — um momento de descoberta — que desperta não apenas consciência, mas também um senso de urgência. Os capítulos seguintes exploram cada uma dessas descobertas e os processos resultantes que permitem alcançar a maestria da liderança.

7. A motivação para mudar

Abdinasir Ali estava prestes a descobrir seu sonho. Trabalhando como hidrogeólogo havia oito anos numa multinacional de energia integrada nos Estados Unidos, Ali era um funcionário discreto, empenhado em trabalhar firme para garantir o bem-estar da família. Mas tinha um plano — embora sua intenção fosse adiar esse plano até se aposentar.

Um dos 25 irmãos de uma família de Mandera, no norte do Quênia, Ali tinha ido para os Estados Unidos a fim de criar os filhos com os benefícios de uma boa educação e assistência médica. Mas quando os filhos crescessem e ele se aposentasse, sua esperança era voltar para o Quênia com a mulher para ensinar as pessoas a administrar os recursos hídricos e ajudar a abrir poços em sua aldeia — coisa de que seu país precisava muito.

Era uma esperança que alimentava desde criança, quando testemunhou longos períodos de seca em sua aldeia natal, localizada numa região árida, perto da fronteira com a Etiópia e a Somália. Lembrava-se de ter visto, durante uma seca especialmente severa, centenas de vacas, cabras e camelos morrerem; sua família, acostumada a uma dieta de carne e leite, teve que sobreviver à base de grãos. Em anos mais recentes, a falta de água tinha afetado severamente projetos de irrigação em Mandera, bem como a geração de eletricidade nas hidrelétricas do Quênia.

Agora, aos quarenta anos, o sonho de Ali de ajudar sua aldeia natal no Quênia ainda estava a pelo menos duas décadas de distância. E embora gostasse do trabalho e dos benefícios que recebia como funcionário de uma grande multinacional, ele andava inquieto. Uma conversa logo mudaria tudo.

"Por que esperar, Ali?", perguntou seu consultor de carreira.

Quando Ali respondeu que não estava preparado para abrir mão dos benefícios que usufruía por trabalhar numa multinacional, o consultor perguntou: "Alguma multinacional tem operações de manejo de águas no Quênia ou no Leste da África?". Ali respondeu que não, e o treinador insistiu: ele já tinha pensado em pedir à sua empresa — ou a qualquer outra — que organizasse uma subsidiária para desenvolver o manejo dos recursos hídricos no Leste da África? Ali disse que era um projeto tão caro que nunca tinha ousado perguntar.

"Imagine", disse o consultor, "que você formule o projeto como uma maneira de a empresa dar algo de volta para a comunidade e a região."

Ali ouviu a sugestão em silêncio. Lentamente, uma onda de reconhecimento espalhou-se por seu rosto, como se alguém acabasse de acender uma lâmpada numa sala escura. Ele balançou a cabeça, reclinou-se na cadeira e sorriu. E começou a formular, fluente e minuciosamente, as vantagens estratégicas que um projeto de manejo de recursos hídricos representaria para a empresa. Percebeu que poderia recorrer a um projeto já existente na organização, Iniciativa Social Global, para concretizar o seu sonho. Falou com tamanha paixão que parecia estar fazendo um discurso diante de uma plateia entusiasmada. Ali havia se conectado com seu sonho, e naquele instante ele se tornou maior do que ele jamais imaginara.

Foi a primeira descoberta crucial para Ali: o momento em que a mudança começou. Tinha entrado em contato com sua paixão, sentindo-se motivado a ir atrás de seu sonho como nunca antes o fizera. Onde Ali só conseguia ver uma trajetória para sua visão — que era trabalhar duro até economizar dinheiro suficiente para se aposentar —, agora surgiam muitos caminhos, com múltiplas possibilidades.

Na conversa que veio em seguida, Ali percebeu que suas aptidões de inteligência emocional — particularmente consciência social e gestão de relacionamentos — poderia ajudar a concretizar a visão. Sempre trabalhara bem com outras pessoas e gostava de colaborar. Como engenheiro, desenvolvera muitas aptidões de autogestão, apesar de ter alguma dificuldade com autoconfiança e adaptabilidade.

Para dar vida ao seu sonho, Ali sabia que teria de agir como um estimulador de mudanças, um visionário capaz de convencer os executivos sobre as vantagens do projeto. Isso significava trabalhar sua autoconfiança. E para promover uma nova estratégia entre seus colegas gestores e despertar-lhes o espírito inovador, teria que ser mais flexível. À medida que ia ficando específico, o sonho de Ali se expandia de uma forma que seu nível de confiança anteriormente não tinha permitido: em vez de ajudar apenas sua aldeia, poderia ter impacto em todo o Quênia e em toda a região do Leste da África.

Ali levara apenas alguns momentos para reinventar a obra de uma vida. Sua animação e esperança no futuro eram palpáveis — ele tinha descoberto um novo senso de eu ideal, daquilo que poderia se tornar. Dentro de uma semana, Ali informou que havia feito progresso na empresa com sua nova ideia e com mais rapidez do que jamais teria julgado possível. Embora seu novo papel certamente exigisse que adquirisse aptidões de IE, ele tinha dado o importantíssimo primeiro passo de visualizar o eu ideal.

A PRIMEIRA DESCOBERTA: O EU IDEAL — ONDE A MUDANÇA COMEÇA

A conexão com nossos próprios sonhos libera a paixão, a energia e a alegria de viver. Nos líderes, essa paixão pode despertar o entusiasmo dos liderados. O segredo é desvendar o eu ideal — a pessoa que gostaríamos de ser, incluindo o que queremos na vida e no trabalho. Essa é a "primeira descoberta" do processo de aprendizagem autodirigida mencionado no capítulo anterior. Desenvolver essa imagem ideal requer um mergulho profundo para alcançar o nível dos nossos instintos. Sabemos tê-lo atingido quando, como Ali, nos sentimos de repente apaixonados pelas possibilidades da vida.

Para começar — ou sustentar — um genuíno desenvolvimento em inteligência emocional, é preciso colocar em ação o poder do eu ideal. Há uma razão simples: mudar hábitos dá trabalho. Basta pensarmos nos êxitos ou fracassos que tivemos com nossas resoluções de Ano-Novo. Sempre que tentam mudar hábitos de pensar e agir, as pessoas têm que reverter décadas de aprendizagem que reside em circuitos neurais muito viajados e altamente reforçados, construídos em anos de repetição desses hábitos. É por isso que mudanças duradouras exigem forte dedicação a uma futura visão de nós mesmos — especialmente em tempos de estresse, ou em meio a crescentes responsabilidades.

> ### VOCÊ, DAQUI A QUINZE ANOS
>
> Pense onde estaria sentado lendo este livro daqui a quinze anos se você estivesse vivendo sua vida *ideal*. Que tipo de gente estaria à sua volta? Como seria o seu ambiente — como se sentiria nele? Que estaria fazendo num dia ou numa semana típicos? Não se preocupe com a viabilidade de criar essa vida ideal. Apenas deixe a imagem se formar em sua mente e visualize-se nela.
>
> Tente fazer uma "escrita livre" sobre essa visão de si mesmo daqui a quinze anos, ou fale sobre sua visão para um gravador, ou, ainda, converse a respeito dela com um amigo de confiança. Ao fazer esse exercício, muita gente diz experimentar uma liberação de energia e sentir-se mais otimista do que momentos antes. Essa técnica de visualizar um futuro ideal pode ser uma poderosa maneira de estabelecermos conexão com as reais possibilidades de mudança em nossa vida.

Na verdade, o próprio ato de pensar numa mudança pode nos inundar de preocupações sobre supostos obstáculos. Às vezes depois de experimentarem a sensação inicial de animação sobre futuros ideais, as pessoas voltam a perdê-la, frustradas por já não estarem vivendo aquele sonho. É nesse momento que lembrar o papel do cérebro nos sentimentos pode ajudar. Como discutimos no capítulo 3, a ativação do córtex pré-frontal esquerdo é que nos dá uma esperança motivadora, permitindo-nos imaginar como nos sentiríamos bem no dia em que atingíssemos nosso objetivo ou nosso ideal. E isso nos estimula, apesar dos obstáculos.

Por outro lado, se nos fixarmos nos obstáculos — em lugar da poderosa imagem da nossa vida ideal —, ativamos o córtex pré-frontal direito, que nos lança numa visão pessimista e desmotivadora capaz de impedir nossa realização.

"Obrigatório" versus ideal

Em *The Hungry Spirit: Beyond Capitalism, A Quest for Purpose in the Modern Wold* [O espírito faminto: além do capitalismo, a busca de um objetivo no mundo moderno], Charles Handy descreve a dificuldade de entrar em contato com seu eu ideal:

> Passei a primeira parte da vida esforçando-me para ser outra pessoa. Na escola, eu queria ser um grande atleta; na universidade, popular e admirado; depois disso, um homem de negócios e, mais tarde, chefe de uma grande instituição. Não levei muito tempo para descobrir que não estava destinado a ser um sucesso em nenhum desses disfarces, mas isso não me impedia de tentar e de viver decepcionado comigo mesmo.
>
> O problema é que ao tentar ser outro, eu deixava de me concentrar em quem poderia ser. A ideia era assustadora demais para ser encarada naquela época. Eu ficava mais feliz seguindo as convenções do momento, medindo o sucesso em termos de dinheiro e posição social, subindo escadas que outras pessoas puseram na minha frente, colecionando coisas e contatos em vez de dar expressão a minhas próprias crenças e personalidade.[1]

Essa confissão reveladora vem de uma pessoa muito bem-sucedida como executivo na indústria, líder na London Business School, presidente da Real Sociedade de Artes e influente no mundo inteiro como autor e professor. Mas, assim como Charles Handy, ao longo de uma vida movimentada muita gente é seduzida pela ideia do poder e do dinheiro, ou sucumbe à expectativa alheia.

Quando um pai, cônjuge, chefe ou professor nos diz o que deveríamos ser, o que fazem é dar-nos a visão *que eles têm* do nosso eu ideal, uma imagem que contribui para o nosso *eu obrigatório* — a pessoa que achamos que deveríamos ser. Quando aceitamos esse eu obrigatório, ele se torna uma jaula dentro da qual ficamos presos — que o sociólogo Max Weber chamou de nossa "jaula de ferro" —, andando de um lado para outro como um mímico forçando paredes invisíveis. O mesmo efeito ocorre quando, em organizações, se supõe que todos querem avançar "subindo" a escada da carreira, em vez de reconhecer que as pessoas podem ter os próprios sonhos e a própria definição de sucesso. Esse tipo de suposição pode facilmente tornar-se elemento do *eu obrigatório* do trabalho.

Com o tempo, as pessoas podem ficar anestesiadas para o seu eu ideal; sua visão se torna indistinta, e elas perdem de vista os sonhos. A pressão das responsabilidades de pagar a prestação da casa e o colégio dos filhos e o desejo de manter certo padrão de vida podem empurrar as pessoas em determinada direção, mesmo que não elas acreditem que essa direção as ajude a alcançar seus sonhos. Ficam entorpecidas para a paixão e se conformam em obter mais daquilo que já estão fazendo. O exemplo clássico — comum entre profissionais criados em culturas muito tradicionais — é o da pessoa que segue determinada carreira simplesmente porque os pais mandaram. Um conhecido nosso, natural da Índia, foi criado numa família desse tipo; tinha uma paixão intensa pela música, mas obedientemente seguiu o desejo da família, que queria vê-lo dentista, como o pai. Ele acabou abandonando o consultório em Mumbai, mudando-se para Nova York e ganhando a vida — muito satisfeito — como tocador de sitar.

Pode ser fácil confundir o eu obrigatório com o eu ideal e agir de maneira não autêntica. É por isso que, em processos de desenvolvimento de liderança, tomar a providência de descobrir o eu ideal é tão importante. Mas muitos programas são baseados na suposição de que tudo que o indivíduo deseja é maximizar o seu desempenho no trabalho. Deixam de lado essa exploração vital e não vinculam os objetivos de aprendizagem individual com sonhos e aspirações para o futuro. Quando a distância entre o eu ideal e o eu imposto pelo treinamento fica evidente, o resultado é apatia ou rebelião.[2]

Sem visão, sem paixão

Sofia, gerente sênior de uma empresa de telecomunicações no Norte da Europa, sabia que precisava desenvolver aptidões de liderança. Participou de seminários, leu livros e trabalhou com tutores. Redigiu planos de desenvolvimento e estabeleceu metas de curto e longo prazos. Sabia o que precisava fazer — mas nenhum dos planos parecia guiar o seu desenvolvimento, e depois de poucas semanas todos eram invariavelmente colocados no fundo da gaveta. "Não me entendam mal", disse-nos ela. "Quero ter sucesso na carreira. Mas nenhum desses planos tinha muito a ver com aquilo que realmente importa para mim. Desenvolver essa ou aquela competência só porque o trabalho assim exige não basta para me motivar."

A experiência de Sofia é típica de muitos formados em programas de desenvolvimento de liderança. O problema é que muitos desses programas partem de premissas erradas. O verdadeiro desenvolvimento de liderança começa num lugar muito mais amplo do que o "planejamento de carreira": começa com uma visão holística da vida de cada um, em toda a sua riqueza. Para alcançarem um desempenho melhor nos negócios, os líderes precisam estar emocionalmente envolvidos no próprio desenvolvimento. E isso implica conectar o esforço àquilo que de fato importa para eles.

Pedimos a Sofia, portanto, que pensasse sobre sua vida num momento específico do futuro, soltasse a imaginação para visualizar um dia típico: o que estaria fazendo, onde estaria morando, quem estaria lá e como ela se sentiria. Em seguida, pedimos que escolhesse uma data oito ou dez anos no futuro — bem distante para que a vida fosse diferente, mas ainda assim perto o bastante para ela começar a imaginar. Sofia escolheu uma data em agosto de 2007, significativa porque o filho mais velho estaria saindo de casa para estudar na universidade. Então ela traçou por escrito uma visão da sua vida em agosto de 2007, em primeira pessoa, no presente. Pedimos-lhe que refletisse sobre todas as áreas de sua vida, seus valores, seus sonhos sobre o que queria fazer e ser àquela altura de sua vida. Era uma visão poderosa:

> Me vejo liderando minha própria empresa, um negócio muito seleto onde trabalham dez colegas meus. Tenho uma relação saudável, aberta, com minha filha, e mantenho relações de confiança com amigos e colegas de trabalho. Me vejo relaxada e feliz como líder e como mãe, amorosa com todos e ajudando todos a crescer.

Refletindo sobre uma visão da vida de forma tão holística, Sofia começou a ver que várias partes se cruzavam, e que elaborar um plano para transformar aquele sonho em realidade poderia ser, mais do que motivador, inspirador. Como disse ela ao terminar o processo: "Durante anos, precisei trabalhar meu jeito de lidar com as pessoas quando estressada. Posso ser uma líder muito modeladora no trabalho. Agora, observando o quadro geral, vejo que algumas das minhas brigas com minha filha tinham origem no mesmo conjunto de problemas". Sofia pôde então começar a pensar em como traduzir essas ideias em metas de desenvolvimento para lidar com o estresse usando estilos mais produtivos.

Descobrimos que muitos líderes jovens, definidos, mais ou menos, como tendo menos de quarenta anos, tinham desenvolvido metas mais holísticas — tratando de vários aspectos da vida, e não só do trabalho — do que ocorreu em gerações anteriores de líderes. Em parte essa mudança reflete o fato de que, como sugerem pesquisas das gerações X e Y, pessoas na casa dos vinte e dos trinta anos têm uma visão mais equilibrada da vida e do trabalho do que era o caso em gerações anteriores. Sem quererem fazer alguns sacrifícios que viram os pais fazerem, buscavam uma vida mais equilibrada durante a jornada. Não esperavam que um infarto, um divórcio ou a perda do emprego as despertassem para suas relações, para sua vida espiritual, para suas responsabilidades comunitárias e para a saúde do corpo. Muitos colegas mais velhos estão chegando às mesmas conclusões, mas para eles isso é parte das crises do amadurecimento, da meia-idade e do meio da carreira.

OS PRINCÍPIOS QUE ME GUIAM

Pense nas diferentes áreas de sua vida que são importantes, tais como família, relações, trabalho, espiritualidade, saúde física. Quais são seus valores fundamentais em cada uma dessas áreas? Faça uma lista de cinco ou seis princípios que lhe servem de guia no trabalho e na vida — e descubra se você vive mesmo de acordo com esses valores ou só gosta de pensar que sim. Agora tente escrever uma página ou duas sobre o que gostaria de fazer no que lhe resta de vida. Ou talvez prefira preparar uma lista numerada, de 1 a 27, de coisas que gostaria de fazer ou experimentar antes de morrer. Não se preocupe com prioridades ou praticidade — limite-se a escrever o que lhe vier à cabeça.

O exercício é mais difícil do que pode parecer, porque é da natureza humana pensar mais em termos do que temos que fazer — até amanhã, a semana que vem, o mês que vem. Mas esse tipo de horizonte se prende apenas ao que é urgente — não ao que é importante. Quando pensamos em termos de um horizonte mais amplo, como o que fazer antes de morrer, nos abrimos para uma nova série de possibilidades. Em nosso trabalho com líderes que fazem esse exercício, notamos uma tendência

> surpreendente: a maioria das pessoas faz uma lista de poucas metas de carreira, mas 80% ou mais dessa lista nada tem a ver com trabalho. Quando terminam o exercício e começam a estudar o que escreveram, descobrem padrões que as ajudam a começar a cristalizar seus verdadeiros sonhos e aspirações.

Filosofia: como as pessoas determinam valor

Está claro que os valores desempenham papel importante na descoberta do eu ideal. Uma vez que os valores mudam ao longo da vida, em função de fenômenos como casamento, nascimento de um filho, demissão, a filosofia que rege a nossa vida é que é mais duradoura.[3] A filosofia de alguém é a sua maneira de determinar valores — e quais são os estilos de filosofia que o atraem. Um líder que valoriza o cumprimento de metas acima de qualquer coisa será naturalmente um modelador, vendo um estilo mais democrático como perda de tempo. Compreender nossa filosofia operacional pode nos ajudar a ver como nosso eu ideal reflete nossos valores.

Por exemplo, um consultor inclui "família" na lista de valores dominantes, mas apesar disso passa cinco dias por semana longe da mulher e dos dois filhos, viajando a serviço. Ele diz que respeita seus valores ganhando dinheiro suficiente para atender às necessidades da família. Ao contrário dele, um gerente de manufatura, que também assinalou "família" como valor dominante, recusou promoções para poder jantar todas as noites com a mulher e os filhos.

A diferença entre esses dois homens pode estar na consciência que têm dos seus verdadeiros valores, ou na maneira como *interpretam* esses valores. Consequentemente, revelam profundas diferenças na forma de apreciar pessoas, organizações e atividades. Essas diferenças podem refletir filosofias operacionais discrepantes — sendo as mais comuns pragmáticas, intelectuais e humanísticas.[4] E embora nenhuma filosofia seja "melhor" do que outra, cada uma impulsiona as ações, os pensamentos e os sentimentos de quem a adota de maneira diferente.

O tema central de uma filosofia pragmática é a crença em que a utilidade é que determina o valor de uma ideia, um esforço, uma pessoa ou uma organização.⁵ Pessoas que seguem essa filosofia acreditam que são basicamente responsáveis pelo que lhes acontece na vida e gostam de comparar as coisas para calcular o seu valor. Não surpreende, portanto, que entre as aptidões de inteligência emocional, os pragmáticos consigam ótimas notas em autogestão. Infelizmente, sua orientação individualista com frequência — mas nem sempre — os leva a adotar o estilo modelador, em vez dos estilos democrático, treinador ou afetivo.

Veja o exemplo de Larry Ellison, o CEO modelador da Oracle Corporation. Em sua implacável busca de uma fatia de mercado, ele costuma desafiar os funcionários a "destruir" e "eliminar" rivais no meio profissional. Está sempre se comparando com os concorrentes, ostentando sua filosofia pragmática nas muitas vezes em que faz essas comparações em discursos e entrevistas.⁶

O tema central de uma filosofia intelectual é o desejo de compreender pessoas, coisas e o mundo, construindo uma imagem sobre como funcionam, e graças a ela tendo alguma segurança emocional para prever o futuro.⁷ Pessoas com essa filosofia recorrem à lógica para tomar decisões e calculam o valor de uma coisa usando como referência o código subjacente ou o conjunto de diretrizes que enfatizam a razão. Pessoas com essa atitude dão grande preferência a aptidões cognitivas, às vezes à custa das aptidões sociais. Pode-se ouvir alguém com uma filosofia intelectual dizer, por exemplo: "Se você conseguir uma solução elegante, os outros vão acreditar. Não precisa tentar convencê-los dos seus méritos". Essas pessoas podem adotar um estilo visionário de liderança, desde que a visão descreva um futuro bem fundamentado pela razão.

John Chambers, o CEO da Cisco Systems, reflete uma perspectiva intelectual quando descreve um futuro em que a vida será melhor graças à tecnologia. Diz, por exemplo, que sistemas eletrônicos integrados ajustarão a temperatura das roupas quando as pessoas saírem de uma casa aquecida para entrar num carro no inverno. Soando, às vezes, como um pregador bíblico, fala abertamente da crença de que sua empresa é capaz de criar esse modelo do futuro, permitindo, dessa maneira, que todos contribuam para uma sociedade melhor.⁸

O tema central de uma filosofia humanística é que relações estreitas e pessoais dão sentido à vida.⁹ Pessoas com essa filosofia dedicam-se a valores humanos; a família e os amigos íntimos são vistos como mais importantes do que outras relações. Elas calculam o valor de uma atividade em termos de como afeta suas relações mais estreitas. Da mesma forma, a lealdade é mais valorizada do que a maestria num trabalho ou habilidade. Onde a filosofia pragmática pode levar alguém a "sacrificar poucos por muitos", um líder humanista vê a vida de cada um como importante, cultivando naturalmente as aptidões de consciência social e gestão de relacionamentos. Em consequência, líderes humanistas são atraídos para estilos que enfatizam a interação com outros, tais como o democrático, o afetivo ou o treinador.

Por exemplo, Narayana Murthy é o CEO inspirador que fundou a Infosys Technologies Limited, com sede em Bangalore, Índia. Parte de sua visão está em envolver totalmente as pessoas no trabalho que fazem, usando um estilo democrático de liderança. Como resultado, fez da Infosys uma das empresas nas quais as pessoas mais desejam trabalhar no campo do desenvolvimento e da manutenção de softwares personalizados. De fato, Murthy descreve a si mesmo como "capitalista na cabeça, mas socialista no coração".[10]

O ideal sempre em mudança

Os sonhos e aspirações mudam à medida que as pessoas avançam em sua carreira, remodelando o que julgam importante na vida e no trabalho; da mesma forma, o eu ideal torna-se mais multifacetado com o passar dos anos. Essas mudanças não só determinam que talentos ou aptidões as pessoas estão dispostas a usar, mas também onde se sentem mais motivadas a usá-los e onde podem criar ressonância. Às vezes as pessoas se perdem no caminho simplesmente por continuar fazendo a mesma coisa, ignorando mudanças nos sonhos e no que é importante para elas.

É por isso que vemos com frequência líderes de meia-idade mudarem de barco para começar outra carreira. Quando atingem certo ponto na vida profissional em que dominam o métier, tendo alcançado a maioria das metas em sua carreira, podem perder o entusiasmo pelo que vinham fazendo. Com frequência, nesse momento descobrem nova fonte de energia num ideal diferente — por exemplo, devolvendo o que receberam na vida. Peter Lynch foi um desses líderes. No auge da carreira, chefe do espetacularmente bem-sucedido Fidelity Magellan Fund, Lynch anunciou que ia deixar o Fidelity — não para assumir uma empresa, mas para criar um fundo de filantropia com a mulher.

Disse que queria "fazer o bem", uma vez que tinha "se saído bem". E queria fazê-lo quando ainda se sentia cheio de energia e capacidade de inovar.[11]

Vezes sem conta vimos que as habilidades que asseguraram o êxito de líderes nos negócios podem ganhar nova energia em outros ambientes, à medida que o foco da vida vai mudando. John Macomber, ex-CEO da Celanese, saiu para assumir um cargo governamental como chefe do Export-Import Bank.[12] Rex Adams, chefe de recursos humanos da Mobil, tornou-se reitor da Fuqua School da Duke University. Ambos são exemplos de mudança do eu ideal ao longo da carreira.

A autoimagem ideal desperta em nós paixão, emoção e motivação. Uma visão pessoal é a expressão mais profunda do que queremos na vida, e essa imagem torna-se tanto um guia das nossas decisões como barômetro no nosso senso de satisfação na vida.[13]

Apesar disso, se quisermos liderar uma organização, ter uma visão pessoal não basta. O líder precisa de visão para a organização. É difícil produzir uma animação contagiosa sem ter um senso de propósito e direção. É aí que a autoimagem ideal de um indivíduo evolui para se tornar uma visão compartilhada do futuro. Para estar em sintonia com a visão de outros é preciso estar aberto aos sonhos e esperanças de outros.

Liderar com paixão

Jurgen, chefe de um banco suíço, estava enfrentando uma crise de comprometimento. O banco ia bem, mas nem toda a direção administrativa estava envolvida no trabalho, e alguns diretores nem mereciam estar no emprego. Jurgen achava que não devia ir contra a tradição e pedir-lhes que entregassem os cargos. Além disso, não sabia muito bem o que estava acontecendo em outros setores da instituição. Ninguém jamais lhe dava as informações corretas, como se todos tivessem medo de manifestar opiniões controvertidas ou críticas. Sentindo-se ineficiente, Jurgen estava perdendo o gosto pelo trabalho; achava que a única opção era se demitir.

Mas em nosso trabalho com Jurgen num período de seis meses, ele conseguiu desenvolver uma visão de sua vida e de sua liderança no banco que lhe parecia estimulante e inspiradora. E, não menos importante, inspiradora também para seus liderados. Jurgen começou olhando para dentro de si, refletindo sobre a própria vida e sua visão pessoal dentro e fora do trabalho. Também formulou uma clara imagem da situação no banco e das razões pelas quais aquilo já não o satisfazia. Comparar o real com o ideal lhe trouxe muito mais clareza — e ansiedade, como admitiu — sobre o que precisava, exatamente, ser mudado. E fez a importantíssima pergunta: "O que amo nesta empresa e nessas pessoas é suficiente para me segurar aqui durante o difícil trabalho que temos pela frente?".

Certa manhã de verão, Jurgen caminhava com um amigo em volta de um lago alpino e começou a falar honestamente sobre seu medo de não conseguir fazer as mudanças necessárias. Examinou o passado, o presente e o futuro, bem como as pessoas, algumas das quais suas colegas de trabalho havia muitos anos. Pensou nos problemas — no próprio comprometimento — e em como seria bom se fizesse o que precisava ser feito. Refletiu sobre sua visão ideal e o que poderia ser mudado se voltasse para o banco e realmente lutasse. No fim da caminhada, tinha a resposta: "Estou dentro".

A decisão de voltar a "estar dentro" foi estimulante para Jurgen; em algum lugar lá no fundo de si mesmo ele despertou a paixão por voltar a liderar. E paixão gera coragem — suficiente, descobriu Jurgen, para enfrentar as duras tarefas que tinha pela frente.

Identificar e formular o eu ideal, o caminho que você realmente deseja seguir na vida — como fez Jurgen — requer autoconsciência. Mas, uma vez decidido esse eu ideal, você estimula a esperança — antídoto contra a inércia do hábito. Como observou Napoleão: "O líder é um vendedor de esperança".[14] O desafio de cada líder consiste em encontrar dentro de si a fonte da esperança. Nela reside o poder de evocar e formular a autoimagem ideal e compartilhar ideais que dela fluem — e, dessa maneira, liderar outras pessoas nessa mesma direção.

Esse tipo de liderança, no entanto, requer não apenas uma visão mas também uma ideia clara da realidade que enfrentamos.

A SEGUNDA DESCOBERTA: O EU REAL, OU VOCÊ ESTÁ SENDO COZIDO VIVO?

Colocada na água fervendo, a rã pula fora por instinto. Mas, colocada numa panela de água fria, com a temperatura aumentando gradativamente, a rã não percebe que a água está esquentando. Fica parada até que a água ferva — e é cozida. O destino dessa rã poché não é tão diferente do de alguns líderes que caem na rotina ou permitem que pequenos confortos se solidifiquem na forma de grandes hábitos — e que a inércia se instale.

Veja-se o exemplo de John Lauer. Quando assumiu como presidente da BF Goodrich, ninguém imaginava que essa inércia criasse raízes. Homem alto, bonito, de sorriso cativante, ele aceitou com vigor os desafios de liderança, demonstrando talento particular como líder democrático e visionário. Por exemplo, durante uma reunião no começo da sua gestão com executivos da cúpula de uma divisão importante, Lauer ouviu com cuidado o debate para em seguida formular uma visão para a empresa que integrava suas virtudes atuais, mas colocava-a em posição mais vantajosa nos mercados globais. Os acenos de cabeça em volta da sala refletiram a força daquela visão para mobilizar as pessoas. Nos anos seguintes, enquanto a empresa era reestruturada, Lauer continuou agindo como um líder eficiente — e como um jogador ativo no time dos seus mais altos executivos.

Então, mais ou menos seis anos depois que ele assumiu o leme da BF Goodrich, durante um discurso para uma turma de estudantes de MBA, ficou claro que o velho carisma já não era o mesmo. Ele abordou questões de negócios e administração, mas tudo soava rotineiro e meio chato. Nem sinal daquela animação que contagiara tanta gente em seus primeiros dias no cargo.

Como uma rã cozida lentamente, Lauer aos poucos fora se ajustando ao desapontamento, à frustração e até ao tédio das práticas e políticas de uma grande corporação. Perdera o entusiasmo pelo trabalho. Como era de esperar, poucas semanas depois de proferir aquele inexpressivo discurso, Lauer pediu demissão. Em sua tentativa de largar a vida corporativa para fazer alguma coisa que tivesse sentido novamente, foi trabalhar com a mulher, Edie, muito envolvida com organizações humanitárias húngaras.

Diante da perda de energia e interesse como líder, Lauer começava ali um processo que o levaria à segunda descoberta. Novas conquistas de inteligência emocional em líderes exigem que, uma vez desenvolvida pelo menos uma visão incipiente de vida ideal, descubram seu eu real. Foi um processo que o levaria a olhar profundamente dentro de si e redescobrir o líder interno.

Dois anos depois que saiu da BF Goodrich, Lauer participou de um seminário de desenvolvimento de liderança como parte do programa de doutorado em administração.¹⁵ Ainda afirmava que não queria saber de administrar empresas; essa época da vida tinha passado. O doutorado era uma porta para uma nova vida; não sabia exatamente o que ia fazer, mas encarava o futuro com muita esperança.

Durante o seminário de liderança, Lauer confrontou seus valores, sua filosofia, suas aspirações e suas forças específicas. Ao pensar na próxima década da vida, refletir sobre suas capacidades, deu-se conta de que tinha gostado de ser líder. Voltou a se conectar com a animação que sentia ao leme de uma empresa, trabalhando com uma equipe de executivos e construindo uma coisa importante. Até que uma manhã, ao acordar, percebeu que estaria disposto a aceitar novamente um emprego de CEO. Na situação certa poderia ser divertido — uma situação em que tivesse oportunidade de aplicar as ideias que desenvolvera no programa de doutorado.

Retornou algumas ligações de caça-talentos, e dentro de um mês Lauer recebeu uma oferta para liderar a Oglebay Norton, empresa do ramo de matérias-primas avaliada em 250 milhões de dólares. Ali se tornou um líder exemplar do estilo democrático, ouvindo o que os funcionários tinham a dizer e incentivando sua equipe de líderes a fazer o mesmo. E formulava repetidamente uma visão convincente para a empresa. Como nos disse um dos seus executivos, "John levanta nosso ânimo, nossa confiança e nossa paixão por alta qualidade".¹⁶ Embora a empresa lide com mercadorias sem charme, como cascalho e areia, no primeiro ano Lauer alcançou resultados tão positivos que a Oglebay Norton apareceu na *Fortune*, na *Business Week* e no *Wall Street Journal*.

Lauer conseguiu deixar a BF Goodrich em primeiro lugar porque compreendeu que tinha uma visão diferente da própria vida. Foi a descoberta número um — a do eu ideal. Então, confrontando a realidade do atoleiro em que caíra e entendendo quais eram os pontos fortes que o distinguiam — descoberta número dois —, pôde reconectar-se com seu entusiasmo de líder. E isso por fim o recolocou nos trilhos, permitindo-lhe encontrar satisfação num estilo diferente de liderança.

O evasivo eu real

A avaliação do eu real começa com um inventário de nossos talentos e paixões — a pessoa que realmente somos como líder. Isso pode ser bem mais difícil do que parece. Em primeiro lugar, porque requer boa dose de autoconsciência, ainda que seja apenas para superar a inércia da desatenção que um acúmulo de hábitos termina produzindo. Como a rotina cria mudanças graduais que criam raízes com o tempo, a realidade da nossa vida por vezes nos escapa. É como olhar num espelho embaçado: fica difícil ver como realmente somos. E quando por fim começamos a ver com clareza — muitas vezes num momento de epifania —, a realidade pode ser dolorosa. Como bem falou um gestor com quem trabalhamos, um engenheiro: "Eu me vi sendo exatamente a pessoa que jamais quis ser".

Como uma coisa dessas acontece com pessoas razoavelmente inteligentes? Como é que perdemos o senso da pessoa que nos tornamos? A síndrome da rã cozida — a lenta e invisível infiltração da concessão e da presunção — talvez represente o maior obstáculo para uma autoimagem precisa. Deixamos de apreender a pessoa em que nos transformamos — apesar de os que nos cercam quase sempre terem uma ideia muito clara.

Muitas coisas conspiram para impedir que vejamos nosso verdadeiro eu. A psique humana nos protege contra informações que possam minar a percepção que temos de nós mesmos. Esses mecanismos de defesa do ego, como são chamados, protegem-nos emocionalmente para podermos enfrentar a vida de forma mais fácil. Mas nesse processo escondem ou descartam informações essenciais — como a reação dos outros ao nosso comportamento. Com o tempo, essas autoilusões criadas pelo inconsciente consolidam-se em mitos que se autoperpetuam, persistindo apesar das dificuldades que causam.[17]

Os mecanismos de defesa do ego, claro, têm suas vantagens. A maioria das pessoas altamente eficientes, por exemplo, é mais otimista quanto às próprias perspectivas e possibilidades do que os indivíduos medianos.[18] A percepção otimista abastece-as de entusiasmo e energia para seus projetos. O problema surge quando as defesas vão longe demais, distorcendo absurdamente a visão do nosso eu real — a pessoa que nos tornamos.

O teatrólogo Henrik Ibsen chamava essas autoilusões de "mentiras vitais": mentiras analgésicas em que as pessoas acreditam, em vez de encarar as realidades mais perturbadoras que há por trás delas.

> ## O "TESTE LOGAN"
>
> Quando passou uma semana de férias na casa do tio, Logan, de nove anos, botava o relógio para despertar bem cedo todos os dias. Em seguida, já acordado, ao ouvir o tio descer as escadas, fosse qual fosse a hora — cinco, cinco e meia da manhã —, Logan pulava da cama, para não perder um segundo sequer do que o dia lhe reservava. Isso surpreendia o tio, que achava que poderia dar um jeito de adiantar algum trabalho enquanto Logan ainda dormia (a mãe do menino tinha dito que ele costumava acordar entre sete e meia e oito). Mas todas as manhãs lá estava Logan, ansioso para começar o dia, quando o tio se levantava.
>
> Uma boa maneira de saber se você vai se tornar uma rã cozida pode ser o "Teste Logan". Faça algumas perguntas para si mesmo sobre como costuma agir hoje e compare as respostas com a pessoa que você já foi. Você acorda todas as manhãs animado com o que o dia pode reservar, sem querer dormir mais do que o absolutamente necessário? Ri como costumava rir? Diverte-se em sua vida pessoal como costumava se divertir? E no trabalho? Se achar que seu trabalho, suas relações e a vida em geral não o fazem sentir-se estimulado e esperançoso sobre o futuro, tudo indica que provavelmente perdeu contato com seu eu real e precisa fazer um bom exame sobre a pessoa em que se transformou.

Mentiras vitais

A autoilusão é uma poderosa armadilha, desvirtuando nossas tentativas de nos avaliarmos. Por causa dela, damos mais valor ao que confirma nossa autoimagem distorcida — e ignoramos o que não confirma. Surpreendentemente, essas distorções nem sempre são positivas.

Vimos com frequência, em sessões de treinamento com líderes, que nem mesmo executivos muitos poderosos se veem sempre como eficientes — apesar de seus colegas nos garantirem que são ótimos líderes. Pode parecer que a humildade é o que faz esses líderes se subestimarem, mas em geral é por julgarem o próprio desempenho segundo padrões extremamente elevados.

Concentram-se, portanto, no fato de não corresponderem às próprias exigências, e não naquilo em que se saem bem.

A maneira mais óbvia de corrigir distorções de autoimagem, claro, seria receber feedbacks corretivos das pessoas à nossa volta. Parece simples, não? Levando em conta o número de pessoas que poderiam comentar o nosso comportamento, seria de esperar que vivêssemos todos inundados de feedback e que pudéssemos corrigir continuamente distorções na percepção que temos de nós próprios. Por que não é assim?

Uma das razões é a doença do CEO que examinamos no capítulo anterior. Esse fenômeno leva as pessoas a privarem os líderes de informações importantes — não apenas sobre comportamento e estilo de liderança, mas também sobre a situação da organização. Entre outros motivos, os empregados permanecem silenciosos porque temem a ira do chefe, porque não querem parecer portadores de más notícias, ou porque desejam ser vistos como "bons moços" e que estão jogando com o time.

Mas não são apenas os CEOs que padecem dessa doença: a maioria dos líderes vive sem esse importante feedback. Quase sempre a razão é simplesmente o fato de as pessoas se sentirem pouco à vontade dando um feedback sincero sobre o comportamento de alguém. Poucas pessoas estão dispostas a ferir intencionalmente os sentimentos alheios — e com frequência nem sabem como oferecer um feedback mais produtivo do que ofensivo. Portanto, costumam ir na direção contrária, esforçando-se ao máximo para "ser legais". Mas se chegamos a ponto de confundir "ser legal" com negar observações objetivas sobre o comportamento ou o estilo de outras pessoas, nosso feedback não serve mesmo para nada.

O problema de "ser legal"

O proprietário e chef de um bistrô parisiense estava na porta do restaurante, de terno branco e chapéu de mestre-cuca. Um casal chegou, sorrindo, e perguntou: "O senhor é o dono?".

"Sim", respondeu o chef.

Os fregueses, expectantes, percorreram com os olhos o maravilhoso ambiente, a decoração e a variedade de pratos em exibição, depois se voltaram para o chef e comentaram: "Que lugar maravilhoso — grande atmosfera e excelente comida!".

Ao que o chef respondeu: "O senhor deveria esperar até depois do jantar para dizer isso!".

Como proprietário de um negócio, o chef queria elogios, claro, mas desde que fossem genuínos, e não apenas um gesto de consideração. Da mesma forma, nas organizações, as pessoas que dão feedback podem confundir tentativas de "ser legais" com oferecer uma avaliação correta, que seja útil. Isso se aplica em particular aos líderes.

Durante anos, alguns cientistas behavioristas aconselharam que o feedback de desempenho não fosse avaliativo. Não haveria nele sinal de pró ou contra, o que o tornaria mais palatável e, portanto — era esse o argumento —, mais proveitoso. Uma vez tornado totalmente benigno, o feedback teria maior probabilidade de ser aceito por quem o ouvisse.

Mas essa neutralização do feedback na verdade o tornava menos útil, de acordo com um estudo do Instituto de Tecnologia de Massachusetts; uma neutralidade cautelosa, sem compromisso, esvaziava o feedback de mensagens emocionais importantes.[19] O estudo, conduzido como parte de um curso de introdução de comportamento organizacional, pedia aos estudantes de MBA que identificassem uma meta de mudança na qual trabalhariam ao longo das quinze semanas do curso. A cada semana, durante as aulas, os estudantes se reuniam em grupos para receber feedback sobre progresso. No fim da aula, cada um identificava até três casos de feedback que não lhe parecera útil naquele dia.

Contrariamente ao conselho que predominava na época, o feedback avaliativo — no qual as pessoas recebiam informações francas específicas sobre o que funcionava e o que não funcionava em seu comportamento — era visto como mais útil do que o feedback não avaliativo. Essas descobertas fazem todo sentido. Todos nós sabemos, em certo nível, que os outros observam e julgam o que fazemos — por isso a maioria de nós prefere ouvir a história real, e não uma versão amenizada. Quando os outros tentam nos deixar à vontade esterilizando o feedback, ou "sendo legais", na verdade nos prestam um desserviço. Privam-nos de informações cruciais de que precisamos para melhorar.

Por isso descobrimos que os líderes mais inteligentes emocionalmente estão sempre buscando o feedback negativo, tanto quanto o positivo. Esses líderes compreendem que precisam de informações de todos os tipos para melhorar seu desempenho — mesmo que não seja agradável ouvir essas avaliações.

Como chegar à verdade

Para se tornarem mais eficazes, os líderes precisam romper a quarentena de informações à sua volta — e a conspiração para mantê-los satisfeitos, apesar de desinformados. Raros são aqueles que ousam dizer a um líder coercitivo que ele é severo demais, ou sugerir a um líder que seja mais visionário ou mais democrático. É por isso que líderes inteligentes emocionalmente precisam tomar a iniciativa de adquirir essas informações.

Como é que os líderes eficientes descobrem a verdade? Um estudo com quase quatrocentos executivos revelou que, para começar, eles se utilizam da autoconfiança e da empatia para monitorar as próprias ações e observar a reação alheia. São abertos à crítica, no terreno das ideias ou com relação à própria liderança. Buscam ativamente o feedback negativo, valorizando a voz do advogado do diabo. Em contraste, os líderes menos eficientes com frequência pedem feedback de confirmação. Não é de surpreender, portanto, que esses líderes tenham ideias bem menos exatas do próprio desempenho como líderes. A avaliação que os mais eficazes fazem de si mesmos sempre está bem perto da avaliação que os outros fazem deles como líderes.[20]

Da mesma forma, informações de milhares de questionários, num formato 360 graus envolvendo chefes, colegas e subordinados, revelaram que buscar o feedback *negativo* — não apenas comentários positivos — prognostica a exatidão da autoconsciência das pessoas e de sua eficiência em termos gerais. Se o líder sabe que precisa melhorar, sabe também onde deve concentrar sua atenção. De outro lado, pessoas que buscam quase sempre o feedback positivo são, compreensivelmente, fracas em autoavaliação — e menos eficientes.[21]

Claramente, portanto, solicitar informações negativas pode ser vital para o constante crescimento e eficácia de alguém. Mas a quem nos dirigirmos em busca de conselho — e de feedback que não sirva apenas para confirmar a opinião que temos de nós mesmos? Em resumo, o que o líder deve fazer para testar a realidade?[22]

Completar a segunda descoberta

Como vimos, a primeira descoberta que dá impulso à aprendizagem autodirigida é identificar a autoimagem ideal. A segunda descoberta começa quando desvendamos a realidade: como nos vemos e como os outros nos veem. Para completar essa descoberta, no entanto, precisamos desenvolver uma compreensão dos pontos fortes e das lacunas do nosso estilo de liderança — as diferenças e as similaridades entre o ideal e o real.[23]

Esse é o verdadeiro ponto de partida da aprendizagem autodirigida: examinar com atenção as partes de nós mesmos de que gostamos e queremos preservar, e as que gostaríamos de mudar ou de adaptar a novas circunstâncias. A autoconsciência — a percepção desse equilíbrio entre o que queremos preservar e o que precisamos desenvolver — desperta o desejo de mudar. De repente compreendemos o que valorizamos em nós mesmos e que, portanto, desejamos preservar. Da mesma forma, conseguimos reconhecer onde precisamos melhorar. Uma coisa precisa ser vista à luz da outra — o que preservar, o que mudar.[24] Nesse sentido, às vezes uma boa qualidade provoca uma lacuna, como usar muita iniciativa a ponto de perder o autocontrole emocional. Ou, por vezes, uma lacuna é proveniente na verdade de um ponto forte: uma lacuna em adaptabilidade, por exemplo, pode ocorrer porque um líder inspirador se torna excessivamente entusiasmado e preso a determinada visão.[25]

Nossas boas qualidades de liderança — as que desejamos preservar — estão nos pontos em que nosso eu real corresponde ao nosso eu ideal. Os pontos em que a realidade deixa de corresponder ao nosso ideal como líderes, claro, representam nossas "lacunas". Ajustar a imagem de quem somos à de quem gostaríamos de ser é um pouco como montar um quebra-cabeça. Começa-se pelas bordas, que são as peças mais óbvias, e vai-se montando uma seção de cada vez. Embora de início não sejamos capazes de entender o que estamos montando, depois de colocarmos no lugar um número suficiente de peças, a imagem geral vai aparecer com clareza.

Um antídoto contra os pontos cegos

Como vimos ao tratar da doença do CEO, não é fácil para os líderes identificar os próprios pontos fortes e lacunas. O líder que quer fortalecer suas aptidões precisa começar buscando pontos de vista alheios para formar uma imagem correta de si mesmo. O método 360 graus oferece essa imagem geral. Ao coletar informações de muitas fontes — do chefe, dos colegas, dos subordinados —, nos beneficiamos de múltiplas perspectivas sobre nosso modo de agir e sobre como os outros nos veem. A visão de 360 graus oferece uma imagem consensual do nosso perfil de aptidões. Se esse consenso de fato corresponde ao nosso eu real vai depender de dois fatores: 1) que as pessoas que participem da avaliação de 360 graus de fato interajam conosco numa base regular; e 2) que nós nos revelemos para elas.[26]

Há um bom motivo para recorrermos a muitas pessoas diferentes para solicitar um feedback de 360 graus: múltiplas opiniões produzem uma imagem mais completa. Num sentido bastante real, somos diferentes com diferentes pessoas em diferentes ambientes — com o cônjuge ou parceiro, com o chefe, com os subordinados. De fato, as pesquisas sobre diversas fontes de feedback confirmam algo que parece senso comum — chefes, subordinados e colegas veem diferentes aspectos do estilo comportamental de alguém. É por isso que alguns líderes podem parecer tão diferentes quando avaliados de cada uma dessas perspectivas.

Por exemplo, uma pesquisa feita numa empresa de transporte rodoviário pelos professores Gene Harris e Joyce Hogan, da Universidade de Tulsa, revelou que, numa avaliação de 360 graus, subordinados consideraram seus gestores como muito fortes em consciência, enquanto os chefes avaliaram esses mesmos gestores como bons em estabilidade emocional.[27] Os gestores viam-se a si mesmos como bons em maturidade interpessoal, característica que subordinados, e mesmo chefes, puseram no fim da lista. Houve uma característica reveladora que ambas as fontes avaliaram do mesmo jeito: elas viam os gestores como fracos em dar feedback. Esses gestores precisavam de múltiplas perspectivas como antídoto contra seus próprios pontos cegos e a visão limitada de qualquer feedback de fonte única.

Em outra pesquisa, Fred Luthans e alguns colegas seus da Universidade de Nebraska examinaram líderes para saber se "sucesso" e "eficácia" eram a mesma coisa.²⁸ Para eles, os índices de sucesso eram promoções, aumentos salariais e salário total. Mas definiam eficácia em termos de consenso de opiniões de acionistas, especialmente de subordinados, que em sua opinião deveriam ter uma visão de longo prazo. Não é de surpreender que eles descobrissem que chefes tinham tendência a ver criação de vínculos, comunicação e influência como aptidões fundamentais num gestor: eram as aptidões que esses líderes usavam para avançar no emprego. De outro lado, subordinados viam esses gestores como particularmente bons em desenvolvimento de pessoas, trabalho de equipe e colaboração, e empatia — aptidões usadas para liderar.

A diferença entre como chefes e subordinados veem as boas qualidades de um líder constitui forte argumento a favor da avaliação de 360 graus em desenvolvimento de liderança. Os melhores líderes usam suas aptidões seletivamente, dirigindo algumas para um grupo, outras para outro. Qualquer grupo em particular — subordinados, colegas, chefes, clientes, parentes e amigos — verá apenas um lado do repertório daquele líder.

De todas essas perspectivas, as opiniões dos subordinados e colegas — mais do que as dos próprios chefes — eram as que pareciam ter maior valor como prognóstico da verdadeira eficácia de um líder.²⁹ Por exemplo, num estudo longitudinal da eficácia de líderes numa agência governamental, as avaliações do líder feitas por seus subordinados mostraram-se as mais proféticas sobre o sucesso e eficácia desse líder. Mesmo sete anos depois as avaliações de subordinados continuavam prevendo o sucesso do líder — e com muito mais exatidão do que as avaliações dos chefes. As opiniões dos subordinados eram em tudo e por tudo tão exatas como prognóstico quanto as avaliações muito mais complexas baseadas em simulações de desempenho realizadas em centros de avaliação.³⁰

A tirania das lacunas

Uma vez seguros de estarmos obtendo uma imagem completa de nós mesmos via feedback, teremos condições de examinar nossos pontos fortes e lacunas. Como todos sabem, é fácil demais nos fixarmos imediata e exclusivamente nas falhas. Afinal, são elas o assunto permanente nas organizações, ainda mais quando se trata de desenvolvimento de liderança. Uma cultura de trabalho pode fomentar essa insistência nas falhas de desempenho, em particular quando o estilo do líder dá atenção ao que está errado na organização, e não ao que está certo. Com frequência esses líderes têm a filosofia pragmática subjacente já discutida neste livro, caracterizada por um impulso extremamente forte de alcançar objetivos.

De outro lado, muita gente examina com mais atenção as falhas porque seu nível de autoconfiança é baixo; supõe-se menos capaz do que na verdade é, e portanto tende a desconfiar ou livrar-se de feedbacks positivos. Tipicamente, esses líderes, quando examinam dados de 360 graus, exageram lacunas e ignoram pontos fortes.

A ênfase nas lacunas quase sempre desperta o córtex pré-frontal direito — ou seja, sentimentos de ansiedade e defesa. Uma vez estabelecida, a atitude defensiva não raro desmotiva em lugar de motivar, dessa maneira interrompendo ou até bloqueando a aprendizagem autodirigida e, com isso, a probabilidade de mudança.

O balancete pessoal

Apesar dos perigos potenciais dessa abordagem, muitos programas de treinamento de liderança — ou gestores que realizam avaliações anuais de desempenho — regularmente racionalizam esse erro de abordagem com o adágio "não mexa em time que está ganhando", que significa deixar de reconhecer as habilidades das pessoas para dar atenção apenas às áreas que precisam ser trabalhadas.

Mas isso significa que as aptidões que as pessoas mais valorizam e apreciam, e das quais se sentem mais orgulhosas, se perdem no processo. Concentrar-se apenas nas falhas não é só deprimente e desmotivador, mas também produz um balancete assimétrico. Nossos pontos fortes revelam as coisas importantes que aprendemos como líderes ao longo da vida e da carreira. São o resultado final da nossa experiência, o aprendizado que fica conosco — bem parecido com os lucros acumulados no balancete de uma empresa.

Os pontos fortes exigidos no decorrer dos anos — por vezes chamados de *talentos dominantes* — representam tipicamente aspectos que os líderes querem manter, mesmo quando esses talentos ficam adormecidos por um bom período.[31] Eles constituem uma reserva natural à qual o líder pode constantemente recorrer. Por exemplo, Herb Kelleher, que foi por muito tempo CEO da Southwest Airlines, sempre teve um forte senso de humor. Como líder, adora rir e fazer rir, e sabia tirar bom proveito desse talento: o bom humor tornou-se uma qualidade organizacional da Southwest, que a distinguia da concorrência.

Ao coletar avaliações de pessoas em várias partes de sua vida, e não apenas do seu trabalho, é mais fácil reconhecer essas aptidões dominantes.

Vimos que as duas primeiras descobertas — do eu ideal e do eu real, dos pontos fortes e das lacunas — servem como motivação para mudanças. Mas, na prática, como fazer essas mudanças? Para isso, precisamos de um mapa: um plano para desenvolver nossas boas qualidades, eliminar nossas lacunas e fazer com que nossas aspirações e nossos sonhos se tornem realidade.

8. Metamorfose
Como sustentar mudanças no estilo de liderança

Como diretor de marketing na divisão latino-americana de uma importante empresa de energia integrada, Juan Trebino foi incumbido de fazer a empresa crescer — não só em seu país natal, a Venezuela, mas em toda a região. Porém quando, durante um seminário sobre liderança, ele recebeu feedback de 360 graus sobre suas habilidades de liderança, descobriu que não estava suficientemente equipado para o cargo. Como ex-engenheiro concentrado em metas, Trebino precisava desenvolver melhor um estilo treinador de liderança; seu sucesso na ampliação dos negócios na região dependeria da capacidade de inspirar cooperação entre aqueles com quem trabalhava.

Trebino estava prestes a embarcar na terceira descoberta no processo de aprendizagem autodirigida: desenvolver um plano prático que resultasse nas novas qualidades de liderança que desejava adquirir. Esse projeto deveria se concentrar em aprimoramentos pelos quais a pessoa tivesse paixão, oferecendo-lhe, ao mesmo tempo, etapas realistas, manejáveis, que o ajudassem a desenvolver essas possibilidades. Deveria se basear em seus pontos fortes, enquanto trabalhava suas faltas.

Para desenvolver um estilo treinador, Trebino sabia que precisaria aperfeiçoar seus dons de empatia. Decidiu dedicar-se a ações, em muitas áreas de sua vida, que lhe permitissem praticar tal ou qual habilidade. Como uma das etapas do plano de aprendizagem, Trebino resolveu travar conhecimento com cada subordinado seu; se soubesse melhor quem eram aquelas pessoas, teria mais condições de guiá-los na direção dos seus sonhos e metas. Arranjou encontros individuais com os funcionários fora do trabalho, em ambiente informal, onde cada um se sentisse à vontade para revelar o que queria da vida.

Trebino também procurou áreas fora do seu trabalho onde pudesse melhorar aptidões de empatia e de treinador — por exemplo, sendo o técnico do time de futebol de sua filha e trabalhando como voluntário num centro de ajuda para famílias necessitadas. As duas atividades ofereciam uma arena para descobrir até que ponto era capaz de compreender outras pessoas e para tentar desenvolver novas habilidades de treinador.

Essas novas arenas lhe permitiram ficar mais atento, mais consciente das próprias metas de aprendizagem. Era como adquirir óculos novos: eles nos equipam com um novo par de lentes para ver o mundo e nos dão a oportunidade de ficar mais sensíveis a situações nas quais precisamos melhorar.

Na verdade, quanto mais partes da vida conseguimos identificar como importantes para nossa meta de aprendizagem de liderança, mais oportunidade teremos de praticar. Um estudo realizado na Escola Weatherhead de Administração na Case Western Reserve University pela professora Jane Wheeler revelou que, entre as pessoas que prepararam programas de aprendizagem, as que testaram suas novas habilidades com pessoas diferentes em diferentes esferas da vida — não só no trabalho, mas também com parentes, na igreja, com grupos comunitários, e assim por diante — foram as que tiveram mais êxito. E as melhoras que alcançaram ainda eram visíveis dois anos depois ou até mais.[1]

Estar atento às oportunidades de aprender quando elas aparecem — e aproveitá-las espontaneamente para praticar novas aptidões — é um jeito rápido de melhorar. A vida é um laboratório para o aprendizado. É importante ter em mente que planos que tendem a simplesmente nos manter concentrados em objetivos específicos de desempenho são menos eficazes do que aqueles que elaboramos comparando nosso eu ideal com nosso eu real.

A TERCEIRA DESCOBERTA: UM PLANO DE APRENDIZAGEM

Com frequência o treinamento de liderança gira em torno de um "plano para melhorar o desempenho", frase que evoca imagens de projeto terapêutico de reabilitação. Mas, longe de ser um exercício mecânico que "fixe" a pessoa no objetivo de tornar-se um líder melhor, metas de aprendizagem devem ser ressoantes de sonhos pessoais. Por concentrar-se em atingir algum grau de sucesso, o "programa de desempenho" se torna uma coisa que a pessoa precisa provar. Pode deixá-la na defensiva. Esse programa não captura o aspecto motivador de tentar fazer os sonhos pessoais coincidirem com a meta (aspecto que pode ser altamente motivador).[2] Um programa de aprendizagem, porém, concentra-se na possibilidade de mudança que em última análise levará a melhor desempenho no trabalho (e provavelmente mais satisfação com a vida em geral).

Não admira que planos de aprimoramento, quando giram em torno de aprendizagem — mais do que de resultados de desempenho —, têm se mostrado comprovadamente mais eficientes. Por exemplo, em um programa para aprimorar habilidades de comunicação, um plano de aprendizagem resultou num salto de qualidade das apresentações; um programa de desempenho tinha tendência a deixar as pessoas na defensiva — sem quererem "ficar mal na fita" —, mas sem lhes oferecer passos concretos para melhorar o desempenho real.

O melhor tipo de plano de aprendizagem ajuda a ressaltar aquilo que queremos nos tornar — nosso próprio ideal —, e não a ideia que os outros fazem do que deveríamos ser. Deve levar-nos a estabelecer padrões significativos de desempenho, em vez de adotarmos um padrão de sucesso arbitrário, normativo, que pode ou não ser compatível com metas pessoais.[3] Ao preparar metas específicas e manejáveis, funciona melhor se as vincularmos a objetivos que nos motivam e despertam todos os nossos talentos.

De outro lado, receber já pronta uma meta de desempenho tende a resultar no oposto: prejudica a motivação provocando ansiedade e dúvidas sobre *se podemos* de fato melhorar, e portanto não melhora necessariamente o desempenho.[4] Por exemplo, mesmo numa arena voltada para metas como a das vendas, metas de aprendizagem costumam resultar em aperfeiçoamentos que vão além das simples metas de desempenho.[5] Estabelecer metas de desenvolvimento que importam nos leva de um ponto em que simplesmente pensamos em mudança a outro em que tomamos medidas concretas que nos preparam para mudar.[6] Nossas metas de aprendizagem são uma espécie de ensaio mental que prepara uma mudança no nosso modo de agir.

O atento córtex pré-frontal

Com vimos no caso de Juan Trebino, elaborar um plano de metas específicas transforma a vida numa oficina de aprendizagem. Passar tempo com o time de futebol da filha, no centro de ajuda a famílias em crise, e com colegas de trabalho deu a Trebino oportunidade de melhorar sua inteligência emocional. As metas o ajudaram a monitorar-se para ver se estava indo bem; lembravam-lhe que precisava prestar atenção.[7]

Como os hábitos que ele tentava superar tinham se tornado automáticos — rotinas que criaram raízes com o tempo, sem que se desse conta —, trazê-los à consciência era um passo indispensável para mudá-los.[8] Prestando mais atenção, as situações que surgiam — ouvindo um colega, treinando o time de futebol ou conversando por telefone com alguém profundamente perturbado — serviam como lembretes que o estimulavam a romper velhos hábitos e tentar novas respostas.

A deixa para uma mudança de hábito é tanto neural como perceptual. Pesquisadores da Universidade de Pittsburgh e da Universidade Carnegie Mellon descobriram que as pessoas, quando se preparam mentalmente para uma tarefa, ativam o córtex pré-frontal — a parte do cérebro que desempenha funções executivas e as transforma em ação. Sem preparação, o córtex pré-frontal não é ativado com antecedência. Assim sendo, quanto maior a ativação prévia, melhor a pessoa se sai no desempenho de sua tarefa.[9]

Esse ensaio mental é ainda mais importante quando estamos tentando superar velhos hábitos de liderança e substituí-los por uma maneira melhor de trabalhar. Como descobriu um dos neurocientistas desse estudo, o córtex pré-frontal fica particularmente ativo quando precisamos nos preparar para superar uma resposta habitual. O córtex pré-frontal despertado indica que o cérebro está concentrado no que está prestes a acontecer. Sem esse despertar, agiremos de acordo com velhas e indesejáveis rotinas. O executivo que não costuma ouvir voltará a interromper seus subordinados; o modelador terá mais um dos seus exagerados ataques pessoais.

Por serem as habilidades do líder parte de um repertório inconsciente de hábitos adquiridos há muito tempo, a velha resposta não desaparece num passe de mágica. Muita dedicação e lembretes constantes são necessários para continuarmos empenhados em desfazer esses hábitos. Com o tempo, a necessidade de lembretes diminui, à medida que um novo comportamento se torna uma via mais forte dentro do cérebro.

Estabelecer metas: uma nova perspectiva

Estabelecer metas e elaborar planos para atingi-las não é novidade.[10] Benjamin Franklin sugeriu um processo gradativo para quem quiser tornar-se mais virtuoso, estabelecendo metas diárias e semanais a fim de criar comportamentos admiráveis. Mas a pesquisa mostra claramente que existe ciência nesse processo.

Nos anos 1960, David McClelland, da Universidade Harvard, demonstrou que estabelecer metas específicas e desenvolver um plano para atingi-las torna os empresários mais bem-sucedidos.[11] David Kolb, que foi aluno de McClelland, fez depois uma série de estudos no MIT identificando com precisão as partes do processo de estabelecimento de metas que eram essenciais para o aprimoramento.[12]

Os administradores hoje em dia estão mais do que familiarizados com o estabelecimento de metas. Não só planejam os próprios dias e determinam cronogramas de metas anuais de desempenho, mas têm que fazer a mesma coisa para cada um dos subordinados diretos. Além disso, participam do planejamento nos níveis de unidade estratégica de negócio, de divisão e de corporação. E recebem uma avalanche de ferramentas para preparar esses planos — de livros de planejamento de atividades diárias a Palm Pilots eletrônicos. Não é de admirar que administradores se queixem de passar tempo demais planejando, com pouco tempo de sobra para de fato realizar o trabalho.

Com todo esse frenesi de planejamento, quais novas informações e ferramentas poderiam ter alguma utilidade? Estudos recentes de pessoas que progrediram em inteligência emocional revelam vários pontos essenciais sobre o que funciona e o que não funciona.[13] Embora alguns possam parecer óbvios — mesmo simples bom senso —, não são prática corrente. As descobertas incluem o seguinte:

- Metas devem se basear em pontos fortes, e não em fraquezas.
- Metas têm que ser de iniciativa própria, e não impostas por outras pessoas.

- Planos devem ser flexíveis o suficiente para permitir que as pessoas se preparem para o futuro de diferentes maneiras — um único método de "planejamento" imposto por uma organização em geral é contraproducente.
- Planos devem ser viáveis, com etapas factíveis: planos que não se encaixam com facilidade na vida e no trabalho de alguém provavelmente serão abandonados depois de algumas semanas ou meses.
- Planos que não condizem com o estilo de aprendizagem de alguém são desmotivadores e logo deixam de ser levados em conta.

Vejamos agora como cada um desses pontos pode alterar o estabelecimento de metas, tal como o conhecemos.

METAS DEVEM SE BASEAR EM PONTOS FORTES:

Demetrios, presidente de uma firma de consultoria com base em pesquisa que estava em rápida expansão, era um líder eficiente, democrático. Seus níveis de autoconsciência e consciência social eram altos, e ele tinha aptidões para formar vínculos, trabalhar em equipe e desenvolver outras pessoas. À frente da empresa, usou seu talento para estimular ideias dos funcionários para ajudá-la a atravessar um período muito difícil até chegar a ponto de expandir a fatia de mercado.

Mas, uma vez que a empresa alcançou o sucesso, Demetrios se viu diante de um dilema de liderança. Os sócios e funcionários começaram a se perguntar que rumos tomaria a empresa a partir daquele momento. O que queriam era liderança visionária — e alguém que estivesse disposto a tomar as decisões difíceis sobre prioridades capazes de sustentar o impulso de crescimento. O estilo democrático de Demetrios parecia muito neutro: ameaçava permitir que sócios levassem partes da empresa a qualquer direção que quisessem — o que poderia reduzir a firma a pedaços.

O trabalho subsequente de Demetrios com um consultor de carreira oferece um bom exemplo de como metas de aprendizagem podem resolver uma lacuna usando como base pontos fortes. Juntos, eles descobriram falhas reveladoras no estilo de Demetrios, pontos onde lhe faltavam maneiras mais peremptórias, "vigorosas" de usar o poder, tais como aptidões de influência e administração de conflitos. O consultor ajudou Demetrios a ver que a liderança inspiradora e as aptidões de estímulo a mudanças que ele costumava usar com clientes ficavam do lado de fora quando ele entrava no escritório.

Para desenvolver suas qualidades de liderança visionária dentro da empresa, Demetrios decidiu fixar uma nova meta de aprendizagem: tratar sua empresa como se ela fosse o seu mais importante cliente. Usaria suas aptidões de consciência social para compreender cada desafio que surgisse dentro da empresa, como se fosse problema de um cliente. Esse plano de ação incluía refletir sobre como esse novo "cliente" — sua própria organização — deveria abordar problemas. Chegou a ponto de escrever para si mesmo, todos os dias, um memorando propondo soluções específicas.

Sua segunda meta de aprendizagem dizia respeito à crise de liderança: sua ideia era ser inspirador em todas as reuniões da empresa. Por exemplo, fazia questão de começar cada encontro com grupos pequenos, relembrando os motivos de estarem no mercado — sua visão, seus valores, sua missão. Embora de início estivesse um pouco inseguro, até mesmo sem jeito, persistindo em cultivar novos hábitos de estilo visionário, logo se sentiu menos artificial e mais natural. Nesse ponto, lançou mão de duas qualidades: seu talento para inspirar clientes e suas habilidades de trabalhador em equipe. Por exemplo, quando mencionava a missão da empresa no começo de uma reunião, ia sempre um passo além e extraía do grupo ideias de colaboração para a visão da empresa.

Fazendo uso de suas boas qualidades, Demetrios conseguiu pôr em prática seu plano de aprendizagem com grande confiança. Sabia que já tinha feito pelos clientes o que precisava fazer por sua empresa. A empresa mais do que triplicou a receita nos seis anos seguintes. Além de basear-se em seus pontos fortes para mudar o estilo de liderança, Demetrios decidiu desenvolver aptidões já perto do *ponto de inflexão* — o nível em que uma melhora relativamente pequena ou um aumento na frequência de uma competência bastam para levar alguém a um desempenho extraordinário.

David McClelland foi o primeiro pesquisador a aplicar análises de ponto de inflexão a aptidões.[14] Pesquisas anteriores tinham respondido à pergunta: *Que* aptidões são necessárias para ser extraordinário? Essa nova abordagem respondia à pergunta: *Quanta* competência é preciso para ser extraordinário?

No caso de Demetrios, ele tinha duas falhas de competência perto do ponto de inflexão — a habilidade de oferecer liderança inspiradora e de ser um estimulador de mudanças — e duas falhas de competência distantes do ponto de inflexão — habilidade de influenciar pessoas e de administrar conflitos.

Se sua meta de aprendizagem tivesse sido desenvolver uma visão pessoal ou com um grupo de sócios para depois vendê-la aos funcionários, ele precisaria realmente ter corrigido o problema da sua fraqueza nas aptidões de influenciar e administrar conflitos. Mas trabalhando para criar novos hábitos mais próximos do seu estilo atual, ele tinha maior probabilidade de ser bem-sucedido no desenvolvimento de um estilo visionário eficaz.

AS METAS SÃO REALMENTE SUAS?

Mark Scott, vice-presidente de relações públicas de um banco de crédito hipotecário, refletindo sobre o quanto tinha mudado depois de um programa de desenvolvimento de liderança, descreveu três avanços. Passou a compreender melhor pessoas de diferentes origens, a estabelecer boas relações de trabalho com uma grande variedade de pessoas, e a ser mais flexível em situações novas e incertas. Esses ganhos refletiam as três primeiras metas de aprendizagem do programa que tinha desenvolvido dois anos antes.

Mas quando perguntado sobre o que aconteceu com as metas quatro e cinco do seu plano, ele precisou puxar pela memória... "Ah, essas aí eram metas da minha chefe", disse. "Ela insistia em dizer que um bom plano de aprendizagem deveria tentar corrigir todas as falhas que apareciam nas minhas avaliações."

Estava claro que a ideia de outra pessoa sobre o que ele deveria fazer não encontrou ressonância em Scott. Mas esse tipo de fiasco acontece com grande frequência no estabelecimento de metas: pessoas aceitam certas metas de desenvolvimento porque um chefe, um tutor, um treinador — ou cônjuge — as incentivam ou pressionam a mudar. Mas é importante lembrar que quanto mais pessoal for o compromisso com as metas de aprendizagem, maior a probabilidade de alcançá-las.[15] É nesse ponto que a paixão e a esperança — a atividade motivadora do cérebro característica do acesso aos nossos sonhos — voltam a ser vitais para a aprendizagem sustentada. E quanto mais difícil a meta, mais essencial o compromisso pessoal.[16]

O QUE VOCÊ PENSA DO FUTURO?:

"Nunca estabeleci uma meta para mim — não para minha carreira ou minha vida pessoal. Mas sempre soube que, qualquer coisa que eu viesse a fazer, teria a ver com o que considero importante." É o que diz um homem de negócios em resposta à nossa pergunta sobre como ele planeja o futuro. Único proprietário de uma empresa de consultoria, ele é muito bem-sucedido, seja qual for o critério utilizado — na vida pessoal também.

Ele "planeja" o futuro com base num senso muito claro do que lhe parece importante — seus valores, suas crenças, o jeito como quer viver a vida. Traçou um caminho para si mesmo que não tem pontos de referência específicos, como determinado emprego. Tem, no entanto, regras gerais que usa quando precisa tomar uma decisão importante e sempre confia em seu alto nível de autoconsciência e no faro para perceber uma boa oportunidade.

Compare-se a abordagem desse empresário com a de Denise Cesare, CEO da Blue Cross no nordeste da Pensilvânia. Desde jovem, Cesare sempre teve metas claras e específicas — e uma visão de onde iria parar.

Contabilidade pública é uma profissão em que você anda para a frente ou cai fora. Quando entrei, o objetivo claro era me tornar sócia. Então, quando entrei na área de saúde, me via no topo de uma empresa qualquer, algum dia. Meti na cabeça onde queria estar, mantive o senso de humor, não abri mão dos meus valores e trabalhei para atingir meu objetivo lenta e cuidadosamente.

E foi exatamente o que ela fez. A cada etapa, percorria a trajetória para o sucesso naquele trecho particular de sua carreira sem jamais perder de vista seu objetivo. É ótima para interpretar o ambiente, sempre empenhada em fazer o que precisa ser feito, e sabe lidar com os altos e baixos das mudanças.

No outro extremo estão as pessoas que não pensam no futuro de jeito nenhum, pelo menos não da maneira como costumamos entender esse tipo de planejamento. Constroem seu futuro à medida que avançam, insistindo quase com rebeldia no direito de fazer o que bem quiserem. "Não perco meu tempo me preocupando com o que vou fazer em seguida", diz o líder de uma empresa de bens de consumo. Isso não quer dizer que não tenha sucesso tanto na vida pessoal como na profissional. Mas ele prefere pensar no sucesso em termos do presente, deixando-se guiar pela sua compreensão das dinâmicas atuais.

Não existe, portanto, uma maneira "certa" de planejar o futuro; as pesquisas têm mostrado que esse é um processo muito pessoal.[17] Quando alguém tenta seguir um modelo prescrito, seus planos de aprendizagem em geral acabam indo parar no fundo da gaveta. Não há tamanho único quando se trata de formular um programa para o futuro que realmente funcione.

Dito isso, descobrimos que dentro de cada um dos estilos de planejamento que as pessoas usam há aptidões que valem a pena aprender. Planejadores direcionais ou visionários, por exemplo, são bons em produzir a imagem de uma situação futura distante e significativa — fundamentada em valores, crenças e num profundo senso do que na vida é importante.[18] Planejadores voltados para metas bem definidas conseguem o que procuram; pesquisas em ciências sociais nos dizem que metas específicas, mensuráveis, têm maior probabilidade de ser atingidas.[19] Saber estabelecer essas metas pode ajudar as pessoas a concentrar suas energias onde e quando for necessário.

A tendência a partir logo para a ação, de outro lado, resulta num alto nível de realização a curto prazo. Além disso, a liberdade inerente a esse tipo de planejamento traz um elemento casual que estimula a criatividade. Finalmente, embora seja tentador ignorá-los, os "ses" do planejamento reflexivo são um fato da vida para a maioria das pessoas, por isso é melhor incluí-los no modo de pensar no futuro.

OS PLANOS PRECISAM SER FACTÍVEIS:

Talvez o maior erro cometido pelas pessoas quando estabelecem metas seja o de se dedicarem a atividades difíceis de realizar na vida atual, ou com seu estilo de trabalho atual. O plano de ação precisa encaixar-se na estrutura e no ritmo da nossa vida. Vimos em capítulos anteriores que os progressos obtidos duram mais quando as pessoas identificam aptidões de inteligência emocional como parte das metas de aprendizagem, em vez de estabelecer um objetivo mais vago.[20] Mesmo trabalhar para atingir apenas uma meta pode render saltos substanciais em eficácia.

Planos de aprendizagem que estabelecem etapas concretas, práticas, produzem os avanços mais substanciais. Por exemplo, pessoas que tentaram melhorar suas habilidades de orador — essenciais para as necessidades de comunicação de um líder e vitais para muitas aptidões — fixaram para si mesmas alguns dos seguintes objetivos concretos:

- Fazer pelo menos duas apresentações formais todo mês e pedir que um colega que respeito as critique.
- Praticar com um amigo antes de fazer uma apresentação.
- Fazer um vídeo de si mesmo dando uma palestra e criticá-la com a ajuda do meu chefe.
- Ingressar na Toastmasters para aprender na prática a fazer palestras mais eficientes.
- Conversar com pessoas que fazem apresentações orais de um modo descontraído e interessante, e descobrir como se preparam — especificamente, como superam o medo do palco e ficam à vontade na apresentação.

Qual dessas metas funciona para determinada pessoa vai depender das realidades da sua vida. Para funcionar num projeto de desenvolvimento, a meta precisa ser encaixada numa agenda já movimentada. E uma vez que as etapas da ação geralmente consomem um tempo extra em nossa vida, a questão passa a ser: ao que é que vamos dizer "não" para arranjar o tempo de que precisamos para trabalhar em nossa meta? A alternativa é projetar nossos passos de maneira que eles se tornem parte integrante do que já fazemos.

Por exemplo, em vez de ingressar num grupo para praticar apresentações orais, uma gestora intermediária conhecida nossa fez de uma reunião diária de pessoal sua microtribuna. Ela conseguia mais oportunidades de praticar assumindo tarefas que envolvessem apresentar relatórios ao resto do grupo. Com isso, integrava a aprendizagem à rotina diária, usando o ambiente de trabalho como laboratório para fortalecer suas habilidades de líder.

SAIBA QUAL É O SEU ESTILO DE APRENDIZAGEM:

A maioria dos líderes tem uma forma preferida de aprender, um modo que lhes parece mais natural. Em vez de lutar contra esse estilo de aprendizagem, ou tentar acomodar-se a um estilo imposto, faz mais sentido favorecer o próprio estilo.

Veja, por exemplo, o caso de dois amigos — ambos se tornaram CEOs em poucos anos — que em certo verão resolveram aprender a velejar. Um deles saiu e foi comprar um bote de doze pés, com o qual planejava praticar durante um mês na costa do Maine. Na mesma época, o amigo matriculou-se num curso de vela no porto de Boston.

No primeiro dia, quando o novo proprietário de bote zarpava da praia no Maine, o amigo estava sentado numa sala de aula aprendendo os princípios da navegação à vela. Mas logo que se sentiu teoricamente à vontade com veleiros, pôde já de início velejar em barcos de grande porte. Enquanto isso, ao largo da costa do Maine, o amigo estava no mar desde o primeiro dia, embora o seu barco fosse pequeno, descobrindo por conta própria coisas como a utilidade de uma bolina. Nos anos seguintes, praticou suas novas habilidades em barcos cada vez maiores.

No fim, cada amigo aprendeu o que queria — de forma muito diferente um do outro. O proprietário do bote preferiu aprender através da experiência, enquanto o amigo aprendia melhor construindo primeiro uma imagem mental da navegação à vela. Felizmente para os dois marinheiros iniciantes, ambos tinham também a habilidade de aprender, quando necessário, com a experimentação ativa.

As pesquisas mostram que as pessoas de fato aprendem melhor quando empregam o modo mais adequado ao seu jeito de ser.[21] O Inventário de Estilos de Aprendizagem, desenvolvido por David Kolb no Instituto de Tecnologia de Massachusetts, é usado há mais de trinta anos para compreender a aprendizagem em administração bem como em áreas que vão da medicina ao direito. Kolb descobriu que as pessoas aprendem com mais frequência utilizando um dos seguintes métodos:

- *Experiência concreta*: passando por uma experiência que lhes permite ver e sentir como é.
- *Reflexão*: pensando nas próprias experiências e nas experiências alheias.
- *Construção de modelo*: desenvolvendo uma teoria que explique o que observam.
- *Aprendizagem por tentativa e erro*: tentar alguma coisa experimentando ativamente uma nova abordagem.

Aprender em geral funciona melhor com uma combinação de dois ou três desses métodos.[22] De outro lado, algumas pessoas recorrem a estilos que na verdade acabam atrapalhando o aprendizado — em particular se usados cedo demais ou em excesso. Esses estilos de aprendizagem fazem as pessoas desistirem de continuar ou esvaziam seu entusiasmo, porque tornam o ato de aprender chato e irrelevante.

Muitos líderes, por exemplo, receberam instruções, a certa altura, sobre como chefiar equipes com mais eficiência. Se fizeram o curso com um professor na faculdade, podem ter começado com algumas aulas dedicadas a compreender a teoria da formação e do desenvolvimento de grupos. Podem ter tido uma aula sobre as diferentes perspectivas filosóficas a respeito de grupos e equipes. Enquanto isso, em vez de teoria, eles na verdade talvez precisassem mesmo era de uma ferramenta para usar na manhã de segunda-feira, quando tinham de acalmar um membro insubordinado da equipe. Por isso, depois de algumas aulas, podem ter achado que o curso era irrelevante e ter parado de prestar atenção.

Professores preparam cursos adequados ao seu estilo preferido de aprendizagem, que, para os acadêmicos, costuma ser abstrato e reflexivo. Mas um líder cujo estilo de aprendizagem talvez seja mais ativo e concreto precisa começar aprendendo alguma técnica prática que possa tentar de imediato.

Com frequência os cursos e oficinas de liderança apresentam um programa fixo, igual para todos. Para não cairmos nessa armadilha, vale a pena identificar quais são os nossos melhores estilos de aprendizagem e garantir que ações não serão desperdiçadas. Se não conseguirmos identificar os nossos estilos depois de refletir um pouco, há alguns testes simples que podem ajudar.[23]

Recapitulando, de posse das três primeiras descobertas de aprendizagem autodirigida, é possível criar um programa envolvente, mas realista, que nos ajude a alcançar nossas metas de liderança. Já comparamos nossa visão ideal com a realidade do nosso estilo e do nosso comportamento, servindo-nos disso para identificar pontos fortes e fracos. Então, com esse perfil em mente, selecionamos como alvo habilidades específicas de liderança num plano de aprendizagem, estabelecendo um curso prático para fortalecê-las.

Começamos o processo das duas últimas descobertas depois que o nosso programa, e os passos que a ele conduzem, nos prepararam e concentraram nossa atenção no que devemos fazer. Agora tentamos descobrir como tornar esse tipo de aprendizagem parte contínua da nossa vida como líderes.

A QUARTA DESCOBERTA: A RECONFIGURAÇÃO DO CÉREBRO

Jack era o diretor de marketing de uma divisão de uma empresa global de alimentos. Dinâmico e interessado acima de tudo em resultados, Jack era o clássico modelador. Estava sempre empenhado em descobrir um jeito melhor de fazer isto ou aquilo — e ansioso para intervir e meter a mão na massa quando achava que alguém ia perder um prazo. Pior ainda, Jack tinha tendência a cair em cima de qualquer um que não correspondesse às suas expectativas, explodindo de cólera sempre que um funcionário diferia do jeito Jack de trabalhar. Um subordinado direto queixou-se — pelas costas de Jack — que ele "tinha mania de querer controlar tudo".

Em nossa pesquisa com seus subordinados diretos, descobrimos o costumeiro, desastroso, impacto no clima. As pessoas tinham clareza de visão — sabiam aonde precisavam chegar, mas não como chegar. Jack sabia o que queria das pessoas, mas não lhes dizia quando trabalhavam bem, jamais oferecendo um feedback positivo de desempenho. Um dos resultados era a paralisia: os funcionários achavam que não tinham flexibilidade para trabalhar de um jeito que fizesse sentido para eles, e em vez disso ficavam tentando adivinhar o que Jack queria deles. Previsivelmente, dois anos depois que Jack assumiu a chefia, os resultados dos negócios da divisão pararam de avançar. Por sugestão do chefe, Jack procurou um consultor de carreira.

A primeira providência foi fazer um diagnóstico preciso das qualidades e limitações de Jack por meio de uma avaliação de 360 graus sobre aptidões de inteligência emocional. Ele sabia quais eram seus pontos fortes: autoconfiança, grande energia, busca de resultados, iniciativa e consciência. Para Jack, o dado mais revelador foi a grande disparidade entre a avaliação que fazia de si mesmo e a que os subordinados diretos fizeram dele em duas aptidões de liderança: autocontrole e empatia.

Para orientar Jack na elaboração de um plano que pudesse desenvolver habilidades nessas duas áreas, o consultor de carreira passou um bom tempo, inicialmente, ajudando-o a digerir os dados de feedback. O consultou associou os relatos de falta de autocontrole e empatia a duas qualidades particulares de Jack: a capacidade de enxergar rápido soluções alternativas e o desejo apaixonado de consertar tudo de imediato. Abusando dessas qualidades, Jack consequentemente deixava de usar estilos mais positivos de liderança, como o visionário e o treinador, que se baseiam no autocontrole e na empatia.

Quando compreendeu que suas fraquezas o impediam de chegar perto da visão ideal de si mesmo como líder eficiente, Jack pôde concentrar-se no que precisava melhorar. Empenhou-se então em alterar o equilíbrio entre pontos fortes e fracos, e o seu consultor o ajudou a preparar um plano de aprendizagem. O plano ressaltava modos específicos de usar o que acontecia diariamente no trabalho como laboratório de aprendizagem.

Por exemplo, Jack viu que não tinha dificuldade alguma para sentir empatia quando estava calmo, mas se começasse a ficar estressado, desligava-se completamente das outras pessoas. Essa falta de autocontrole sabotava sua capacidade de ouvir o que lhe diziam, justamente nos momentos em que mais precisava ouvir. O plano de aprendizagem de Jack concentrava-se, portanto, em lidar com emoções de forma eficiente. O consultor mostrou a Jack um método para entrar em sintonia com as sensações do próprio corpo, para que pudesse monitorar os primeiros sinais de que ia perder as estribeiras mais uma vez. Sempre que se sentisse transtornado, deveria tomar quatro providências específicas:

1. Recuar — ouvir, em vez de interromper.
2. Deixar a outra pessoa falar.
3. Buscar alguma objetividade — perguntar a si mesmo: há um bom motivo para minha reação ou estou tirando conclusões apressadas?
4. Fazer perguntas que esclareçam, e não perguntas que pareçam condenar e hostilizar.

Essa mudança intencional na típica resposta exagerada de Jack permitiu-lhe sentir empatia e ouvir, colher informações mais completas, entender com mais clareza e manter um diálogo racional, em vez de fazer um discurso longo e agressivo.

Ainda assim, para fazer essas mudanças, primeiro Jack teve que aprender a identificar situações potencialmente problemáticas. Estando alerta para situações que no passado desencadeavam velhos e disfuncionais hábitos de liderança, ele tinha mais condição de escolher uma reação nova e positiva.[24] Como um radar de alerta, essa expectativa nos avisa que precisamos estar mais atentos ao que vamos fazer, e coloca nossa próxima ação na esfera da escolha consciente. Ela nos dá a chance de praticar — em vez de perder mais uma oportunidade para mudar.

Jack praticou esse novo comportamento repetidamente. Passou a dar aos subordinados diretos mais feedback positivo sobre o trabalho bem-feito, em vez de apenas criticar; dizia-lhes que o que tinham feito contribuía para a missão do grupo e continha-se para não microgerenciar o trabalho deles. Aos poucos, Jack se tornou um líder mais visionário e treinador. Ao longo de um período de seis meses, Jack fez progressos substantivos. Seus próprios registros mostram que ele reduziu as explosões de cólera de uma ou mais por dia para apenas uma ou duas por mês. O clima na divisão melhorou muito — e os números enfim começaram a apontar para cima.

Um novo modelo de aprendizagem

Quando um líder como Jack passa em revista seu repertório de habilidades de liderança, em certo sentido está avaliando a soma total de uma vida de aprendizagem. As lições que as pessoas aprendem em liderança começam cedo na vida, observando professores, treinadores, sacerdotes — qualquer um que exerça função de líder. Esses modelos oferecem o primeiro andaime para os hábitos de liderança que alguém adquire, suas ideias originais sobre o que faz um líder. E quando começam a assumir os primeiros papéis de liderança em clubes, equipes, comissões estudantis, ou como líderes de colegas, colocam em prática esses modelos. Em seus empregos, conhecem novos líderes e experimentam novos estilos de liderança, incorporando-os àqueles primeiros andaimes que tinham construído.

Quase nenhuma dessas lições envolve instruções explícitas sobre elementos de liderança — elas surgem ao longo da vida. Mas estabelecem os circuitos cerebrais responsáveis por hábitos de liderança, determinando o que a pessoa tenderá a fazer automaticamente em situações similares durante a vida. Cada vez que chefia uma equipe, por exemplo, ela repetirá mais prontamente o que já fez antes como líder de equipe — e a cada repetição as conexões neurais relativas a esse hábito ficam mais fortes. A ciência cognitiva dá a esse fortalecimento automático de um hábito o nome de aprendizagem *implícita*, em oposição à variedade explícita oferecida nas escolas.

Quase sempre o cérebro adquire o domínio das aptidões de liderança — desde a autoconfiança e a autogestão emocional até a empatia e a persuasão — através da aprendizagem implícita. É bom lembrar que a aprendizagem implícita ocorre não nas camadas superiores do neocórtex — o cérebro pensante —, mas perto da base do cérebro, nos gânglios basais. No caso da liderança, essa aprendizagem ocorre supostamente através de conexões com os circuitos límbicos pré-frontais de inteligência emocional.[25] Essa primitiva seção do cérebro adquire e domina os hábitos a que costumamos recorrer, aprendendo sempre a executar as tarefas básicas da vida — desde compor uma frase até dirigir uma reunião eficaz.

Toda essa aprendizagem se dá tacitamente, na maior parte do tempo, sem que as pessoas percebam que estão aprendendo essas lições, no que equivale à aprendizagem furtiva. É quase sempre um sistema elegante. O problema, porém, é que as pessoas adquirem seus hábitos de liderança de forma desordenada, ao longo da vida, pela repetição do que veem seus modelos fazerem, ou repetindo suas próprias tentativas de liderar. Se aquele primeiro administrador que nos causou tão forte impressão era um modelador frenético, então esse passa a ser o modelo de líder; se era um magnífico treinador, o que vamos aprender tomará um rumo totalmente diferente. Resultado: as pessoas acabam dominando uma mistura de habilidades de liderança, comparável à do jogador de golfe que aprendeu a dominar algumas tacadas, mas é horrível no *putting*.

Apesar disso, como vimos, é possível melhorar, desde que se façam três coisas: adquirir consciência dos maus hábitos, praticar conscientemente um jeito melhor e ensaiar o novo comportamento em todas oportunidades que aparecerem até que se torne automático — ou seja, até que a maestria seja alcançada no nível da aprendizagem implícita.

Aprimorar uma competência de inteligência emocional leva meses, e não dias, porque os centros emocionais do cérebro são envolvidos — não só o neocórtex, o cérebro pensante onde habilidades técnicas e proficiência cognitiva são aprendidas. Como já mencionamos, o neocórtex aprende muito depressa, até mesmo ouvindo apenas uma vez. Mas os gânglios basais e seus vínculos com os centros emocionais aprendem de outra maneira: para dominar uma nova habilidade, precisam de repetição e prática.[26]

Por isso é que é difícil aprender efetivamente habilidades de liderança na sala de aula. O professor pode instruir os nossos circuitos cerebrais responsáveis por velhos hábitos de liderança a reaprender novos hábitos. Mas o que se requer aqui é muita prática: quanto maior a frequência com que uma sequência comportamental é repetida, mais fortes ficam os circuitos cerebrais subjacentes. Desse modo, as pessoas literalmente religam o cérebro: aprender novos hábitos fortalece as vias entre neurônios e pode até mesmo fomentar a neurogênese — o desenvolvimento de novos neurônios.[27]

Por exemplo, para superar o hábito de modelador e ampliar o repertório de liderança, Jack terá que praticar vezes seguidas. Quanto mais numerosos forem os ambientes onde pratique essas novas maneiras de pensar, sentir e agir, mais flexíveis e mais fortes se tornaram os novos circuitos. Nessa altura, alguém como Jack já percorrerá os passos da liderança controlando sem esforço suas reações emocionais ao mesmo tempo que escuta com empatia. É nesse momento que novas vias neurais se tornaram a opção default do cérebro.

Só desempenho, prática nenhuma

Jack não teria ido muito longe no desenvolvimento do seu estilo treinador, porém, se não tentasse novas maneiras de agir, particularmente pausar para ouvir e fazer perguntas. Não foi fácil. Quando aparecia um problema, cada músculo do corpo o preparava para interromper, assumir o controle e tentar resolver o problema pessoalmente. Para Jack, essa tendência era tão automática quanto andar de bicicleta — uma reação tão inconsciente quanto poderosa.

É por isso que a experimentação com alternativas mais positivas é crucial. A nova maneira de pensar, de sentir ou de agir parece pouco natural de início, um pouco como usar roupas de outra pessoa. No nível neural, a pessoa está forçando o cérebro a seguir uma rota menos percorrida. Não admira que Jack tenha tido tantas dúvidas sobre si mesmo na primeira semana em que treinou escutar o que outras pessoas têm a dizer, em vez de interromper e assumir o controle. Simplesmente não parecia natural — de início.

Grandes atletas gastam muito tempo praticando e pouco tempo executando, enquanto executivos quase não praticam e passam o tempo todo executando, como Jim Loehr e Tony Schwartz observaram na *Harvard Business Review*.[28] Não é de admirar que líderes muitas vezes reciclem seus problemas: na corrida para atingirem metas e concluírem tarefas, eles se privam de aprender a liderar melhor. Em geral, o líder tenta uma nova abordagem uma ou duas vezes, e então a aplica — sem dar a si mesmo a oportunidade de *praticar*.

Para líderes, o essencial na aquisição de novos hábitos é praticar uma habilidade até dominá-la com maestria. Do contrário, arriscam-se a sofrer uma recaída, a retomar velhos hábitos. Quem já tocou um instrumento musical sabe que, se praticar sua partitura apenas o suficiente para não errar, só vai atingir uma zona de conforto. Será capaz de tocar para o professor, mas, sob o estresse de um recital, é possível que esqueça algumas partes. Músicos profissionais, porém, vão mais além, dando um passo crucial: ensaiam e ensaiam, depois ensaiam mais um pouco. Praticam até que dedilhar ou soprar o instrumento se torne automático. Praticam até poder tocar sem pensar, apenas sentindo.

Da mesma forma, para dominar uma habilidade de liderança, é preciso mudar a opção default do cérebro, rompendo velhos hábitos e aprendendo novos, o que requer um prolongado período de prática para criar a nova via neural e fortalecê-la.[29] Sabe-se que o novo hábito foi adquirido quando é possível sustentar essa nova resposta durante um bom tempo — não apenas por uma semana ou um mês.

Pode ser preciso fazer um esforço extra para alcançar a maestria em aptidões de autorregulação, especialmente autocontrole emocional. Algumas pesquisas sugerem que administrar impulsos emocionais é um verdadeiro trabalho mental: o estresse do esforço intencional para alterar o humor pode exaurir a energia necessária para o autocontrole.[30] Apesar disso, às vezes o autocontrole é exatamente aquilo de que se precisa para praticar um novo estilo de liderança — digamos, quando um líder como Jack tenta dominar seus impulsos de modelador ou de autoritarismo e substituí-los por um estilo mais afetivo. Nesse caso, aprender exige esforço especial: o de controlar a tendência a reagir à velha maneira. Precisamos nos sobrepor aos nossos impulsos emocionais, o que torna mais pesado o fardo de aprender, e pode levar-nos a perder o foco.

Isso sugere uma estratégia de aprendizagem que de início se concentra um pouco mais em superar os hábitos impulsivos de liderança que estamos tentando abandonar — antes de prestar total atenção nos novos hábitos pelos quais desejamos substituir os antigos. No fim das contas, praticando o autocontrole até atingir a maestria, o que antes era um esforço se torna automático, aliviando a pressão. Uma vez dado esse passo decisivo, nossa energia mental e nossa atenção ficam livres para praticar novos modos de liderança.

Aprendizagem furtiva

Embora muitos, se não a maioria, dos programas típicos de desenvolvimento de liderança ocorram em seminários, durante um fim de semana ou talvez ao longo de uma semana de treinamento fora do local de trabalho, esse período de tempo dificilmente basta para dar início ao processo.

Por isso, em vez de simplesmente sair para um tipo qualquer de programa de treinamento de sensibilidade de fim de semana, com o propósito de aprimorar sua empatia, Jack passou a usar situações que ocorriam naturalmente no trabalho com subordinados e colegas como arena de treinamento. Além disso, conversou sobre seu plano de aprendizagem com a mulher e a adotou como consultora informal de carreira, para ajudá-lo a ser um ouvinte mais atento em casa e com os amigos. Ampliado seu espaço de aprendizagem, Jack tirou melhor proveito das atividades de sua vida, maximizando a eficiência da sua aprendizagem.

O truque consistia em aprender enquanto fazia outras coisas, estratégia às vezes chamada de "aprendizagem furtiva" e que pode ser muito útil para aperfeiçoar habilidades de inteligência emocional, especialmente competência em liderança. Ao estudar gestores excepcionais entre cientistas e engenheiros — aqueles que, por exemplo, usavam regularmente aptidões como empatia —, a pesquisadora Christine Dreyfus descobriu que eles tinham refinado esses talentos em diversos ambientes.[31] Suas habilidades causavam particular boa impressão, uma vez que se tratava de engenheiros trabalhando numa cultura tecnológica que não costuma estimular essas aptidões.

Como descrevemos no capítulo 6 tratando de líderes excepcionais na Johnson & Johnson, a maioria dos líderes estudados por Dreyfus tinha começado a fazer experiências com essas habilidades até quarenta anos antes, em atividades infantis como escotismo. Depois, no ensino médio e na faculdade, usavam esportes, clubes, grupos musicais e a vida nos dormitórios para fazer novas experiências. Posteriormente, quando se tornaram cientistas de laboratório e engenheiros resolvendo problemas em relativo isolamento, continuaram a aprender e aprimorar essas aptidões em atividades fora do trabalho, praticando formação de equipe em ambientes como igrejas e organizações comunitárias, ou planejando conferências para associações profissionais. A brusquidão normal do estilo modelador da cultura de engenharia ia sendo atenuada à medida que eles conheceram outros ambientes mais voltados para as relações humanas.

Um engenheiro, por exemplo, que se tornara um forte líder, informou que conseguira transcender a cultura de comando, controle e de modelagem dos engenheiros num ponto de encontro insólito para o desenvolvimento de liderança: sua igreja. "Meu grupo lá na igreja era um bom lugar para as pessoas expressarem sentimentos e opiniões", disse ele. "Enquanto, como engenheiro, eu geralmente sentisse a necessidade de sequência lógica, no grupo aprendi a conviver melhor com menos estrutura. Com o tempo, essa aceitação passou a se refletir na minha atuação como líder — menos preocupado com fluxo e conteúdo e mais ligado ao processo coletivo."

Para a maioria dos engenheiros estudados por Dreyfus, experiências adquiridas no passado na qualidade de líderes de projeto serviram como importante laboratório de aprendizagem de liderança no ambiente de trabalho. Com o passar dos anos, eles assumiram maiores responsabilidades administrativas, trabalharam com consultores de carreira e participaram de programas de treinamento patrocinados pela empresa. Ao continuarem refinando suas aptidões de liderança, tornaram-se exemplos vivos de como a aprendizagem furtiva pode ocorrer em qualquer lugar, a qualquer momento.[32]

O poder do ensaio mental

Quando mais tempo se investir na prática, maior será a recompensa. Há outra maneira de ampliar as oportunidades de praticar habilidades de liderança: o ensaio mental.

Voltemos ao exemplo de Jack. Guiando-se pelo plano de aprendizagem, ele começou a aproveitar os momentos de ócio na viagem de carro para o trabalho refletindo sobre como conduzir as reuniões do dia. Certa vez, a caminho do café da manhã com um funcionário que parecia estar estragando um projeto, Jack imaginou uma hipótese positiva: ia fazer perguntas e ouvir cuidadosamente para entender direito a situação antes de apresentar uma solução. Previu que se sentiria impaciente e praticou uma maneira de lidar com esse sentimento antes de recair na reação costumeira de interromper antes da hora.

Esse ensaio mental pode ser de grande ajuda na aquisição de novas habilidades. É fato conhecido, por exemplo, e confirmado por estudos científicos, que o ensaio mental melhora o desempenho dos atletas. Atletas olímpicos, como a mergulhadora americana Laura Wilkinson, usam rotineiramente esse recurso. Quando se preparava para a Olimpíada de 2000, Wilkinson quebrou três dedos dos pés e não pôde entrar na água. Em vez de interromper os preparativos, ela todos os dias ficava horas sentada na plataforma, recriando na cabeça um visão detalhada de cada um dos seus saltos. Acabou alcançando uma vitória inesperada na Olimpíada de 2000 — a medalha de ouro na disputa do salto de plataforma de dez metros.[33]

Há dezenas de exemplos dramáticos de atletas que usam o poder do ensaio mental para visualizar o sucesso. Esse tipo de visualização envolve poderosas forças biológicas. Durante trinta anos um volume crescente de pesquisas tem demonstrado que é possível aumentar a temperatura de parte do corpo e desacelerar os ritmos respiratório e cardíaco por meio de exercícios mentais, do feedback correto e da visão correta daquilo que se pretende fazer. Consequentemente, nosso sucesso como líderes depende da nossa capacidade de construir uma imagem clara de nós mesmos alcançando o estado ideal, e depois manter esse foco. A visualização tem outra vantagem. É bom lembrar que o cérebro nos motiva guardando uma imagem do ponto para onde nos dirigimos e de como nos sentiremos ao chegar lá.

Mas os benefícios vão além disso. Estudos do cérebro revelaram que imaginar alguma coisa vividamente, com riqueza de detalhes, pode disparar as mesmas células cerebrais envolvidas quando praticamos essa atividade na vida real.[34] Em outras palavras, o novo circuito cerebral parece passar pelas mesmas etapas, fortalecendo conexões, ainda que a pessoa esteja apenas repetindo a sequência de cabeça. Isso sugere uma tática para acalmar temores associados à tentativa de aplicar novas e mais arriscadas formas de liderança. Se visualizarmos antes prováveis situações no trabalho ou em casa, ficaremos mais à vontade para pôr em prática as novas aptidões.

Experimentar novos comportamentos, portanto, e aproveitar oportunidade dentro e fora do trabalho para praticá-los — e usar métodos como o ensaio mental — acaba por deflagrar em nosso cérebro as conexões neurais necessárias para que mudanças genuínas ocorram.

A QUINTA DESCOBERTA: O PODER DAS RELAÇÕES

No começo dos anos 1990, algumas sócias na empresa conhecida na época como Coopers & Lybrand se reuniram para formar um grupo de estudos. De início encontravam-se todo mês para discutir suas carreiras e métodos de liderança na firma e numa indústria tradicionalmente dominada por homens. Mas depois de algumas reuniões as mulheres começaram a perceber que utilizavam os encontros para discutir o trabalho e a vida em geral. Desenvolveram um sólido clima de confiança recíproca e descobriram que podiam confiar umas nas outras para receber um feedback franco, enquanto trabalhavam para fortalecer aptidões de liderança.

Muitas mulheres profissionais que hoje desejam ser ou continuar sendo líderes em organizações vêm criando grupos semelhantes — e por um bom motivo. Como já assinalamos no capítulo 6, as mulheres, assim como as demais minorias, não costumam receber bons feedbacks de desempenho. E, talvez ainda mais importante, pessoas com quem mantemos uma relação de confiança nos oferecem um lugar seguro para fazermos experiências, para explorarmos partes pouco conhecidas do nosso repertório de liderança num ambiente sem riscos.

Para qualquer pessoa que tenha passado por um programa de desenvolvimento de liderança que realmente funcione, a importância de contar com pessoas que ajudem durante o processo parecerá óbvia. Como disse um líder já estabelecido na carreira na última reunião de um grupo de colegas que passara por um processo de desenvolvimento de dois anos, não foi só o programa que fez diferença, mas "as pessoas e as relações que formamos". De fato, e talvez paradoxalmente, no processo de aprendizagem autodirigida recorremos a outras pessoas a cada passo — desde formular e refinar o eu ideal e compará-lo com a realidade, até a avaliação final que confirma o nosso progresso. Nossas relações oferecem o próprio contexto no qual compreendemos o nosso progresso e percebemos a utilidade do que estamos aprendendo.[35] Como se consultássemos um advogado, conversar com o treinador, tutor ou amigo torna-se uma zona de segurança onde podemos explorar livremente as penosas realidades de um ambiente de trabalho politizado, ou questionar coisas que não fazem sentido, mas que seria imprudente apontar para nosso chefe. Para experimentar e praticar novos hábitos, precisamos encontrar lugares e relações seguras.

Testemunhamos muitos casos em que esse apoio pode oferecer não apenas esperança de mudar, mas também a *confiança* para adotar essa esperança. Por exemplo, no fim de um programa para executivos e profissionais, essas pessoas já muito bem-sucedidas relataram um grande ganho em autoconfiança.[36] A que atribuíam esse ganho, levando em conta que para os colegas esses executivos já eram confiantes antes de iniciarem o programa? Em entrevistas, os executivos explicaram que o que tinha melhorado era sua confiança na própria capacidade de *mudar* — o que não sentiam havia muito tempo na vida profissional. Disseram ter percebido que bastante gente à sua volta — no trabalho, ou mesmo em casa — tinha interesse em que eles continuassem sendo como eram, apesar de eles próprios quererem mudar. No programa de liderança, porém, eles desenvolveram um novo grupo de referência — outros como eles — que incentivava a mudança. Além disso, vimos esse resultado aparecer em um estudo atrás do outro: grupos positivos ajudam pessoas a fazer mudanças positivas, em particular se suas relações são impregnadas de sinceridade, confiança e segurança psicológica.[37]

O estresse da liderança

Para os líderes, essa segurança pode ser crucial para que a aprendizagem autêntica ocorra. Líderes costumam sentir-se inseguros, como se estivessem sob o microscópio e tendo cada ação examinada cuidadosamente pelas pessoas à sua volta — e por isso nunca se arriscam a explorar novos hábitos. A consciência de que outros estão observando com olho crítico os faz julgar cedo demais o próprio progresso, experimentar menos e correr menos riscos.

Dessa e de outras maneiras, a liderança é intrinsecamente estressante. Estudos anteriores de pessoas com um forte desejo de adquirir poder — a necessidade de causar impacto — mostraram que o próprio desejo de poder tinha um efeito estimulante, como se elas estivessem sob estresse biológico real.[38] Quando o estresse aumenta — ou a motivação de poder é estimulada —, o corpo reage produzindo mais adrenalina e noradrenalina, os hormônios do estresse. Isso eleva a pressão arterial, deixando o indivíduo pronto para agir. Ao mesmo tempo, o corpo produz cortisol, o hormônio do estresse, que é até mais duradouro do que a adrenalina — e que interfere no aprendizado.[39]

As pessoas, quando estressadas, claro, não se sentem mais seguras e ficam inibidas para praticar novas maneiras de agir. Em vez disso, tornam-se defensivas, recorrendo aos hábitos com os quais estão mais familiarizadas. Há outro problema que o estresse da liderança introduz: quando o estresse é alto e demorado, o cérebro reage com uma prolongada secreção de cortisol, que atrapalha o aprendizado destruindo células cerebrais no hipocampo, essenciais para novos aprendizados.

Por todas essas razões, aprendizagem de liderança funciona melhor em condições onde as pessoas se sintam seguras — mas não tão à vontade que percam a motivação.[40] Há um nível ótimo de estímulo cerebral que ajuda a aprender, o estado no qual tanto a motivação como o interesse são elevados. O senso de segurança psicológica cria uma atmosfera na qual as pessoas podem fazer experimentos com pouco risco de constrangimento, ou medo das consequências do fracasso.

Um grupo ressonante — digamos, um grupo com outros líderes parecidos, que se atrevem juntos a cultivar novos estilos de liderança — é uma das melhores arenas para mudança. Quando vemos alguém parecido conosco superar inibições e assumir riscos, sentimo-nos livres também para tentar algo um pouco mais arriscado.[41]

Cultivar relações especiais, cujo único objetivo seja nos ajudar em nosso caminho, é crucial para continuarmos o nosso desenvolvimento. Tutores ou consultores de carreira, como já vimos, ajudam a descobrir sonhos, a compreender pontos fortes e fracos, bem como o impacto produzido em outras pessoas, e também a orientar nas etapas do plano de aprendizagem. Mas apenas chamar alguém de "tutor" ou "consultor de carreira" não basta — a relação precisa ser de sinceridade, confiança e apoio.

Tutores e treinadores

Quando avaliávamos líderes de alto nível numa grande empresa de energia integrada, aqueles que tinham um saudável repertório de habilidades de liderança nos contavam a mesma história: tinham começado a cultivar boas qualidades ainda cedo na carreira, sob a tutela de alguém. Essa descoberta confirma estudos realizados pelo Centro de Liderança Criativa em Greensboro, Carolina do Norte, que há muito tempo vem chamando a atenção para o poder da tutela no desenvolvimento de aptidões de liderança.[42]

Examinando retrospectivamente suas carreiras como líderes, os executivos que entrevistamos sentiam que as experiências mais decisivas em seu desenvolvimento tinham sido os empregos em que julgavam que os desafios estavam acima de sua capacidade — pelo menos de início. Precisaram do patrocínio de um tutor que lhes pediu que assumissem o cargo e os protegeu contra a "ajuda bem-intencionada" da sede da empresa. O guarda-chuva criado pelo tutor foi tão crucial que a empresa começou a referir-se a essa competência de tutoria como dar a outras pessoas "espaço para agir". Os tutores transmitiam aos líderes iniciantes segurança para abrir as asas, tentando novos estilos e aptidões. A tutoria fez mais do que construir um núcleo de robusta liderança em toda a empresa — também produziu dois CEOs sucessivos, cada qual com louvável histórico de realizações.

Se a meta for trabalhar com um tutor para cultivar uma qualidade de liderança, é importante tornar explícita essa intenção. Quando trabalhamos com um tutor que sabe o que estamos tentando conseguir, e com quem conversamos sobre nossas aspirações e nosso plano de aprendizagem, ele se converte em um consultor de carreira.

Há uma variedade de treinadores.[43] Alguns podem ser consultores de carreira formais, outros tutores informais, e outros, ainda, colegas ou até amigos. Mack Tilling, o CEO e fundador da Instill Corporation, tem um tutor que é CEO de outra empresa: David Garrison, da Verestar Communications. Tilling acha que conversar com outro executivo que tem uma experiência parecida ajuda mais a resolver assuntos do que um consultor de carreira.[44]

De outro lado, contratar um consultor de carreira — e hoje existem legiões deles — pode ser uma oportunidade de conversar mais abertamente do que com um chefe ou colega. Ter um treinador (ou tutor) traz benefícios que vão além de simplesmente aprimorar habilidades de liderança: traz outro par de olhos e de ouvidos e, portanto, pode funcionar como antídoto contra o perigo da quarentena de informações que tantos líderes sofrem. Treinadores conseguem ver para além da redoma que cerca nossas experiências diárias.

Bons treinadores compreendem o dilema da organização e sua cultura, bem como as qualidades pessoais e os desafios do líder, e eles próprios se utilizam da inteligência emocional.[45] Para ser realmente útil, o treinador deve entender os dilemas do líder de múltiplos pontos de vista: do nível individual (o que está acontecendo com essa pessoa); do nível de equipe (as dinâmicas internas das equipes de executivos e funcionários); e do nível organizacional (como tudo isso se encaixa na cultura, nos sistemas e na estratégia). Um treinador pode personalizar o programa de desenvolvimento do líder, oferecendo-lhe o luxo de repassar todo o processo aqui delineado numa relação de indivíduo para indivíduo.

Trazer toda a equipe

Ajudar um líder a criar mais ressonância é um bom começo. Mas, para uma organização, o impacto será maior se o desenvolvimento da liderança ultrapassar a esfera individual.

Consideremos o caso de Rozano Saad, da Huntsman Tioxide, fabricante de produtos químicos da Malásia. Não muito tempo depois que foi promovido a diretor-geral de operações, Rozano recebeu um feedback de seus subordinados que o deixou abalado: ele tinha tendência a ser coercitivo, modelador. Em certo sentido, não chegava a ser uma surpresa — afinal, Rozano era engenheiro de formação, e esses estilos eram a norma na cultura da engenharia na qual trabalhara nos últimos dezesseis anos.

O problema era que ele precisava recorrer a um repertório bem mais amplo se quisesse ter êxito no novo emprego. A Huntsman Tioxide vinha operando no vermelho havia anos. A fábrica malásia, embora fosse a mais moderna da empresa, em termos de instalação, apresentava o pior histórico de produtividade e qualidade do grupo no mundo todo. Como resultado disso, o Huntsman Group, conglomerado sediado em Salt Lake City, Utah, tinha comprado a empresa da Malásia (anteriormente ICI Tioxide) "por uma ninharia", como disse um consultor.

Para ajudar a fábrica a superar suas dificuldades, Rozano usou sua nova consciência sobre liderança de forma a estabelecer metas de aprendizagem no desenvolvimento dos estilos de liderança visionário e treinador. Seu objetivo maior era melhorar significativamente o clima organizacional, em particular no tocante à clareza sobre as responsabilidades de cada pessoa e aos padrões que dela se esperava. Ele sabia também que a autoconsciência não era um dos seus pontos fortes, e essa passou a ser uma das suas metas pessoais de aprendizagem.

A fim de inocular-se contra a doença do CEO, Rozano informou à equipe quais eram suas metas pessoais de aprendizagem. Envolvendo as muitas pessoas com quem interagia diariamente, Rozano tornou-as parte integrante do seu laboratório de aprendizagem. Também fez toda a sua equipe de administração passar pelo mesmo programa de desenvolvimento de liderança. Queria que todos falassem a mesma linguagem, como meio de reforçar o plano de aprendizagem de cada um, e trabalhassem juntos para identificar uma visão do ponto para onde esperavam levar a empresa. Sua própria meta de aprendizagem, por exemplo, obrigava-o a comunicar a visão de excelência recém-identificada em todas as reuniões com pessoas das instalações.

Equipes foram formadas entre os gestores, nas quais identificaram um "Contato Pessoal de Plano Mensal" (como chamavam os treinadores internos) para que cada líder tivesse apoio e monitorasse o progresso em seu próprio plano de aprendizagem. Nas reuniões mensais das equipes administrativas, as discussões passaram a tratar de estilos de administração, clima organizacional e planos de aprendizagem, bem como os costumeiros tópicos sobre desempenho e segurança. Além disso, formaram grupos especiais de referência, que se reuniam todos os meses, dentro dos quais podiam discutir os próprios planos pessoais de aprendizagem, avaliar o progresso e receber constante feedback.

Apenas dois anos depois, Rozano e seus administradores ficaram tão entusiasmados com as mudanças que abriram suas instalações para visitas de outros executivos. Todo o ambiente sofreu alterações. No início desse processo, se perguntássemos a alguém no chão da fábrica sobre seus objetivos pessoais, escutaríamos qualquer resposta vaga, como "produzir 50 mil toneladas de pigmento". Agora, se fizéssemos a mesma pergunta, escutaríamos que o foco dava preferência à qualidade sobre a quantidade: "Tenho que providenciar para que amostras sejam tiradas de quatro em quatro horas e analisadas de acordo com os padrões certos. E se houver qualquer desvio do parâmetro aceitável, resolvo o problema para alcançar o nível de conformidade o mais rápido possível...".

Mais ainda, a empresa começou a apresentar uma forte tendência de alta em lucratividade, bem como melhores indicadores em produtividade. Pesquisas regulares de clima para monitorar avanços mostraram saltos de quase 200% quando a avaliação era feita por todos os diretores da empresa (e de quase 300% quando feita por subordinados diretos de Rozano) — particularmente nas dimensões de clareza, flexibilidade, critérios e coesão de equipe. No terceiro ano após o esforço de mudança, o CEO do conglomerado informou que a Huntsman Tioxide-Malaysia era uma das empresas de mais alto desempenho do grupo, batendo metas de produtividade com lucros inéditos.

O que aconteceu? As pessoas que estavam lá eram as mesmas; o quadro de funcionários não alterara muito nesse período. O que tinha mudado era o jeito de trabalharem juntos: o novo clima criado incentivava todos a aumentar seu uso de inteligência emocional e a desenvolver seu talento de liderança. Cada gestor tinha a oportunidade de formular os próprios sonhos e aspirações (a primeira descoberta), de ver-se como os outros o viam através de feedbacks de 360 graus e identificação de pontos fortes e fracos (a segunda descoberta), e de experimentar e praticar novos hábitos de liderança no trabalho (a quarta descoberta). Os gestores faziam esse trabalho uns com os outros (a quinta descoberta) e dessa maneira criaram um novo clima de liderança. Desenvolveram ressonância emocional sobre sua missão e sua evolução como líderes.

Quando se trata de liderança, começamos nossa tarefa no momento em que conseguimos mudar o primeiro líder. O resto do trabalho consiste em desenvolver uma massa crítica de líderes ressonantes, transformando com isso o jeito de as pessoas trabalharem juntas, e em seguida estimular o desenvolvimento constante desses líderes. O desenvolvimento de liderança mais eficiente anda junto com transformações paralelas na organização que esses líderes conduzem — como veremos na próxima parte deste livro.

Parte 3

Como construir organizações inteligentes emocionalmente

9. A realidade emocional das equipes

A cúpula administrativa de uma empresa manufatureira tinha aceitado uma importante incumbência: descobrir maneiras de lidar com o fato de que a companhia estava eternamente empacada no que eles chamavam de "*flat growth*". Tradução: estavam perdendo a vantagem que costumavam ter. O problema era que a equipe parecia incapaz de tomar grandes decisões, por mais importantes que fossem. Na verdade, quanto mais premente a decisão, mais os membros da equipe a protelavam, tomando o cuidado de evitar assuntos sobre os quais sabiam que nem todos estavam de acordo. Pior ainda, às vezes agiam como se concordassem nas questões vitais para logo deixarem a reunião e, como disse um deles, "sem alarde sabotarem a decisão". Enquanto isso, a empresa manufatureira atrasava-se cada vez mais na adoção de uma estratégia crucial.

Qual era o problema dessa equipe? Uma análise da liderança revelou a verdade: quase todos os membros da equipe se sentiam tensos com as divergências interpessoais, recebendo notas baixas em competência para administração de conflitos. De repente ficou claro o motivo que dificultava a tomada de decisões no grupo. Coletivamente, os administradores jamais se deram conta de que a discussão aberta e a divergência de ideias — ao contrário dos ataques a pessoas que manifestam opiniões discrepantes — são pontos positivos no processo de tomada de decisões. Em vez disso, a equipe adquirira o hábito de evitar qualquer disputa.

Para esse grupo, reconhecer que sua lacuna coletiva tinha consolidado ineficientes hábitos de equipe foi como acender uma luz. Na verdade, o que se descobriu foi que uma força importante, mas invisível, atuava dentro do grupo: as regras básicas relativas a conflito, e seus sentimentos coletivos sobre conflito, produziam uma realidade emocional paralisante. Com essa compreensão, os administradores conseguiram ver o que precisavam mudar, como indivíduos e como equipe; reconheceram, também, que além de um ajuste comportamental, uma solução real exigiria uma mudança de mentalidade em relação aos conflitos.

Vimos repetidamente que, uma vez conscientes de sua realidade emocional coletiva, equipes (e organizações inteiras) começam uma saudável revisão dos hábitos compartilhados que criam e mantêm essa realidade. Na verdade, para que os líderes injetem inteligência emocional em suas equipes e organizações, é exatamente aí que precisam começar: no exame cuidadoso da realidade, antes de se concentrarem numa visão ideal. Com isso, inverte-se a sequência de reflexão e autodescoberta que ocorre em nível individual, descrita no capítulo 7.

Por que inverter? É questão de motivação. Como indivíduos, nos sentimos mais motivados a mudar quando mergulhamos em nós mesmos para acessar nossos sonhos e visões ideais da vida. Essa visão do futuro pessoal nos dá a energia e a dedicação necessárias para uma mudança de comportamento. Já no caso de um grupo, a visão ideal é quase sempre um conceito muito mais distante, que simplesmente não fornece suficiente motivação para incentivar mudanças. Um bom exemplo disso é a linguagem pomposa comumente adotada pelas empresas quando declaram sua missão, em geral a anos-luz de distância daquilo que os funcionários vivem todos os dias no trabalho.

Grupos só começam a mudar quando compreendem a realidade do próprio funcionamento, particularmente quando as pessoas dentro do grupo reconhecem estar trabalhando em situações dissonantes ou desconfortáveis. É essencial que essa realidade seja compreendida num nível emocional ou mesmo visceral. Mas reconhecer o desconforto, por si só, não possibilita a mudança. Membros do grupo precisam descobrir a fonte do descontentamento — uma realidade emocional que geralmente vai além de fontes mais óbvias, como o fato de ter "um mau chefe". A raiz do problema costuma estar em regras básicas estabelecidas e profundamente incrustadas, ou nos hábitos que governam o grupo. Chamamos essas regras de *normas*, quando falamos de equipe, e *cultura*, quando falamos de organizações.

Uma vez alcançada essa compreensão da realidade emocional, das normas da equipe e da cultura da organização, ela pode ser usada como base para o desenvolvimento da visão ideal do grupo, que, para ser de fato cativante, deve estar afinada também com a visão pessoal de cada um. Entendidas a realidade e a visão ideal, é possível identificar e explorar as lacunas que existem entre elas e planejar, de forma consciente, o alinhamento do que acontece hoje com a visão do amanhã. Quanto mais a realidade se ajusta ao ideal, mais se pode esperar que a mudança persista no longo prazo. Essa "afinação" dos ideais com a realidade cria as condições que permitem deixar a dissonância para trás e seguir em direção a um grupo mais inteligente emocionalmente, mais ressonante e mais eficaz.

Porém, antes de investigar como se faz com que ocorra uma mudança, vamos examinar com mais rigor o conceito de realidade emocional. Começaremos nossa exploração no contexto das equipes antes de discuti-la no contexto das organizações, uma vez que as situações de equipe costumam estar mais próximas da experiência diária das pessoas. Além disso, as equipes constituem uma arena mais imediata para mudanças — ao mesmo tempo que oferecem uma reflexão da realidade organizacional mais ampla.

QUANDO AS EQUIPES FRACASSAM: O PODER DAS NORMAS

Nas últimas quatro décadas, muitas pesquisas revelaram a superioridade do processo de decisão de grupo sobre até mesmo o poder de decisão dos indivíduos mais brilhantes.[1] Essa regra tem uma exceção. Se no grupo faltam harmonia e capacidade de cooperação, a qualidade e a velocidade das decisões são prejudicadas. Uma pesquisa realizada na Universidade de Cambridge revelou que mesmo os grupos formados por indivíduos brilhantes fazem más escolhas se o grupo degenera em desentendimentos, rivalidades pessoais ou disputas de poder.[2]

Em resumo, os grupos só são mais inteligentes do que os indivíduos quando ostentam qualidades de inteligência emocional. Todos os elementos do grupo contribuem para o nível geral de inteligência emocional, mas o líder tem peso específico nesse sentido. As emoções são contagiosas, e é natural que as pessoas prestem atenção extra nos sentimentos e no comportamento dos líderes.[3] Dessa maneira, com grande frequência é o líder do grupo que dá o tom e ajuda a criar a realidade emocional da equipe — em outras palavras, determina como se sentem os que fazem parte dela.[4] Um líder habilidoso em colaboração pode manter alto o nível de ressonância e fazer com que a qualidade das decisões do grupo justifique o esforço de reunir-se. Esses líderes sabem manter o equilíbrio entre o foco da equipe e a tarefa a ser executada, de um lado, e a atenção às relações entre os membros da equipe de outro. Criam naturalmente um clima amistoso e cooperativo na sala, um clima que incentiva uma atitude positiva para com o futuro.[5]

Em consequência, um líder que não seja inteligente emocionalmente pode causar os maiores estragos na situação da equipe. Examinem-se estes exemplos:

- Uma divisão de uma empresa de saúde estava perdendo dinheiro rápida e continuamente, oferecendo serviço de má qualidade ao mesmo tempo que empregava um número excessivo de funcionários em todos os níveis. A diretoria administrativa era chefiada por um líder de pouca visão e fazia intermináveis reuniões em busca de consenso, antes de tomar providências sobre questões urgentes, como redução do quadro de pessoal. Incapaz de chegar a qualquer decisão, em poucos anos a problemática divisão arrastou a empresa inteira para o caos financeiro.
- Janet, líder brilhante de uma seguradora, entrou numa sonolenta divisão com a força de um tornado — e uma intolerância absoluta a velhos hábitos de trabalho. Para as pessoas da equipe que não concordavam com seus planos, ela mandou um recado claro e muito público: não há lugar para vocês aqui; procurem outra coisa para fazer. Janet não se deu conta de que tinha mobilizado uma força a favor de uma nova causa em sua equipe — vê-la fracassar a qualquer custo. Dentro de poucos meses, a divisão, que tinha sido razoavelmente bem-sucedida, começou a apresentar um desempenho lamentável, e em menos de um ano fechou.

Infelizmente, muitos de nós conhecemos bem essas situações. Na raiz dos dois acontecimentos havia um problema relacionado ao jeito do líder de administrar a linguagem silenciosa das emoções e das normas. Não costumamos pensar muito sobre as normas, mas elas são imensamente poderosas. Representam a aprendizagem implícita em nível de grupo — as regras tácitas que aprendemos absorvendo interações diárias e que automaticamente adotamos para que se encaixem sem problemas.

Levando tudo em consideração, as normas de um grupo ajudam a determinar se ele vai funcionar como uma equipe de alto desempenho ou tornar-se apenas uma coleção casual de pessoas trabalhando juntas.[6] Em algumas equipes, a controvérsia e os confrontos acalorados estão na ordem do dia; em outras, uma paródia de civilidade e interesse mal consegue disfarçar o tédio geral. E em outras equipes, mais eficientes, as pessoas ouvem e fazem perguntas umas às outras com respeito, apoiam umas às outras com palavras e atos, e resolvem juntas as divergências, com espírito aberto e senso de humor. Sejam quais forem as regras básicas, as pessoas as percebem e tendem a ajustar sua conduta. Em outras palavras, as normas ditam o que "parece certo" em cada situação, e dessa maneira governam os atos das pessoas.

Às vezes, normas que parecem úteis, e que estão vinculadas a metas elevadas, acabam se tornando destrutivas. Foi o que ocorreu no citado exemplo sobre a divisão da empresa de saúde. Uma das normas mais alardeadas da divisão era o empenho em buscar o consenso no processo decisório. Mas, embora o consenso geralmente resulte em membros de equipe bastante envolvidos e motivados, naquela divisão o líder o usava como forma de paralisar e até mesmo apropriar-se das decisões — especialmente as que conduzissem as coisas numa nova direção.

No caso da nova líder da sonolenta divisão da empresa de seguros, a incapacidade de Janet de identificar a realidade emocional da equipe e de obedecer a suas normas subjacentes levou a resultados catastróficos. Ela subestimou o poder da tribo: os estreitos laços que se formam entre as pessoas quando existem consolidados hábitos coletivos e um senso compartilhado do que lhes parece sagrado.

Incumbida de transformar a divisão numa unidade ultramoderna, Janet chegou trazendo grandes objetivos e um olhar agudo para o que precisava ser mudado. Usando um clássico estilo coercitivo de liderança, olhou em torno, viu poucas pessoas com jeito de "líderes" (na verdade, eram todos parecidos com ela), e começou a fazer a limpeza da casa — prontamente sacrificando quem tinha menos poder. Quando seus novos subordinados reclamavam de suas táticas, Janet não se abalava; estava convencida de que as pessoas acima dela compreenderiam a necessidade de mudança e adotariam sua visão — ou iriam embora.

O que Janet não levou em conta foram as normas, não explícitas mas poderosas, que já governavam a divisão muito antes de sua chegada. A mais importante delas era um forte vínculo de lealdade entre os membros da equipe, que se orgulhavam de cuidar uns dos outros em tempos difíceis. Além disso, eles tinham descoberto um jeito de lidar com conflitos que garantia que ninguém fosse prejudicado. Ao tratá-los com rudeza, Janet violou normas culturais básicas. Os membros da equipe sentiam que seus princípios fundamentais — colaboração, bondade e respeito pela "fachada" — estavam sendo atacados e revidaram. Em poucos meses, com as pessoas unidas em torno do mesmo senso de indignação, membros da equipe tentaram destituí-la da liderança, enquanto muitos outros preferiram sair — o que levaria ao fim da divisão.

Janet oferece um bom exemplo de um dos maiores erros que os líderes podem cometer: ignorar as realidades das regras básicas da equipe e as emoções coletivas na tribo e supor que a força de sua liderança é suficiente para moldar o comportamento das pessoas. Mesmo assim, é um erro que se verifica com grande frequência nas empresas: um líder assume um novo cargo — quase sempre numa situação de volta por cima —, ignora a força das normas grupais e age como se os sentimentos não tivessem importância. Em vez de usar estilos de liderança que criem ressonância, o líder emprega uma combinação avassaladora dos estilos coercitivo e modelador. O resultado é um ambiente tóxico e rebelde.

Está claro que os líderes dos exemplos anteriores não tinham inteligência emocional para lidar com a realidade dos grupos e elevar as interações da equipe a níveis mais produtivos. Já os líderes dotados de agudo senso das normas essenciais de um grupo — e mais eficientes em maximizar emoções positivas — conseguem criar equipes de alta inteligência emocional.

A inteligência emocional coletiva é o que distingue as equipes de alto desempenho das equipes medianas, como o demonstram os trabalhos de Vanessa Druskat, professora da Escola Weatherhead de Administração da Case Western, e de Steven Wolff, professor da Escola de Administração da Faculdade Marist. Eles sustentam que a inteligência emocional do grupo determina a capacidade da equipe de lidar com suas emoções para cultivar "confiança, identidade coletiva e eficácia coletiva" e, com isso, maximizar a cooperação, a colaboração e a eficiência.[7] Em suma, a inteligência emocional resulta numa realidade emocional positiva — e poderosa.

COMO MAXIMIZAR A INTELIGÊNCIA EMOCIONAL DO GRUPO

Como seria de esperar, a inteligência emocional do grupo exige as mesmas aptidões que um indivíduo inteligente emocionalmente manifesta: autoconsciência, autogestão, consciência social e gestão de relacionamentos. A diferença, porém, é que as aptidões de IE dizem respeito tanto a indivíduos quanto ao grupo todo.[8] Grupos têm estados de espírito e necessidades e agem coletivamente — basta pensar na última vez em que você chegou atrasado para uma reunião e sentiu um clima de tensão na sala. Dava para saber que tinha havido um conflito qualquer mesmo antes de alguém dizer uma palavra. O grupo estava tenso e pronto para a briga. Você percebeu também que o grupo precisava de alguma ação para voltar ao normal — e se isso não acontecesse logo, as coisas se deteriorariam. É o que queremos dizer quando falamos em estados de espírito e necessidades do grupo.

Assim como ocorre entre indivíduos, nas equipes as aptidões de IE se acrescentam umas às outras na prática, tornando-se uma espécie de sequência contínua. Em outras palavras, os membros da equipe, quando começam a praticar a autoconsciência, observando os estados de espírito e as necessidades do grupo, tendem a responder uns aos outros com empatia. O próprio ato de demonstrar empatia uns com os outros leva a equipe a criar e sustentar normas positivas e a gerenciar com mais eficiência suas relações com o mundo exterior. No nível da equipe, a consciência social — especialmente a empatia — é o alicerce que lhe possibilita formar e manter relações com o resto da organização.

A equipe autoconsciente

A diretoria administrativa de uma empresa de engenharia tinha programado sua reunião semanal para um lugar fora do trabalho. Quando o encontro ia começar, um dos seus membros entrou como um furacão, resmungando qualquer coisa sobre o fato de a reunião ser realizada em um lugar e momento inconvenientes para ele. Notando o quanto ele estava chateado, o líder do grupo chamou a atenção de todos para o sacrifício que aquele colega estava fazendo, e agradeceu-lhe o esforço. Efeito desse reconhecimento: a raiva passou.

Uma equipe manifesta sua autoconsciência prestando atenção nos estados de espírito compartilhados, bem como nas emoções individuais dentro do grupo. Em outras palavras, os membros de uma equipe autoconsciente estão em sintonia com as correntes subterrâneas dos indivíduos e do grupo inteiro. Demonstram empatia uns pelos outros, e há normas para apoiar a vigilância e a compreensão mútuas. Assim sendo, embora o gesto do líder dessa equipe possa parecer simples, quase sempre uma reação astuta e aparentemente sutil contribui mais para reduzir a dissonância e restaurar a ressonância do que uma ação cercada de fanfarra.

Como as emoções são contagiosas, membros da equipe recebem suas deixas emocionais uns dos outros, para o bem ou para o mal. Se uma equipe é incapaz de reconhecer os sentimentos de raiva de um dos seus integrantes, essa emoção pode deflagrar uma reação em cadeia de negatividade. De outro lado, se a equipe aprendeu a reconhecer e confrontar com competência esses momentos, a angústia de uma pessoa não terá força para sequestrar o grupo inteiro.

Essa intervenção na equipe de engenheiros indica uma sequência quase contínua entre a autoconsciência e a empatia de uma equipe, o que leva à autogestão do grupo. O líder, nesse caso, projetou por empatia o confronto da realidade emocional de um integrante e o submeteu à apreciação do grupo. Essa atitude cuidadosa contribui para criar uma sensação de confiança e de participação que ressalta a missão compartilhada: estamos todos juntos nessa.

A autoconsciência de uma equipe também significa criar normas, tais como prestar atenção no ponto de vista de cada indivíduo — incluindo o do dissidente solitário — antes de tomar uma decisão. Ou pode significar reconhecer quando um colega de equipe fica tenso ao aprender uma tarefa, e oferecer apoio.

Em suas pesquisas sobre equipes, Susan Wheelan, da Temple University, e Fran Johnston, do Gestalt Institute de Cleveland, assinalam que com grande frequência é um membro de equipe inteligente emocionalmente — não só o líder — que consegue mostrar problemas subjacentes e, dessa maneira, despertar a autoconsciência do grupo.[9] Foi esse o caso ocorrido numa sessão de planejamento estratégico na Lucent Technologies.

A reunião desenrolava-se muito previsivelmente. A executiva-chefe tinha pedido, como sempre o fazia, uma "meta ideal" para os números do ano seguinte. A equipe respondeu com a bravata de costume: "Dois algarismos!", "Somos capazes de fazer qualquer coisa que quisermos!". Mas Michel Deschapelles, vice-presidente regional para a América Latina, estava frustrado. Sabia que a norma de bravata pública da equipe vinha havia muito tempo mascarando critérios subjacentes de ineficiente estabelecimento de objetivos — o que explicava grande parte do lento crescimento da divisão — e refletia uma tendência de as pessoas evitarem assumir responsabilidades escondendo-se atrás de metas vagas.

Ele resolveu desafiar os colegas de equipe: "Vocês realmente acreditam nisso?", perguntou. "Nesse caso, vamos correr atrás de um crescimento de 400% este ano! Que esta seja a nossa meta!" Dava para ver a reação no rosto das pessoas: achavam que ele tinha surtado. Por um momento, a confusão paralisou o grupo. Mas, depois de alguns minutos, as pessoas começaram a rir: Deschapelles tinha mostrado que eles blefavam expondo a norma oculta do grupo, de fazer bravatas vazias.

Seu desafio abriu uma discussão franca sobre o hábito cultivado pela equipe de esconder a verdade sobre o seu desempenho atrás de frases sem sentido. Logo a equipe conseguiu ter conversas mais realistas sobre metas mensuráveis e providências concretas para atingi-las, responsabilizando uns aos outros pelo que conseguiam obter como grupo. Aquilo se revelou um momento decisivo para o desempenho nos negócios, dando nova clareza sobre quem era responsável pelo quê. Pela primeira vez, os resultados financeiros para o ano fiscal seguinte permitiram que a equipe demonstrasse à empresa o seu valor: eles ajudaram a fechar mais de 900 milhões de dólares em vendas.

As ações de Deschapelles despertaram a atenção coletiva — a consciência sobre o que a equipe estava fazendo e por quê.[10] Esse nível de autoconsciência numa equipe conduz à habilidade de tomar decisões sobre o que e como fazer, em vez de ficar apenas seguindo, sem pensar, normas ineficientes, ou de balançar de acordo com os ventos emocionais de membros (ou do líder) da equipe.

A equipe com autogestão

Cary Cherniss, presidente de um conhecido grupo de pesquisa, põe a autoconsciência da equipe em primeiro lugar e atribui aos membros do grupo a responsabilidade de administrarem o seu modo de trabalhar em conjunto. No

início de uma reunião com duração prevista para o dia inteiro, ele distribui a agenda do dia — junto com uma lista de "normas de processo" que descreve em linhas gerais a maneira como o grupo cumprirá essa agenda. Por exemplo:
É responsabilidade de todos, e não apenas de Cary:

- *Garantir que a reunião continue no rumo certo, se nos desviarmos do assunto.*
- *Estimular a contribuição do grupo com ideias, informações, sugestões.*
- *Levantar questões sobre nossas atividades (por exemplo, pedindo ao grupo que esclareça para onde está indo e apresentando resumos das questões em discussão, para termos certeza de que existe um entendimento comum).*
- *Participar como bom ouvinte: ou seja, limitar-se a falar sobre o que está sendo discutido, ou avisar claramente que queremos mudar de assunto, perguntando se todos concordam...*

Membros do grupo, que vêm das mais diversas partes do mundo, dizem que essas reuniões estão entre as mais diretas, produtivas e agradáveis de que já participaram.

Esse exemplo oferece uma excelente lição sobre como uma equipe chefiada por um líder inteligente emocionalmente aprende autogestão. Cherniss, é claro, devia saber o que estava fazendo — afinal, ele preside o Consórcio para Pesquisa sobre Inteligência Emocional em Organizações, na Universidade Rutgers. Mas nenhuma das normas de processo distribuídas por Cherniss era fora do comum. O inusitado era Cherniss fazer questão de lembrar ao grupo quais eram suas próprias normas de colaboração — tornando-as explícitas para que todos pudessem praticá-las.

Isso toca num ponto importante sobre autogestão de equipe: normas positivas só se consolidam se o grupo as puser em prática várias vezes. O grupo de Cherniss maximizava continuamente seu potencial de interagir com inteligência emocional, elevava o próprio nível de eficácia e produzia uma experiência positiva para todos os integrantes do grupo cada vez que eles se reuniam. Ser bem explícito sobre as normas também ajudava os recém-chegados a se integrarem, socialmente, com grande rapidez: a certa altura, o consórcio dobrou de tamanho, mas sem nenhuma dificuldade, porque as pessoas sabiam como se entrosar.

Quando valores e normas fundamentais são claros para todos, o líder não precisa sequer estar presente para que a equipe funcione com eficiência — isso é de especial importância para os milhares de administradores que trabalham com equipes virtuais cujos integrantes estão espalhados pelo mundo todo. Em equipes autoconscientes, que sabem se administrar, os próprios membros assumem a responsabilidade de instilar e reforçar normas ressonantes, e cobram uns dos outros o respeito a elas. Num laboratório de pesquisa, por exemplo, ninguém lembra quem começou o que se tornaria uma tradição nas reuniões de grupos de pesquisa e desenvolvimento. Sempre que alguém apresenta uma ideia criativa, a pessoa que toma a palavra em seguida assume o papel de seu advogado de defesa, oferecendo-lhe apoio. Isso aumenta as perspectivas de sobrevivência de uma frágil ideia incipiente, protegendo o pensamento inovador contra as críticas inevitáveis. A norma do advogado de defesa cumpre duas funções importantes: ajuda a defender novas ideias e faz as pessoas se sentirem bem quando são criativas. Como resultado, elas ficam mais criativas e a ressonância é reforçada dentro da equipe.

A autogestão da equipe é, portanto, responsabilidade de todos. O líder precisa ser forte e inteligente emocionalmente para induzir o grupo à prática da autogestão, em especial em equipes não acostumadas a lidar, de forma proativa, com emoções e hábitos. Quando os valores básicos e a missão geral da equipe são claros, porém, e quando as normas de autogestão são explícitas e praticadas continuamente, a eficácia do grupo aumenta em alto nível, assim como a experiência dos seus integrantes. Participar da equipe torna-se compensador — e essas emoções positivas fornecem energia e motivação para atingir as metas da equipe.

A equipe com empatia

Uma equipe de uma fábrica sabia que seu sucesso dependia em parte de fazer o grupo de manutenção dar ao equipamento a mais alta prioridade. Por isso os integrantes da equipe de fabricação inscreveram aquele grupo para o prêmio "Equipe do Trimestre", escrevendo as cartas que o ajudaram a ganhar. Esse toque final no relacionamento ajudou a equipe de fabricação a manter o recorde de alta produtividade na fábrica.

O efeito foi claro: ajudando a despertar um sentimento de orgulho de equipe no grupo da manutenção, a equipe de fabricação criou um clima de boa vontade entre essas duas partes da organização — e o desejo de ajudar a outra a ter êxito. A equipe usou suas habilidades para procurar compreender outra parte da organização e de que maneira os dois grupos afetavam um ao outro, cultivando, dessa forma, uma relação benéfica para ambos. Como resultado, as duas equipes tiveram mais êxito do que teriam se cada uma agisse por conta própria.

Uma equipe inteligente emocionalmente, portanto, tem o equivalente coletivo da empatia, a base de todas as habilidades de relacionamento. Ela identifica outros grupos essenciais na organização (e fora dela) que contribuem para o sucesso da equipe e toma medidas consistentes para estimular uma boa relação de trabalho com esses grupos. Porém ter empatia em nível de equipe não significa apenas ser legal. Significa descobrir de que é que o sistema de fato necessita e tentar consegui-lo de uma maneira que torne todos os envolvidos mais bem-sucedidos e satisfeitos com os resultados.[11] A atitude proativa da equipe de fabricação funcionou em dois níveis: criou ressonância entre os dois grupos e ajudou a apontar os refletores para o bom trabalho da equipe de manutenção quando ela foi reconhecida como o grupo de mais alto desempenho na fábrica.

A empatia através das divisões organizacionais — de equipe para equipe, por exemplo — é uma poderosa locomotiva de efetividade e eficiência organizacionais. Além disso, esse tipo de empatia ajuda muito a criar um clima emocional saudável em toda a organização, bem como um ambiente emocional positivo dentro das próprias equipes.

DESVENDAR A REALIDADE EMOCIONAL DE UMA EQUIPE

O líder que deseja criar uma equipe inteligente emocionalmente pode começar ajudando o grupo a elevar seu nível de autoconsciência. Como alguns exemplos discutidos anteriormente ilustram, esse é o verdadeiro trabalho do líder: monitorar o tom emocional da equipe e ajudar seus integrantes a reconhecer qualquer dissonância subjacente. Só quando é capaz de confrontar essa realidade emocional a equipe se sentirá mobilizada para mudar. Ao reconhecer um sentimento compartilhado simples como "não gosto do jeito disto aqui", a equipe dá um primeiro passo decisivo no processo de mudança.

O líder ajuda a iniciar esse processo sondando o que realmente se passa no grupo. Isso significa não apenas observar o que integrantes da equipe estão fazendo e dizendo, mas também compreender o que estão sentindo. Em seguida, quando o líder tiver ajudado a equipe a descobrir suas normas menos produtivas, o grupo pode se unir em torno de novas maneiras de trabalhar.

As estratégias para expor a realidade emocional do grupo podem assumir as mais variadas formas. Por exemplo, a vice-presidente de uma empresa de serviços financeiros nos contou o seguinte: "Sempre comecei procurando saber não como eu vejo as coisas, mas como os integrantes da minha equipe veem as coisas. Pergunto a mim mesma: 'O que se passa com essa pessoa? Por que toma essas atitudes ruins? De que tem medo ou sente raiva? Ou, o que é que a deixa animada, e o que a faz sentir-se segura e feliz?'".

Ao estimular em sua equipe a competência crucial da autoconsciência, essa vice-presidente fez de sua divisão um centro de excelência. Além disso, uma vez que as normas do seu grupo incluíam empatia e atenção especial aos outros — mais do que às deficiências e necessidades do próprio grupo —, a divisão conseguia olhar para fora e identificar problemas de liderança e administração que toda a empresa precisava resolver. Como resultado, a divisão tinha alcançado vários êxitos nos programas e iniciativas que havia lançado, incluindo um centro de avaliação de gestão conhecido na indústria como o melhor que existe.

Outra alta diretora presta atenção no grupo inteiro. Ciente de que equipes costumam se comportar distintamente em diferentes momentos do seu ciclo vital, ela cria maneiras de induzir os integrantes a falar de questões que são problemáticas em equipes novas.[12] Quando convoca uma equipe de projeto, ela rotineiramente pede às pessoas que falem dos seus pontos fortes e da contribuição que podem dar à iniciativa. Aos poucos, essa líder torna os membros da equipe conscientes de dois aspectos da realidade emocional do grupo: a dinâmica de inclusão (quem participa e quem não participa) e as funções de cada um (quem faz o que e por quê). A franqueza que ela estabelece com essas equipes incipientes ajuda a criar boas normas — hábitos que possibilitarão ao grupo lidar com os conflitos que inevitavelmente virão.

Outro jeito de os líderes desvendarem a realidade emocional do grupo é observar sinais importantes. Por exemplo, durante uma recente fusão entre dois gigantes farmacêuticos europeus, uma gestora prestou atenção em um termômetro fácil das emoções coletivas de sua divisão: monitorou o número de carros no estacionamento.

Quando a fusão foi anunciada, essa diretora percebeu que o estacionamento estava sempre lotado e que muitos carros ficavam lá até depois do anoitecer. Ela sabia que as pessoas estavam trabalhando com maior empenho, animadas com as oportunidades potenciais que a fusão representava. Então, quando o processo de mudança começou a sofrer um atraso depois do outro, a gestora notou que o número de carros no estacionamento estava diminuindo. Claramente, o entusiasmo inicial de muita gente começava a murchar — e a ansiedade a crescer.

Mas que dizer dos carros que continuavam aparecendo no estacionamento, dia após dia? Vários grupos aparentemente conseguiram continuar produtivos e relativamente felizes, mesmo durante o vagaroso processo. Descobriu-se na divisão que, embora muitas dessas pessoas estivessem motivadas em seu interior — fosse por uma profunda dedicação ao trabalho em si, como os cientistas de pesquisa e desenvolvimento, ou porque eram habilidosas em autogestão emocional —, a maioria dos que sobreviveram à mudança foi protegida da turbulência por líderes eficientes. Esses líderes inteligentes emocionalmente fizeram questão de envolver suas equipes no processo de mudança, dando-lhes o máximo possível de informações e de controle sobre o próprio destino. Perceberam como se sentiam os membros de suas equipes, reconhecendo que seus sentimentos eram importantes, e deram às pessoas oportunidades de expressar suas emoções.

Por exemplo, um diretor de pesquisa e desenvolvimento reconheceu logo que o moral estava desabando depois que um líder estimado deixara a empresa. Em vez de ignorar o problema (afinal, não teria como reverter a situação), ele conversou com cada integrante da equipe individualmente sobre sua tristeza e suas preocupações. Esse tipo de atenção pessoal lhe permitiu manter a equipe unida, e esta pôde redirecionar suas energias para as mudanças mais positivas trazidas pela fusão. Outro gestor realizou sessões de "encerramento de atividades da equipe". Em vez de simplesmente transferir pessoas de lugar à medida que novos empregos eram anunciados, em diversas ocasiões ele reuniu o grupo para comemorar o passado, lamentar o fim de uma era e conversar sobre esperanças para o futuro.

Esses gestores são bons exemplos de líderes que administram os próprios sentimentos e os sentimentos coletivos de suas unidades, para que as pessoas gastem o mínimo possível de energia decifrando — ou combatendo — as mudanças. Ao manterem os olhos bem abertos e monitorarem o tom emocional dos grupos, os líderes captaram energia positiva e descobriram construtivas válvulas de escape para sentimentos negativos.

ESTABELECER REGRAS BÁSICAS: O TRABALHO DO LÍDER

Mais do que qualquer outra pessoa, é o líder de equipe que tem o poder de estabelecer normas, maximizar a harmonia e a colaboração para assegurar que a equipe se beneficie dos melhores talentos de cada integrante. O líder consegue isso conduzindo o grupo para um tom emocional mais elevado, usando imagens positivas, interpretações otimistas e normas e estilos de liderança, particularmente visionário, democrático, afetivo e treinador, que criam ressonância (ver capítulo 4 para mais detalhes sobre estilos).

Por exemplo, líderes podem moldar comportamentos através de suas próprias ações, ou reforçando positivamente pessoas que fazem alguma coisa que desenvolva a capacidade emocional do grupo. Uma maneira de fazer isso é conduzir uma breve sessão de check-in antes de começar uma reunião, para garantir que pessoas cujo estado de espírito seja "desligado" possam expressar seus sentimentos e suavizá-los. Como Kenwyn Smith, da Universidade da Pensilvânia, e David Berg, da Universidade Yale, perceberam em sua pesquisa, essas emoções num grupo são indícios cruciais para o líder "de que a questão ou o evento deve ser enfrentado, e não evitado" — atacando o problema de frente, em vez de deixá-lo se resolver sozinho.[13] Por exemplo, um líder pode fazer questão de ligar para um membro cujo comportamento foi rude e discutir com ele o assunto, ou de perguntar aos membros que ficaram calados o que acham de determinada decisão.

Estabelecer as regras básicas corretas requer um líder inteligente emocionalmente — mais uma vez uma questão de bom senso, e não

> de prática comum. Os melhores líderes prestam atenção e agem de acordo com o que lhe dizem os seus instintos sobre o que se passa no grupo, e não precisam ser óbvios a esse respeito. Mensagens sutis, como advertir com calma alguém de que não é correto atacar ideias durante uma sessão de brainstorming, também têm muita força. Sob a direção desses líderes, as equipes acumulam naturalmente ao longo do tempo uma tradição sobre como trabalhar uns com os outros.

A DESCOBERTA DA INTELIGÊNCIA EMOCIONAL DA EQUIPE

O CEO de uma empresa de porte médio nos pediu que trabalhássemos com uma equipe executiva que não demonstrava muito espírito de cooperação. O CEO achava que a cura era só uma questão de desenvolver espírito de equipe para recolocar tudo em ordem. Decidimos obter mais informações. Em nossas conversas de consultoria de carreira com membros da equipe, tentávamos descobrir qual era a realidade emocional do grupo e suas normas, bem como temas relativos ao impacto causado pelo líder. Também obtivemos um flagrante da inteligência emocional da equipe usando o Inventário de Competências Emocionais (ICE), e avaliamos estilo de administração e o impacto dos executivos no clima de sua organização.[14] Nossas descobertas surpreenderam o CEO. De fato, a equipe não estava trabalhando bem em conjunto, mas o que lhe faltava não era espírito de cooperação. Os resultados de nossas entrevistas, bem como a imagem fornecida pelo feedback de 360 graus, mostraram diversos problemas subjacentes que exigiam uma solução bem diferente.

Como era de esperar, quase não havia problemas com integrantes específicos da equipe. Um deles, por exemplo, tirou nota muito baixa em autoconsciência. Era totalmente incapaz de decifrar as deixas que recebia das pessoas sobre o seu jeito de interagir. Em reuniões, manifestava opiniões contundentes e não entendia o efeito que suas maneiras agressivas causavam nos outros. Quando alguém tentava abordar o assunto com ele, sua linguagem corporal dizia: "Pare com isso!".

Outro integrante da equipe, recém-chegado de uma fábrica do outro lado do mundo, demonstrava pouca compreensão da política organizacional na sede da empresa, indispondo-se com colegas e subordinados devido ao seu comportamento contrário à cultura dominante. O que tornava tudo ainda mais difícil de entender para os colegas (e para ele próprio) era que, no nível pessoal pelo menos, esse funcionário demonstrava excelente grau de empatia e habilidade de relacionamento — mas era simplesmente incapaz de interpretar a realidade emocional da equipe, e por isso nunca se adaptava.

Durante a maior parte do tempo, esses problemas e outras questões interpessoais eram o tema central do desenvolvimento do espírito de equipe. Quando examinamos a questão com mais profundidade, no entanto, descobrimos que o verdadeiro problema era uma combinação de normas ineficazes e o tom emocional negativo da equipe. Havia pouca autoconsciência por parte dos indivíduos, ou da equipe inteira, sobre o próprio processo coletivo. Eles não administravam muito bem as emoções de membros individuais ou o estado de espírito do grupo, e gastavam muito tempo e muita energia lidando com emoções negativas da equipe. Em resumo, não era legal fazer parte da equipe, e as pessoas evitavam trabalhar juntas.

Parte dos problemas subjacentes era que a equipe tinha estabelecido normas ineficazes em resposta ao estilo modelador do CEO. A prioridade dada por ele ao cumprimento de metas e sua incapacidade de demonstrar empatia estavam criando um ambiente disfuncionalmente competitivo dentro do grupo. Além disso, embora esse líder achasse que sua visão e estratégia eram claras para todos, nossos dados mostravam que estava longe de ser assim: os membros da equipe se movimentavam em direções diferentes justamente porque não sabiam ao certo que rumo a organização deveria tomar.

Obviamente, técnicas disponíveis para desenvolver espírito de equipe não teriam sido de grande ajuda para esse comitê executivo. Reconhecendo que a carência coletiva de inteligência emocional tinha criado hábitos improdutivos de interação, a equipe pôde ver o que precisava mudar de fato. Igualmente importante, a equipe percebeu que, para mudar como grupo, cada membro também teria que se comprometer a mudar como indivíduo. Munidos de informações corretas, conseguimos selecionar processos de mudança tanto para a equipe como para cada integrante.

Esse flagrante de equipe ilustra a importância de obter uma imagem clara da realidade emocional de um ambiente antes de partir para uma solução. Quando se procura compreender a realidade emocional, uma etapa importante consiste em desvendar hábitos particulares arraigados numa equipe ou organização que podem determinar comportamentos. Quase sempre esses hábitos não fazem muito sentido para as pessoas — que, apesar disso, agem em conformidade com eles, vendo-os apenas como "o jeito como se trabalha aqui". Líderes inteligentes emocionalmente procuram sinais que revelem se esses hábitos, e o sistema que lhes dá suporte, funcionam bem. Explorando e expondo hábitos coletivos pouco saudáveis, líderes podem desenvolver normas mais efetivas.

O exemplo anterior da equipe executiva desvendando suas normas improdutivas e sua realidade emocional pouco saudável chamam a atenção para um pré-requisito essencial das grandes mudanças organizacionais — algo que vamos examinar com mais detalhes no próximo capítulo. Juntar as pessoas da diretoria executiva para ter uma conversa honesta sobre o que está funcionando e o que não está é um primeiro passo essencial para a criação de uma equipe mais ressonante. Essas conversas mostram vivamente como é uma organização e os que as pessoas fazem ali.

O problema é que essas conversas são acaloradas, e muitos líderes têm medo de abrir o diálogo — temerosos de levá-lo à dimensão primordial. Frequentemente, inseguros de sua capacidade de lidar com as emoções despertadas quando as pessoas falam com franqueza sobre o que se passa, os líderes se limitam aos tópicos seguros: alinhamento, coordenação de áreas funcionais dos integrantes da equipe e planos de implementação estratégica. Embora essas conversas mais seguras possam preparar o terreno para a discussão seguinte — sobre a própria equipe, a organização e as pessoas —, a maioria das equipes suspende a discussão no nível da estratégia e do alinhamento funcional. Seus integrantes acham muito difícil ser honestos uns com os outros, examinar a realidade emocional e as normas da equipe. E isso provoca dissonância no grupo — afinal, qualquer um percebe quando as normas são disfuncionais e quando o clima emocional é improdutivo. Ao não enfrentar o problema, o líder na verdade o aumenta. É preciso coragem para romper a barreira, e só um líder inteligente emocionalmente é capaz de guiar uma equipe nesse processo.

Os benefícios desse processo na cúpula são triplos: primeiro, uma nova e saudável legitimidade se desenvolve no tocante a dizer a verdade e avaliar honestamente os aspectos comportamentais e emocionais de cultura e liderança. Segundo, o próprio ato de participar desse processo já cria novos hábitos: as pessoas na organização, quando veem seus líderes buscar a verdade, ousar compartilhar um sonho em voz alta e envolver-se uns com os outros de maneira saudável, começam a imitar esse comportamento. E terceiro, quando a busca da verdade começa no topo, outros também se dispõem a correr riscos.

Como vimos neste capítulo, líderes não lideram com ressonância se as normas de sua equipe os mantêm cativos. E só mudam as normas do grupo se estiverem dispostos a cumprir a principal tarefa de um líder — trabalhar com as emoções das pessoas e com a realidade emocional da equipe. Essa verdade é ainda mais clara no nível organizacional, quando as normas se estendem a culturas corporativas inteiras. Afinal, mesmo para os mais corajosos é difícil ir de encontro a um sistema. O próximo passo é estimular nova liderança, portanto, e examinar o estado real e o ideal da organização.

10. A realidade e a visão ideal
Como dar vida ao futuro da organização

Por muitos anos, a cadeia de restaurantes Shoney's teve na cúpula um grupo de executivos muito unido — pessoas que conheciam muito bem umas às outras, compartilhavam histórias e crenças e em geral achavam ter descoberto como administrar o negócio. O problema era que no topo havia também uma mentalidade de panelinha. Tratava-se na verdade de um clube de colegas executivos brancos — e havia uma cultura subjacente que funcionava na base da ação entre amigos e deixava de fora minorias.

Tudo isso mudou, porém, em 1992, quando a empresa foi obrigada a pagar 132 milhões de dólares numa ação judicial coletiva movida por 20 mil empregados e candidatos a emprego que tinham sido rejeitados, e alegavam práticas discriminatórias de contratação e promoção. Desde então, um quadro de novos líderes na Shoney's mudou deliberadamente a cultura da empresa, lançando uma campanha decisiva visando ampliar oportunidades para minorias qualificadas.[1] Em apenas dez anos a Shoney's deixou de ser um clube de velhos amigos e se transformou numa das "melhores empresas para minorias" da revista *Fortune*.

Essa mudança não ocorreu da noite para o dia, claro. O processo começou com um inegável toque de despertar (a ação coletiva) a respeito da *realidade* da cultura dissonante da empresa. Então os novos líderes que entraram em cena precisaram identificar *uma visão ideal* que orientasse futuras decisões de contratação. E finalmente a organização teve que adotar essa visão — tornar-

-se *emocionalmente afinada* com ela — antes que houvesse uma mudança permanente.

Na Shoney's, os líderes enfrentaram a realidade e conduziram a organização para um futuro bem diferente. Sabiam que, assim como no caso das equipes, identificar a realidade emocional e as normas de uma organização desencadeia o processo de mudança. Os líderes podem dar início a uma mudança generalizada rumo à inteligência emocional quando identificam a realidade emocional e os hábitos de uma *empresa* — o que as pessoas fazem juntas e como.

A diferença real é que enquanto os componentes de competência de inteligência emocional individual podem traduzir-se direto para as equipes, as organizações são mais complexas e, portanto, a meta é mais ampla: para fomentar vasta e profundamente a liderança inteligente emocionalmente em todos os níveis e criar de forma sistemática normas e uma cultura que dê suporte à verdade, à transparência, à integridade, à empatia e a relações saudáveis. Esse tipo de transformação começa com líderes receptivos à verdade, que conseguem descobrir a realidade emocional da organização e que são capazes de envolver outras pessoas numa visão convincente do próprio futuro. Quando uma empresa desenvolve esse tipo de liderança inteligente emocionalmente em todos os níveis, e quando esses líderes enfrentam a realidade, uma empresa transformada pode, e com frequência deve, surgir.

QUANDO LÍDERES NÃO ESCUTAM

Esse primeiro passo, que consiste em descobrir a verdade e a realidade de uma organização, é a função primordial do líder. Muitos líderes são incapazes de provocar o aparecimento da verdade, o que os deixa sujeitos à doença do CEO — a do líder perdido e fora do tom. Em sua forma menos problemática, esses líderes parecem não ter tempo para conversas importantes e não cultivam o tipo de relação afetiva e de treinamento que resulta num profundo diálogo sobre o que funciona e o que não funciona. Não têm contato suficiente com pessoas em suas organizações para fazer ideia do que se passa, vivendo numa espécie de atmosfera rarefeita que os deixa fora de contato com a subjacente realidade emocional da vida diária.

Mais problemáticos são os líderes que adotam os estilos rígidos, o coercitivo e o modelador, e que de fato impedem as pessoas de contar a verdade. Não têm noção de nada ou negam a realidade de suas organizações. Embora possam achar que tudo está bem, na verdade criaram uma cultura na qual ninguém ousa contar nada que os possa provocar, especialmente más notícias. Esse tipo de silêncio tem um custo muito alto.

Considerem-se as 100 mil mortes anuais que ocorrem nos hospitais dos Estados Unidos em consequência de falhas médicas de rotina — tais como o médico receitar um remédio errado para um paciente ou prender-se o frasco errado num tubo intravenoso. Quase todos esses erros poderiam ter sido evitados se a cultura do comando e controle que prevalece na maioria das organizações médicas tivesse sido reconhecida e mudada.[2] Um médico, pertencente à força-tarefa de uma Academia de Medicina que cuida desses problemas, nos contou o seguinte:

> Na cultura dos hospitais, uma enfermeira que corrige um médico — dizendo-lhe que escreveu zeros demais ao receitar remédios para um paciente — pode perder o emprego. Se a medicina adotasse a política de tolerância zero que estabelece as normas para a indústria mecânica das linhas aéreas, reduziríamos substancialmente os erros médicos.

Claro, ninguém precisa dizer a uma enfermeira que ela pode incorrer na ira dos médicos se os contestar. São lições sobre cultura organizacional que se aprendem implicitamente, captando indícios no ambiente, e não é fácil mudar essas regras. Criar uma cultura hospitalar que apoie a "tolerância zero" significaria, por exemplo, construir um nível muito maior de verificação sistemática, e de dupla verificação, do que a área médica até agora aceitou. Também significaria contestar os muito usados estilos modelador e coercitivo de liderança que as culturas hierárquicas incentivam — e, como disse o médico, "dar segurança à enfermeira para dizer a um médico que ele cometeu um erro".

A ORGANIZAÇÃO TÓXICA

Quando os líderes atuam com estilos dissonantes, é inevitável que a cultura resultante seja tóxica. Como é trabalhar numa organização que não tem inteligência emocional? Uma administradora conhecida nossa descreveu o líder de uma organização tóxica que acabou deixando-a fisicamente doente, com a sensação de ter perdido suas aptidões, sua confiança e sua criatividade. O motivo era claro: um líder modelador que recorria a ameaças e coerção para conseguir que o trabalho fosse executado.

Apesar de a empresa ter serviço público e educação como suas tarefas declaradas, o presidente estava mais preocupado com lucros imediatos. A empresa quase não tinha concorrentes, por isso, na cabeça dele, era possível baixar a qualidade sem o risco de perder fregueses. Outra coisa perturbadora era o fato de ele dizer sem medo que não dava a menor importância ao bem-estar dos funcionários. "Traga-os e mate-os de trabalhar", gostava de dizer. Pior ainda, não tinha respeito pelas pessoas; era um tirano. Exemplo típico foi o dia em que uma funcionária iniciante mencionou a algumas pessoas, incluindo o presidente, que era seu aniversário, e lhes ofereceu pedaços de bolo. Todos sorriram e lhe desejaram "Feliz aniversário", mas o presidente comentou em voz alta a um diretor: "Que babaquice! Não consegue botar seu pessoal para trabalhar?". Virou-se então para a moça e, olhando-a de alto a baixo, disse: "E você com certeza não precisa das calorias desse bolo".

O estilo negativo desse líder servia de base para normas culturais altamente destrutivas. Por exemplo, como parte do trabalho, esperava-se que membros da equipe fossem falsos, levando os clientes a se sentirem da elite, pessoas privilegiadas, e que os serviços (muito caros) da empresa eram o que havia de melhor no mundo. Na realidade, os clientes não passavam de pessoas comuns, e os serviços mal estavam acima da média. Os sorrisos forçados dos funcionários pouco disfarçavam a tensão que sentiam — e os clientes foram ficando mais exigentes, à medida que percebiam que os serviços prestados eram medíocres. Além disso, as personalidades conhecidas que eram convidadas para conferências apareciam apenas rapidamente, uma vez que também não gostavam de trabalhar para a empresa — frustrando tanto o pessoal (que precisava delas) como os fregueses (que as queriam). Incapazes de conciliar a realidade com a fantasia que eram incumbidos de manter, muitos funcionários achavam o trabalho diário sem sentido e emocionalmente exaustivo.

Os hábitos destrutivos dessa empresa criaram uma cultura na qual as pessoas pararam de se perguntar como e por que as coisas eram feitas, limitando-se a fazer o que tinham de fazer, dia após dia, impulsionadas por atitudes, regras e políticas prejudiciais. E como os líderes dessa organização tóxica desestimulavam sistematicamente tentativas de melhorar a cultura subjacente, mudar era quase impossível. Hoje, a reputação dessa empresa caiu consideravelmente na indústria, e a rotatividade alcançou o ponto máximo.

ONDE A MUDANÇA COMEÇA

Essa triste história não significa que organizações tóxicas não possam mudar. Pelo contrário: a mudança começa quando líderes inteligentes emocionalmente questionam com asserção a realidade emocional e as normas culturais subjacentes às atividades e ao comportamento diários do grupo. Para criar ressonância — e obter resultados —, o líder precisa estar atento às dimensões ocultas: as emoções das pessoas, as correntes subterrâneas da realidade emocional da organização e a cultura que segura tudo isso.

Num grande hospital de pesquisas onde trabalhamos, essa lição foi aprendida da forma mais dura, mas os líderes *aprenderam* — e tiveram êxito em transformar a cultura.

O hospital refletia muitas das doenças vividas pelos serviços de saúde dos Estados Unidos no fim dos anos 1990: crescente demanda dos pacientes por assistência de qualidade e das seguradoras e agências governamentais por custos mais baixos — demandas naturalmente conflitantes. Como resultado, comunidades locais alegavam que o hospital não prestava bons serviços, e o hospital perdia negócios para outros sistemas de saúde. A resposta dos líderes foi elaborar uma estratégia de cinco anos para revisar cada aspecto da sua maneira de conduzir e administrar a instituição. Encomendaram o projeto de um complicado software para gerenciar dados financeiros. Terceirizaram funções que poderiam ser mais bem executadas fora. Deslocavam e tiravam pessoas de olho na eficiência.

Mas a equipe de líderes desse hospital deixou de levar em conta os principais fundamentos de qualquer mudança: atenção à realidade emocional e à cultura.[3] Os líderes também não quiseram saber como os funcionários se sentiam com relação ao próprio processo de mudança. Impuseram mudanças de cima para baixo — metas racionais, instruções claras e processos lógicos. Mas ignoraram a força da esfera emocional: em dois anos, o hospital estava à beira do declínio, o novo sistema, tão alardeado, produzindo pequeno retorno e a rotatividade duas vezes maior.

Nosso trabalho com os líderes do hospital consistia essencialmente em ajudá-los a reconhecer a dissonância na organização — e a reconhecer que o preço dessa discórdia poderia ser um esforço frustrado de mudança. Aos poucos, os líderes começaram a encontrar maneiras de deixar as pessoas discutirem seus sentimentos sobre o que estava ou não estava funcionando, através de um processo chamado inquérito dinâmico. Para sua surpresa, os líderes descobriram que membros da equipe não acreditavam que a cultura — ou os próprios líderes — apoiava mudanças, assumir riscos ou aprender.

Por exemplo, embora se sugerisse às pessoas que descobrissem novas formas de trabalhar, o pouco treinamento que recebiam lhes parecia antiquado e irrelevante. Na verdade, como a organização tinha um histórico de desprezo por treinamento, os funcionários não tinham vontade de participar de novos programas, e portanto não podiam aprender novas maneiras de trabalhar. Além disso, achavam que o processo de mudança era prejudicado por velhos hábitos culturais. A hostilidade com que os funcionários tratavam uns aos outros no dia a dia, por exemplo, quase sempre resultava em grosseria, e por isso todo mundo se sentia desgastado e na defensiva. A atmosfera era contaminada por conversas maldosas, retaliações e brigas mesquinhas — discórdias que minavam qualquer programa de mudança positiva.

Ao envolver as pessoas num processo de descoberta do "real", a cúpula do hospital deu um passo na direção certa. Reconheceu que os sentimentos dos funcionários eram importantes e providenciou um ponto de encontro para que as pessoas discutissem como fazê-lo. Consequentemente, deu-se um impulso e o tom ficou mais positivo. Enquanto a conversa prosseguia e a diretoria administrativa empenhava-se em fazer mudanças cruciais, a equipe começou a assumir responsabilidade pela parte que lhe cabia na criação de uma nova cultura. Logo as pessoas adotaram uma atitude mais positiva sobre o processo de mudança: a ressonância começou a desenvolver-se em torno dessa visão, e os funcionários responderam com entusiasmo. Houve um aumento acentuado no comparecimento e na participação em reuniões relativas à nova estratégia, e a atmosfera no hospital ficou muito mais leve. Em outras palavras, a cultura e a realidade emocional desse hospital começaram a melhorar, gerando energia positiva em vez de resistência, e ressonância em vez de dissonância. Hoje é uma instituição que se reinventou: os sistemas organizacionais estão mais ágeis, a rotatividade diminuiu e a satisfação dos pacientes é maior, e as normas de criação de ressonância estabelecidas durante o processo de mudança ainda estimulam dedicação, energia e flexibilidade. Antes da volta por cima emocionalmente inteligente dos líderes, o hospital era um bom exemplo de que a cultura subjacente de uma organização pode destruir até mesmo os planos mais bem elaborados. Se as normas culturais não favorecem a ação entusiasmada, a inovação, ou a ressonância, os líderes acabam travando uma batalha impossível de vencer.

Mas talvez o lado mais infeliz da dissonância organizacional seja o seu efeito sobre os indivíduos que ali trabalham: quando sua paixão diminui, eles perdem contato com as melhores qualidades que possuem. Em vez de excelência e autoconfiança, o que vimos nessas empresas foi muita manifestação de falsas bravatas, submissão irrefletida ou franco ressentimento. As pessoas aparecem para trabalhar, pelo menos em corpo, dia após dia — mas deixam o coração e a alma em outro lugar.

Como pode uma organização deixar de ser um lugar que desestimula o surgimento do que há de melhor nas pessoas para se tornar um ambiente de trabalho vibrante, onde todos se sentem cheios de entusiasmo e resolução? Esse tipo de mudança exige um grande salto: desde uma total compreensão da realidade até um profundo envolvimento com as visões ideais de todos — como indivíduos e como parte de uma organização. Às vezes, porém, para criar ressonância o líder precisa primeiro lutar contra a inércia subjacente da organização. Como fazer isso? Como é que um líder desvenda a realidade emocional — e lança as sementes do sonho — de um modo que motive em vez de paralisar?

A DESCOBERTA DA REALIDADE DA ORGANIZAÇÃO PELO INQUÉRITO DINÂMICO

Muitas grandes empresas dispõem de processos para avaliar sistematicamente atitudes, valores e crenças dos empregados — uma espécie de sondagem da realidade emocional por procuração. Esses processos podem ser muito úteis, mas o problema é que pesquisas medem apenas aquilo que procuram — e raramente acessam camadas mais sutis dos sentimentos subterrâneos e das normas complexas que fluem através de uma organização. Esse ponto cego pode resultar na medição apenas daquilo que as pessoas querem saber, mas não daquilo que não sabem. E mesmo quando as pesquisas medem aspectos de cultura e liderança que sejam problemáticos, só com um esforço concentrado e muita coragem se resolvem essas questões. Com frequência o que vemos são os resultados dessas pesquisas reveladoras serem postos de lado.

Um processo chamado *inquérito dinâmico* foi desenvolvido por Cecilia McMillen, da Universidade de Massachusetts, e Annie McKee como poderosa forma de compensar o efeito "descobrir o que estamos procurando" da maioria das pesquisas e permitir aos líderes atacar os problemas culturais subjacentes que atrapalham seus planos.[4] Esse método de descoberta desvenda a realidade emocional de uma organização — o que tem importância para as pessoas; o que as ajuda, ajuda seus grupos e ajuda a organização a ter êxito; e o que atrapalha. Através do processo de descoberta da verdade sobre sua organização, os funcionários começam a criar uma *linguagem comum* sobre o que realmente se passa, bem como sobre o que gostariam que acontecesse — sua visão ideal da empresa.

O inquérito dinâmico envolve conversas atentas e perguntas com respostas discursivas cujo objetivo é chegar ao nível dos sentimentos. Embora para alguns líderes isso possa parecer um pouco distante dos assuntos de negócios, só quando falam dos seus sentimentos é que as pessoas começam a desvendar as raízes de problemas na cultura e as verdadeiras fontes de inspiração à sua volta. Além disso, quando as pessoas mantêm conversas autênticas sobre como *se sentem* a respeito da organização, a tendência é haver um alto nível de concordância sobre o que funciona e o que não funciona. Como diz McMillen: "As pessoas começam a traçar uma imagem da alma da organização". Criam uma linguagem que captura a verdade sobre as forças que afetam a vida diária de todos na organização, bem como suas esperanças para o futuro.

Nessas conversas iniciais (quase sempre com a presença de líderes formais e informais de todos os níveis, e de pessoas com um ponto de vista), explicitam-se temas em geral muito mais significativos e menos genéricos do que os que normalmente surgem em pesquisas de atitude ou processos de entrevista mais tradicionais. Esses temas, quando apresentados a grupos pequenos, tendem a provocar conversas animadas e vibrantes sobre a realidade da organização. Talvez mais importante, quando se discutem questões culturais, a realidade emocional de uma organização, e como é trabalhar ali, as pessoas se sentem donas dos problemas, do sonho e do processo de sair do real para chegar ao ideal. E, dando atenção especial não só ao que há de errado na organização, mas também ao que há de certo, elas acabam se alinhando com uma visão de mudança — e vendo como seus sonhos, e suas contribuições pessoais ao processo de mudança, se encaixam no todo.

Depois que as pessoas se envolvem nesse tipo de diálogo aberto sobre sua cultura e seus sonhos, é muito difícil silenciá-las de novo. Ao contrário das pesquisas, ou reuniões para debater o futuro, o inquérito dinâmico inicia uma conversa com impulso próprio. A criação de uma linguagem comum baseada em sentimentos e fatos é uma poderosa ferramenta de mudança. Essa linguagem comum cria um senso de união e ressonância, e o impulso resultante ajuda a passar da palavra à ação. As pessoas sentem-se inspiradas e fortalecidas, com vontade de trabalhar juntas por seus interesses coletivos. Foi exatamente isso que aconteceu numa organização não governamental asiática quando uma líder que chamaremos de Lang Chen assumiu o comando.

A descoberta do espírito no trabalho: Lang Chen e a ONG asiática

Imagine o seguinte: sua organização tem 220 funcionários e você serve a uma base de consumidores de 150 milhões de pessoas. Nem é preciso dizer que uma organização dessas dimensões conta com uma imensa burocracia de apoio. Era exatamente esse o problema quando Lang Chen assumiu as rédeas da divisão asiática de uma ONG internacional.

Embora a missão dessa ONG, de melhorar a saúde das mulheres e das crianças no mundo inteiro, fosse inspiradora e muito motivadora para os funcionários recém-chegados, Lang Chen percebeu que esse entusiasmo inicial costumava perder-se na realidade do trabalho diário. A paixão e a criatividade minguavam, e essa líder sentiu que a culpa era da maneira como as pessoas trabalhavam juntas e dos sistemas que as guiavam. A missão da organização fora soterrada sob suas múltiplas regras.

Em parte por causa da onerosa burocracia, o ritmo de trabalho na ONG era lento e a qualidade medíocre, apesar do aumento das demandas na organização e do aumento das críticas das agências e dos governos que a financiavam. Nada parecia acontecer quando era preciso. As pessoas ostentavam o ar de segurança de quem tem "um trabalho pelo resto da vida" (problema comum em muitas ONGs de grande porte), e parecia haver pouca relação entre competência e sucesso. Havia apenas uma vaga ideia do que era preciso fazer para se dar bem no emprego, e a organização aparentemente perdera a capacidade de autoavaliação; desde que as regras fossem observadas, os pontos fortes e fracos dos funcionários não faziam diferença. E, numa organização dedicada às necessidades femininas, havia pouquíssimas mulheres no escritório, e menos ainda em funções de responsabilidade.

Além disso, havia uma verdadeira divisão entre a equipe de apoio e as pessoas que de fato prestavam os serviços da ONG — com os provedores diretos de serviço recebendo todos os elogios por qualquer sucesso. Em ambos os grupos, as pessoas estavam satisfeitas com o status quo e resistiam a mudanças, mesmo nas situações de urgência que as exigiam.

Como resultado desse ambiente, alguns valores fundamentais da ONG — como compaixão e integridade — eram obscurecidos por mal-entendidos e políticas antiquadas. Lang Chen viu com clareza que, no geral, os funcionários se sentiam desconectados, e a ressonância, que outrora tinha sido resultado natural da atraente missão, estava em declínio. O desafio de Chen era o de todos os líderes: descobrir o que funcionava e o que não funcionava, e conduzir as pessoas a soluções. Mas como pode uma líder enfrentar a inércia de um sistema? Como desenvolver na instituição a capacidade de avaliar-se e monitorar-se? Como, em suma, fazer a alquimia capaz de transformar uma organização?

Lang Chen seguiu princípios simples. Usou uma abordagem inclusiva, empregando inquérito dinâmico e envolvendo as pessoas na descoberta da verdade sobre si mesmas e a organização. Reuniu pessoas em torno da paixão pelo trabalho e do sonho do que poderia ser: elas a viam como visionária e a seguiam. Ela se tornou modelo das mudanças que desejava ver. Finalmente, criou sistemas para dar suporte a novos hábitos e maneiras de trabalhar. Esse último conjunto de ações — a mudança de sistemas — foi crucial para sustentar as alterações. Como diz Ruth Jacobs, do Hay Group, criar práticas de recursos humanos que estimulem a inteligência emocional — gestão de recrutamento e desempenho, por exemplo — é fundamental para suportar a ressonância e um clima emocional saudável.[5]

Líderes inteligentes emocionalmente sabem que sua tarefa primordial é antes de tudo ver a realidade organizacional, identificando os problemas com o total envolvimento de indivíduos indispensáveis. Eles estendem as conversas para toda a organização, usando processos capazes de envolver visceralmente as pessoas na descoberta da realidade, ao mesmo tempo que acessam esperanças individuais e coletivas para o futuro. Como Lang Chen, esses líderes capacitam as pessoas a identificarem os melhores aspectos da organização, bem como seus defeitos, e ajudam a criar uma linguagem comum sobre a realidade do momento, liberando energia para a adoção de uma visão compartilhada do futuro.

A MUDANÇA DECISIVA: DA DISSONÂNCIA PARA A VISÃO IDEAL

Uma vez descoberta e explorada a realidade cultural, a etapa seguinte rumo à organização inteligente emocionalmente requer a definição de uma visão ideal para a organização que esteja em sincronia com as esperanças e os sonhos que os indivíduos alimentam para si mesmos. Agindo num lugar de inteligência emocional e servindo de modelo para esse comportamento, os líderes podem ajudar seus funcionários a adotarem uma visão ideal para o grupo. Como é uma organização em que os membros estão afinados com a visão comum? Consideremos o caso da Lucasfilm, com sede no condado de Marin, na Califórnia, e empresa-mãe de numerosas organizações de mídia criativa do produtor George Lucas.

A primeira coisa que chama a atenção quando se conhece Gordon Radley, o presidente da Lucasfilm Ltda., são talvez as pequenas marcas de tatuagem nas bochechas. Essas tatuagens identificam Radley como membro de uma tribo do Malawi com quem conviveu durante dois anos como voluntário do Peace Corps no fim dos anos 1960. Trinta anos depois, ele ainda mantém contato com amigos na tribo malawiana, chegando a fazer pequenas doações para ajudá-los a cobrir suas cabanas de vime com telhado de zinco ou a abrir um pequeno negócio. "É diferente de qualquer lugar que nós de fora conhecemos, mas apesar disso é um mundo coerente que permaneceu mais ou menos o mesmo", diz Radley, contando uma visita recente que fez ao Malawi. "Estar lá me faz lembrar como gosto dessa gente. Ser parte de uma tribo sempre teve um significado especial."

De forma parecida, esse senso quase tribal de pertencer a um grupo especial, de habitar um mundo único, caracteriza os lugares onde as pessoas gostam de trabalhar. Para Radley, uma das suas responsabilidades como líder é alimentar e manter a cultura empresarial da Lucasfilm. No império que George Lucas criou e do qual é dono, a Lucasfilm é a empresa-mãe da legendária casa de efeitos especiais Industrial Light & Magic, bem como de uma série de outras empresas de mídia criativa em setores que vão de video games a sistemas de som para cinema.

Radley acha que a cultura corporativa mais eficaz não é diferente do sentimento tribal que ele conheceu no Peace Corps. A missão de Radley: "Como é que se cria esse sentimento tribal? É muito difícil, porque é tão fugidio que desaparece quando se chama a atenção para ele. Mas queremos ter certeza de que nossos sentimentos com relação ao que fazemos são tão importantes quanto o que fazemos".

Uma maneira de despertar esse sentimento pode ser criar momentos extraordinários, experiências coletivas que passem a fazer parte da mitologia compartilhada. Radley conta:

Alguns anos atrás, a empresa percebeu algumas falhas. "Por isso organizei uma reunião geral. Nunca tinha acontecido antes, juntar todo mundo numa sala — tivemos que nos reunir no auditório de um centro comunitário. Abri a reunião de forma rotineira, com vinte minutos sobre resultados financeiros, a situação da empresa, essas coisas. Então, de repente puxei uma cortina e lá estava o elenco do musical *Stomp!* da Broadway. Ninguém esperava por isso.

Durante duas horas, a empresa inteira se maravilhou com o espetáculo, uma apresentação inteiramente não verbal, só com percussão, de sintonização espontânea. A complexa coreografia de *Stomp!* mostra que, usando objetos prosaicos, como vassouras, baldes, esfregões e desentupidores, uma pessoa sozinha consegue iniciar um ritmo ao qual outras podem aderir e desenvolver uma sincronia criativa, deslumbrante. É uma ode muda ao poder de um grupo em estado de ressonância. Segundo Radley:

Foi um momento eletrizante. Uniu todo mundo, sem que uma palavra fosse dita. Fiz isso porque queria reunir todos, criar um senso especial de que estamos envolvidos nessa de trabalhar juntos por alguma coisa maior do que nós mesmos. Queremos criar uma cultura em que as pessoas tenham compaixão umas das outras. A cultura de uma grande empresa tem empatia — e espera-se que isso se torne um valor partilhado por todos. A gente faz essas coisinhas simbólicas e torce para que elas deem o tom.

Esse momento exemplifica o que Radley chama de "desenvolvimento de guerrilha", a sutil formação da cultura da empresa. Mas a frágil natureza da cultura de um grupo significa que esse desenvolvimento não pode ser forçado. Como diz Radley, "a gente bota a mesa e espera que as pessoas cheguem e sentem".

Por exemplo, Radley teve que lutar contra seus próprios líderes seniores numa primeira reunião da empresa para dispor as cadeiras num grande círculo. "O jeito de sentar já indicava esse sentimento tribal", diz ele. "Pedimos a cada pessoa que se apresentasse e dissesse onde foi criada. No fim desse círculo de apresentação, a sensação geral era a de que tínhamos vindo de todos os cantos do mundo para fazer parte daquele grupo, naquele momento."

Esses flagrantes transitórios de bons sentimentos, claro, não têm grande significado se não corresponderem à realidade do dia a dia de trabalho. Como empresa, a Lucasfilm tem a reputação de ser um lugar onde todos desejam trabalhar — reputação essa que põe a empresa em situação vantajosa para atrair e reter talentos, no mercado de trabalho altamente competitivo da Área da Baía de San Francisco. As empresas que formam a Lucasfilm estão entre as poucas que aparecem nas listas de "Melhores Empresas para Trabalhar" em revistas como *Fortune* e *Working Mother*.

O grau de "clima tribal" de uma organização pode ser um bom indicativo de que ela identificou sua visão ideal e alinhou as pessoas em torno desse objetivo comum. Mas como é que os líderes ajudam suas organizações a desenterrar uma visão ideal? Começam fazendo um rigoroso exame de si mesmos — dos próprios sonhos e das visões que idealizam para suas organizações.

Inspiração e a hora do rato

A conexão com uma visão que possa criar ressonância começa dentro de nós, como nos diz Antony Burgmans, copresidente da Unilever.

Quando lançamos nossa estratégia de crescimento, percebi que eu não me sentia bem: faltava alguma coisa, e eu sabia que teríamos de reexaminar nossos planos. Confiei em meus sentimentos — aprende-se a escutar essa voz interior. Assim, procurei localizar a fonte da minha inquietação. Estávamos fazendo tudo certo: uma estratégia nova, com um foco bem claro; apoio dos acionistas, uma nova estrutura da organização, e dispúnhamos de bons funcionários. Mas havia alguma coisa errada — faltava a peça mais importante. O que eu via era que, apesar de termos uma excelente estratégia de mudança, e uma visão inspiradora, para fazer uma mudança na Unilever precisávamos acima de tudo de uma nova cultura, de uma nova mentalidade de liderança e de novos comportamentos.

Niall FitzGerald, copresidente e cocriador do processo de transformação, intervém:

Sabíamos para onde precisávamos ir, isso estava totalmente claro. Tínhamos conosco todas as peças organizacionais — mas era como estar em pé na beira do Grand Canyon. Sabemos que é preciso chegar ao outro lado, mas para isso será preciso dar um grande salto, então construímos uma ponte. Sentimos uma expectativa, até mesmo um profundo desassossego, porém a emoção da visão pede que construamos essa ponte, para darmos esse salto. Prestei muita atenção nos sentimentos — especialmente os que me diziam que algo não estava certo, ainda não estava. Esses sentimentos eram importantes — para mim como líder, me mostraram o que precisávamos fazer. Na Unilever, a ponte que precisávamos construir tinha a ver com pessoas: precisávamos ter acesso à paixão delas; precisávamos que elas vissem o negócio de um jeito totalmente novo; e precisávamos que desenvolvessem comportamentos de liderança bem diferentes.

O exame de consciência de FitzGerald e Burgmans levou a uma abordagem radicalmente nova para transformar a empresa, a começar pela mudança de mentalidade da cúpula da Unilever. A Unilever se viu em meio a uma profunda mudança — mas, ao contrário de muitas tentativas de mudança, existia em toda a organização uma clareza prodigiosa sobre o que devia ser feito e por quê. Os funcionários têm consciência de que são parte da mudança e sabem que também precisam mudar. Em termos de medidas financeiras e organizacionais, estão adiantados. Tudo isso porque dois líderes resolveram dar ouvidos a uma voz interior.

Para se conectarem com o tipo de visão que pode conduzir uma cultura rumo à ressonância, líderes inteligentes emocionalmente começam olhando para dentro — para o que sentem e pensam sobre suas organizações. Agem como instrumentos altamente sensíveis para se conectar com a visão e a missão ideais da empresa e percebem as lacunas entre o que poderia ser e o que é. Não se trata de intuição, mas de usar inteligência emocional para observar e interpretar pistas sutis sobre o que de fato ocorre, o que dá aos líderes uma perspectiva que vai além de outros tipos de dados sobre a empresa.

Acessar esse tipo de entendimento é mais fácil quando o líder cria o hábito de retirar-se para um lugar sossegado e refletir numa base regular. Alcançar a sabedoria da mente inconsciente é como tentar tirar água de um poço fundo: ajuda muito se a bomba estiver em boas condições — nesse caso, passar tempo refletindo, regularmente. Quase sempre essa sabedoria profunda se revela no meio da noite, na chamada hora do rato — aquele período escuro e sossegado da noite quando não há ninguém por perto e os pensamentos provocam ansiedade. É nesses períodos de reflexão silenciosa que o líder pode começar a encontrar respostas para perguntas persistentes: "O que é que está me chateando tanto que não consigo relaxar nem mesmo em casa? O que é que é confuso, embaralhado, ambíguo ou francamente irritante? Cadê a paixão, o entusiasmo, o significado do meu trabalho? Em que é mesmo que eu acredito?".

Examinando as fontes de sua ansiedade e de sua paixão — com especial atenção aos próprios sonhos —, os líderes podem começar a identificar aspectos da cultura da organização, da sua missão e visão abrangentes, e do seu estilo de liderança (incluindo o próprio) que precisam mudar. Só quando formulam para si mesmos o que é que segura as pessoas na organização — além do simples "emprego" —, os líderes se conectam com o tipo de visão ressonante que as pessoas conseguirão ver e sentir.

Para criarem a visão de uma empresa, líderes inteligentes emocionalmente precisam ir além do minucioso exame solitário da visão de uma organização para se beneficiar da sabedoria coletiva dos liderados. Lado a lado com o resto da organização, os líderes criam conjuntamente a visão que servirá para reagrupar e energizar todo o grupo. Envolver as pessoas num estudo deliberado de si mesmas e da organização — primeiro examinando a realidade e em seguida a visão ideal — cria ressonância e assegura a mudança sustentável.

Vejam-se os exemplos que se seguem, de líderes que ajudaram organizações a se unirem em torno de uma visão comum daquilo que um dia poderiam se tornar.

Sintonização, não alinhamento

- Keki Dadiseth assumiu como presidente da Hindustan Lever Limited (HLL) num momento de rápidas mudanças no meio empresarial indiano. Bem-sucedida e avançada em suas práticas de gerenciamento e em seus resultados periódicos, a empresa precisava, apesar de tudo, desfazer-se de uma cultura que, no novo ambiente, era vista como burocrática, fechada e pouco transparente. Atividades eram destacadas quase com a mesma frequência de realizações, e normas culturais davam suporte à hierarquia, em vez de incentivar plena autonomia. Por isso às vezes era difícil trabalhar com rapidez. Embora a empresa tivesse um processo de desenvolvimento de gestão bem definido, dúvidas eram levantadas sobre critérios de promoção e recompensa, porque a empresa dava a impressão de pouca transparência.

  Keki Dadiseth enfrentou esse desafio sem hesitar: partiu em busca do ideal oferecendo-se como exemplo. Descreveu as mudanças que queria ver, envolvendo pessoas no processo de criar uma nova visão e uma nova realidade. Seu conceito era liderança centrífuga — que o centro de gravidade não era só o presidente; todos eram essenciais para o sucesso. Dentro de um ano, a cultura mudou a tal ponto que as pessoas reconheceram a abertura, a confiança e a autonomia dentro da empresa. A HLL continua, como no passado, a ser um dos negócios mais lucrativos e altamente conceituados da Unilever.
- O projeto de imunização do Unicef na Índia fazia um trabalho importantíssimo, mas sua chefe da área de saúde, Monica Sharma, achou que o próprio programa precisava tomar uma injeção de ânimo no braço.

Embora o projeto fosse inspirador para o pessoal que trabalhava em contato direto com as equipes de saúde vacinando crianças em aldeias pobres, a maioria dos quatrocentos funcionários da organização — escriturários, contadores e administradores — ficava longe demais do estimulante trabalho de campo para se sentir inspirada. Monica decidiu levar a animação da linha de frente para o escritório de retaguarda, preparou um plano e incentivou todo o pessoal de escritório a passar vários dias num distrito onde o trabalho de verdade — a vacinação de crianças — era realizado. A alta cúpula do escritório — a representante Eimi Watanabe e seus dois vices, Thomas McDermott e Lukas Hendratta — contribuiu muito para o êxito, cada um deles apoiando Sharma pessoalmente e incentivando a iniciativa. Como resultado, os funcionários tiveram a oportunidade de experimentar em primeira mão a missão e a visão ideal que serviam de base para o seu trabalho, e puderam estabelecer vínculos uns com os outros em torno de um objetivo mais unificado.

- O grande processo de reestruturação pelo qual passou a Universidade da Pensilvânia nos anos 1990 — apesar de necessário — foi penoso para os funcionários. Antes das mudanças, quase todos tinham uma ligação muito especial com a Penn, uma instituição de ensino do prestigioso grupo conhecido como Ivy League, e consideravam que tinham emprego vitalício. Mas, com a mudança radical de funções e responsabilidades, as pessoas despertaram de anos de autossatisfação — e segurança. Basicamente, sentiam-se desmoralizadas por terem perdido a imagem que tinham de si mesmas. Para que a Penn completasse a sua transformação, a reitora Judith Rodin e o vice-reitor executivo John Fry buscaram inspiração num programa mais amplo, que pudesse ser compartilhado por toda a comunidade. Foi essa palavra — comunidade — que lhes permitiu iniciar um processo que criou ressonância e envolveu interessados dentro e fora da universidade em torno de uma visão comum.

Líderes costumam dizer que querem ver as pessoas "alinhadas" com sua estratégia. Mas essa palavra sugere uma imagem mecânica, equivalente a apontar todos os lápis na mesma direção, como um campo magnético alinhando a polaridade das moléculas. Não é tão simples. Estratégias, na maioria das vezes formuladas na linguagem seca das metas empresariais, falam principalmente ao cérebro racional, o neocórtex. Visões estratégicas (e os planos que nascem delas) são em geral lineares e limitadas, ignorando os elementos do coração e a paixão essenciais para desenvolver dedicação e lealdade.

Como cada um dos exemplos anteriores ilustra, convencer as pessoas a adotarem de fato mudanças requer sintonização — alinhamento com a espécie de ressonância que mobiliza as pessoas emocionalmente, tanto quanto intelectualmente. O desafio está em sintonizar as pessoas à nossa visão, e depois à nossa estratégia de negócios, de um modo que desperte paixão. Líderes inteligentes emocionalmente sabem que essa sintonização exige mais do que apenas conscientizar as pessoas da própria estratégia. Exige uma ligação direta com os centros emocionais das pessoas.

A sintonização, mais do que o simples alinhamento, oferece o entusiasmo motivador de uma visão organizacional. Uma vez estabelecida essa sintonização, as pessoas sentem o calor de uma animação coletiva, de muita gente entusiasmada com o trabalho. Uma visão que "deixe as pessoas sintonizadas" — que crie ressonância — desenvolve harmonia organizacional e a capacidade das pessoas de agirem como um grupo.

Os fios invisíveis de uma visão atraente tecem uma tapeçaria que junta as pessoas de forma mais poderosa do que qualquer plano estratégico. E pessoas, não só planos estratégicos, determinam o resultado. O êxito depende daquilo que os funcionários de uma organização julgam importante, daquilo que fazem, e de como trabalham juntos.

Warren Bennis, professor da Universidade do Sul da Califórnia e renomado especialista em liderança, descreve a sincronização como "administrar atenção por meio de visão" — o que, segundo ele, é responsabilidade fundamental do líder, bem como usar o ideal do grupo para dar foco aos esforços de todos.[6] A sintonização é especialmente importante quando a organização passa por uma mudança significativa no jeito de trabalhar — e é igualmente decisiva sempre que uma visão que garantiu o êxito inicial de uma organização ficou obsoleta e precisa ser atualizada.

A sintonização começa envolvendo profundamente as pessoas no processo de identificar lacunas entre a realidade emocional da organização e a visão ideal que as pessoas têm dela, incluindo as visões que têm de suas próprias interações dentro da empresa.

No entanto, o líder precisa dar um passo além e encarregar os funcionários da organização de realizarem o próprio processo de mudança. Foi o que fizeram os líderes dos exemplos citados. Lancemos agora um olhar um pouco mais profundo sobre cada uma dessas situações para ver como os líderes sintonizaram suas organizações com uma visão comum — e provocaram mudanças duradouras.

Seja você mesmo a mudança que deseja ver: Keki Dadiseth e a Hindustan Lever Limited

Keki Dadiseth, o novo presidente da Hindustan Lever Limited, assumiu numa época de profundas mudanças no ambiente empresarial indiano. A HLL tinha uma rica história de boa qualidade administrativa e de crescimento dos negócios e era vista pelas concorrentes como o padrão de empresa a ser seguido.

Embora a HLL fosse bem-vista e bem-sucedida, Dadiseth não demorou para perceber que naquele cenário de liberalização na Índia, a empresa precisava mudar depressa e livrar-se de uma antiquada cultura que o novo contexto via como burocrática e pouco transparente.

Para conseguir avanços numa cultura tão arraigada e sintonizar a empresa com sua visão, Dadiseth sabia que precisava mais do que de palavras, de novas políticas e mesmo de treinamento. Precisava demonstrar repetidas vezes os comportamentos que queria ver implantados. Um ditado japonês emoldurado que havia no escritório passou a ser o seu lema: "Nenhum de nós é tão esperto quanto todos nós". Desde o início, usou o estilo envolvente de liderança afetiva, respaldado por uma saudável dose de estilo democrático — combinação não muito comum na empresa. Desistiu da sua agenda diária e adotou uma política aberta, jamais se negando a receber um funcionário que quisesse conversar. E realmente escutava quando as pessoas falavam: aceitava conselhos, incorporando seus pontos de vista às decisões tomadas. Rompeu a hierarquia, almoçando com os funcionários na lanchonete, relacionando-se com todos num nível pessoal. Acabou até sabendo quem era que tinha um filho doente em casa e de quem era filha a menina que ganhou um prêmio na escola. Descobriu quais eram os funcionários que davam importância ao trabalho, e elogiava-os publicamente. E onde via dificuldades, incentivava as pessoas, dando-lhes autonomia, a apresentar soluções próprias. "Centrifugou" as tomadas de decisão — disseminando-as pela organização o máximo possível. No geral, pedia que as pessoas olhassem fundo dentro delas mesmas para descobrir o que era bom para o negócio — e para que agissem de acordo com isso.

Embora o novo estilo de liderança de Dadiseth fosse de início suspeito, logo ficou claro que ele não estava representando: era para valer. Ele era tão disponível, acessível e transparente que ninguém precisava conjeturar ou tentar contorná-lo. Suas ligações com as pessoas eram sinceras, e o resultado dessas relações positivas, muito humanas, eram a confiança e o respeito mútuos. Mais ainda, aquilo se difundiu: outros líderes começaram a compreender o valor de redirecionar a energia das pessoas para o envolvimento do grupo. Os funcionários começaram a imitar o exemplo de Dadiseth, e as normas da cultura aos poucos foram mudando, no sentido da abertura e da mutualidade. A mentalidade de "satisfazer o chefe" acabou: quase não se perdia tempo especulando, e as coisas começaram a ser feitas mais depressa e melhor.

Com o tempo, as pessoas passaram a apoiar umas às outras no êxito e nas dificuldades, e o espírito de cooperação na empresa evoluiu. De repente era menos arriscado para as pessoas assumirem responsabilidades, e mais fácil inovarem e se mostrarem criativas na sua parte dos negócios. Do operário de fábrica ao diretor, as ideias começaram a fluir em todas as partes e em todos os níveis, e a eficiência e a efetividade cresceram.

Enquanto criava relações fortes e abertas na empresa, Dadiseth estava de olho no objetivo: melhorar o desempenho da organização. Como diz ele, "o conforto na relação resulta em desconforto na atribuição de responsabilidades", e tomava cuidado para que a relação nunca ficasse pessoal demais. Assim, ao mesmo tempo que pedia à cúpula da empresa que visse suas conexões com os funcionários como importantes para os negócios, insistia também em um novo senso de responsabilidade: para com a empresa, uns para com os outros e para com os próprios valores.

Como resultado, tudo começou a funcionar com mais rapidez e naturalidade. Decisões que no passado levavam semanas agora eram tomadas em questão de horas, ou até de minutos, apesar do grande número de pessoas envolvidas. O compromisso com as decisões aumentou, em parte devido ao alto grau de envolvimento, mas também porque as pessoas passaram a confiar mais nos líderes. Agora achavam mais difícil esconder-se ou culpar umas às outras. As relações baseavam-se cada vez mais na confiança e numa conexão real, e os líderes assumiram mais responsabilidades.

Em um ano, o desempenho num conjunto de critérios comportamentais melhorou a olhos vistos. A velocidade e a efetividade de implementação de estratégias aumentaram acentuadamente, e todos na empresa eram donos do programa de crescimento; em todos os níveis, as pessoas regulavam seu comportamento de acordo com essa nova realidade. Keki Dadiseth tinha liderado pelo exemplo. Demonstrou princípios da nova organização que ele e sua equipe esperavam produzir: transparência, inclusividade, honestidade, rigor e resultados; avaliações corretas e honestas do que funcionava e não funcionava; e relação entre recompensas e realizações. Ao usar essencialmente o poderoso símbolo que seu escritório representava para moldar a transformação, Dadiseth tinha ajudado as pessoas a compreenderem e agirem em conformidade com novos padrões de responsabilidade. Em resumo, mudou as regras básicas, sintonizou as pessoas com uma nova visão para a organização e criou ressonância.

Durante toda essa alquimia organizacional, Keki Dadiseth dedicou o tempo necessário para seguir algumas regras básicas que podem desencadear mudanças:

- Concentrar a atenção das pessoas nos problemas e soluções subjacentes para criar um terreno comum e uma compreensão do que precisa mudar e por quê. Ajudando a formular problemas e trazendo para a superfície os hábitos encobertos, ocultos, que as pessoas seguem como se fosse o evangelho, o verdadeiro estado da organização torna-se claro e é uma força motivadora de mudança. Tornar claro o que está dissimulado dá às pessoas uma linguagem para discutir o que funciona e o que não funciona na organização, e um terreno comum onde se firmar, enquanto olham para o futuro.
- Concentrar-se no ideal, combinando estilos de liderança que criam ressonância, para permitir que as pessoas falem de suas esperanças sobre o futuro, e ter acesso à dedicação que elas sentem pela organização. Vincular metas pessoais dos funcionários a uma visão significativa torna seguro explorar maneiras de concretizar essa visão.
- Passar da palavra à ação. Isso começa pelo líder. Unir as pessoas em torno de um objetivo, passando da palavra à ação e moldando novos

comportamentos — essa é a incumbência do líder. E é uma coisa que Monica Sharma, do Unicef, compreendeu bem.

Viver a missão: Monica Sharma e o Unicef

Em 1989, quando se tornou chefe de saúde do projeto de vacinação da Seção de Saúde do Unicef na Índia, Monica Sharma compreendeu a importância do trabalho que a organização realizava. Um número excessivo de crianças estava morrendo de doenças infantis comuns e evitáveis, como sarampo — e a meta do seu projeto era mudar esse triste fato.[7] Mas logo no começo Monica percebeu uma coisa que a deixou perturbada: a maioria dos quatrocentos funcionários se sentia desconectada da missão da organização e do trabalho inspirador ao qual eles próprios davam suporte em seu trabalho diário. Como quase todos trabalhavam diante de uma mesa no escritório central, não tinham acesso ao senso de propósito que as equipes médicas experimentavam enquanto iam de uma aldeia para outra vacinando crianças.

Monica propôs uma solução que sintonizaria as pessoas com a missão comum — conectando-as *emocionalmente* com seu trabalho e, portanto, com a visão ideal do que faziam na organização. "Bolei um plano para envolver absolutamente todo mundo no trabalho de campo do projeto", nos disse Monica. Ela fez lobby junto à alta cúpula do Unicef para ter permissão de mandar cada um dos mais de quatrocentos funcionários do escritório para trabalhar em clínicas de vacinação nas aldeias. A cúpula apoiou o plano. A representante Eimi Watanabe e seus vices Thomas McDermott e Lukas Hendratta reconheceram que *especialmente* numa grande burocracia, se é para haver inovação e mudança, é preciso apoiar o agente de mudança. Foi o que fizeram.

Funcionários puderam ver — muitos pela primeira vez — qual era de fato o objetivo do seu trabalho. Ajudaram a reunir crianças e levá-las às clínicas; viram as equipes médicas em ação. Pela primeira vez tiveram a oportunidade de sentir as verdadeiras emoções que estavam na base do seu trabalho diário: entusiasmo e esperança, juntamente com as dúvidas e os temores das mães, que ficavam apavoradas com as seringas e temiam pelos filhos. Aos poucos, os funcionários do escritório compreenderam que cada uma das suas funções contribuía para salvar a vida de uma criança, e que mesmo tarefas que pareciam não ter importância ou rotineiras eram, na verdade, decisivas.

A história de um motorista do Unicef é um exemplo pungente. Antes ele via seu trabalho como apenas levar e trazer equipes médicas entre um distrito e outro — jamais se relacionava de verdade com a gente das aldeias. Mas, depois de passar um tempo numa clínica de aldeia, tudo mudou. Ele passou a interessar-se pelo que estava acontecendo enquanto fazia hora para levar os passageiros de volta ao escritório. Começou a conversar mais com os funcionários e com as mães. Viu o medo das crianças e das mães, e como era difícil para algumas mulheres consolar os filhos.

Por conta própria, o motorista começou a juntar pequenos grupos de mães em volta do carro, para conversar com elas sobre a importância da vacinação, tranquilizando-as a respeito dos efeitos colaterais e dando-lhes conselhos sobre como acalmar as crianças. Criou minisseminários, contribuindo para o sucesso de cada clínica. O trabalho improvisado do motorista refletiu-se em mães mais calmas e bem informadas — e em clínicas que funcionavam com mais facilidade e eficiência. Além disso, ajudou médicos e enfermeiros a entenderem melhor a contribuição do pessoal do escritório. E, sem a menor dúvida, o motorista se sentiu mais comprometido com seu trabalho.

Essa dedicação mais profunda fez enorme diferença certo dia, quando ele levou uma equipe a uma aldeia onde, depois de várias horas, a vacina ainda não tinha chegado. No passado, o motorista talvez tivesse dado de ombros e levado a equipe de volta para o escritório. Afinal, não era seu trabalho buscar vacinas, e provavelmente ele nem seria compensado pelo trabalho extra de ajudar a resolver a situação. Agora, porém, entendeu que sua "classe" de mães e crianças ficaria muito desapontada se não recebesse a vacina. Partiu para uma aldeia maior, bem distante, e horas depois voltou com as vacinas.

O motorista agiu de acordo com as novas normas culturais: envolva-se, dê um jeito de contribuir, viva sua missão. Ao convencer pessoas em todos os níveis a adotar — e entrar em sincronia com — sua missão, Monica Sharma criou uma ressonância que sobreviveria a qualquer simples programa de mudança. Na verdade, os funcionários juntaram-se a ela para criar essa visão da missão comum. O estilo visionário de liderança de Monica ajudou as pessoas a verem que suas pequenas contribuições — fossem no escritório ou na estrada — afetavam as crianças. Percebeu que, para encontrar sentido em seus esforços, as pessoas precisavam ver e sentir os resultados do trabalho, ver de que maneira o que eles fazem dava suporte àquilo em que acreditavam.

Ao mesmo tempo, era possível que uma única visita ao campo se apagasse da memória das pessoas, se as mudanças parassem aí. Mas Monica compreendeu que para que esses momentos inspiradores se traduzissem em novas maneiras de trabalhar juntas — em novas normas culturais que se sustentassem ao longo do tempo —, as pessoas precisavam de algo mais. Teriam que falar de suas experiências, compartilhar o que sentiram e aprenderam, e contar umas às outras histórias que viessem a definir a nova cultura.

Com isso em mente, Monica fez reuniões informais nos fins de semana, nas quais as pessoas pudessem se encontrar para trocar experiências. Então, quando elas começaram a falar dos desafios que encontraram e a pedir conselhos, Monica empregou o estilo treinador de liderança para moldar interações: as pessoas começaram a aprender a treinar umas às outras. Essas reuniões eram marcadas por risadas, incentivos e camaradagem. As pessoas eram dedicadas e inspiradas — e achavam o máximo trabalhar juntas.

Mesmo hoje, anos depois, alguns dos funcionários na Índia se lembram da iniciativa de Monica como um momento decisivo — talvez o mais inspirador da vida profissional deles. Muito importante, também, foi a confiança que a líder depositava neles, a crença de que seriam capazes de ir aos distritos ajudar, apesar de não terem nenhum treinamento. Essa confiança permitiu que muitos — como o motorista — fossem além das expectativas que tinham de si mesmos. E eles se lembram de que Monica ficava à sua disposição, estimulando a aprendizagem durante todo o processo.

Monica, é claro, sabia exatamente o que estava fazendo: sincronizando pessoas com a missão que exemplificava valores do Unicef e oferecendo-lhes maneiras tangíveis de tornar a visão uma realidade. Ao trabalhar com as emoções das pessoas e usar como base sua necessidade muito humana de um trabalho significativo, Monica ajudou a pôr os valores e as contribuições dos funcionários em sintonia com a missão maior. Isto é liderança ressonante em ação: despertar a paixão das pessoas e ligá-las a uma visão do que poderia ser. Monica Sharma cumpriu sua tarefa primordial como líder.

Mas o que dizer quando uma organização requer ajustes que vão muito além de atitude, ajustes que envolvem mudanças profundas na maneira de as pessoas trabalharem? No meio desse tipo de mudança, a ressonância com uma visão é por vezes a única coisa que mantém as pessoas unidas, evita a exaustão e mantém o foco e um espírito positivo. Vimos isso na Universidade da Pensilvânia numa crise nos anos 1990.

Sintonia com a comunidade: Judith Rodin, John Fry e a Universidade da Pensilvânia

De meados para o fim dos anos 1990, a Universidade da Pensilvânia passou por um grande processo de reestruturação no qual as funções do seu quadro pessoal foram totalmente modificadas, despertando de anos de autossatisfação muita gente que via desaparecer um futuro de aparente segurança. Os funcionários ficaram com medo de perder o emprego, e, o que era tão importante quanto, sentiam-se desmoralizados, perdendo a imagem que faziam de si mesmos como "privilegiados" por trabalharem numa universidade da Ivy League. Embora a reestruturação fosse importante para o futuro da instituição, o processo em si deixava as pessoas temerosas e reticentes.[8]

A presidente Judith Rodin e o vice-presidente executivo John Fry reconheceram que era preciso fazer alguma coisa para mobilizar o ânimo das pessoas em torno da ideia de conduzir a Universidade da Pensilvânia através do seu programa de mudança. Visualizaram um programa mais amplo — a comunidade fora da universidade — em busca da inspiração que envolvesse inteiramente os funcionários e os colocasse em sintonia com uma visão comum.

Sua primeira providência foi anunciar que era responsabilidade da universidade contribuir para a comunidade, em vez de apenas tirar dela. Era uma atitude que a Universidade da Pensilvânia — e a comunidade da parte oeste da Filadélfia em torno dela — presenciava havia anos. Na verdade, a instituição e a cidade mantinham uma relação tensa, discutindo sobre quando e onde deveria haver desenvolvimento e construção, quem era responsável por manter um ambiente limpo e seguro, e quem deveria enfrentar a crescente criminalidade.

A visão de Rodin e Fry foi além da retórica; resultou em ações concretas. Eles trabalharam em colaboração com autoridades, professores e diretores, policiais e corretores imobiliários para criar ruas e parques novos e bem iluminados, melhorar a qualidade da educação escolar e facilitar o acesso de moradores a recursos para restaurar suas casas. Fundaram um programa de hipotecas para incentivar professores e funcionários a se mudar para perto da universidade, e concentraram esforços para construir hotéis, lojas de varejo e empresas de prestação de serviços que fossem atraentes tanto para moradores como para visitantes. Lançaram, além disso, uma ambiciosa iniciativa para empregar moradores locais e firmar contratos de projetos de construção com empresas pertencentes a minorias e a mulheres na região oeste da Filadélfia, e outros tipos de negócio.

À medida que os benefícios de participar dessa nova estratégia iam ficando óbvios para pessoas dentro da universidade, funcionários se uniam com energia e entusiasmo em torno do processo de mudança. Quem poderia ser contra estabelecer relações amistosas com a vizinhança? Quem poderia ser contra novos parques e boa iluminação, a queda da criminalidade, a renovação de casas e a possibilidade de mudar-se para uma vibrante e movimentada área urbana com a ajuda de formas inovadoras de financiamento? Os valores que impulsionavam a estratégia — renovação urbana e envolvimento com uma comunidade vibrante e diversificada — eram intrinsecamente atraentes e compensadores para as pessoas, que voltaram a se sentir bem por fazer parte da Penn.

O que essas amplas providências fizeram pela parte oeste da Filadélfia é óbvio hoje, na aparência e no funcionamento da cidade. Mas o que fizeram dentro da universidade foi igualmente importante. Ao envolverem as pessoas da universidade na iniciativa do oeste da Filadélfia, Rodin e Fry conseguiram envolvê-las também em outras questões mais difíceis. Os funcionários compreenderam que aqueles líderes de fato acreditavam nos valores apregoados no processo de mudança e passaram a confiar em sua capacidade de realizar a mais difícil mudança interna. Em última análise, Rodin e Fry ajudaram a criar uma ressonância organizacional na qual as pessoas se sentiam participantes da estratégia — que estava em sintonia com seus valores pessoais. Isso tornou a visão de mudança não só significativa, mas também sustentável.

LIÇÕES: COMO CONSTRUIR UMA ORGANIZAÇÃO INTELIGENTE EMOCIONALMENTE

A noção de que a inteligência é importante no trabalho nada tem de nova, apesar de só há pouco tempo estudos começarem a mostrar que ela é essencial para o sucesso de qualquer organização. De fato, a inteligência emocional e a ressonância no local de trabalho talvez façam uso do antigo princípio organizador humano do bando primário — aqueles grupos de cinquenta a cem indivíduos que percorriam a terra ligados por um forte vínculo comum e cuja sobrevivência dependia de muita compreensão e estreita cooperação.

Em certo sentido, um bando de caçadores-coletores nas planícies antigas não é muito diferente das equipes da Hindustan Lever, do Unicef ou da Universidade da Pensilvânia. Em qualquer grupo humano ressonante, as pessoas encontram sentido em sua conexão e sintonia umas com as outras. Nas melhores organizações, elas compartilham uma visão de quem são coletivamente, bem como uma química especial. Têm uma sensação de pertencer ao grupo, de compreender e ser compreendidas, e de bem-estar na presença umas das outras.

É responsabilidade dos líderes inteligentes emocionalmente criar organizações ressonantes. Esses líderes envolvem os funcionários na descoberta da verdade sobre si mesmos e sobre a organização: reconhecem a verdade sobre o que *de fato* está acontecendo e ajudam as pessoas a identificar o que há de prejudicial e a avançar usando como base as boas qualidades da organização. Ao mesmo tempo, unem pessoas em volta de um sonho do que pode ser, e durante esse processo inventam e demonstram para as pessoas novas formas de trabalhar em conjunto. Criam ressonância e providenciam para que ela seja sustentada através dos sistemas que regulam o fluxo e refluxo de relações e trabalho na organização.

Há numerosas regras de engajamento que, como sugerem nossas pesquisas e o nosso trabalho com organizações, ajudam a criar uma cultura ressonante, inteligente emocionalmente e *eficaz*. As pesquisas levaram a três descobertas básicas: descobrir a realidade emocional, visualizar o ideal e sustentar a inteligência emocional. Cada uma delas é explorada, mais minuciosamente, nas seções seguintes:

DESCOBRIR A REALIDADE EMOCIONAL:

- *Respeitar os valores do grupo e a integridade da organização.* As visões mudam, mas, à medida que a visão se desenvolve, o líder precisa estar seguro de que o "centro sagrado" — aquilo que todos consideram mais importante — permaneça intacto. É o primeiro desafio: saber o que é de fato o centro sagrado — da perspectiva de outras pessoas, não apenas da do líder. O segundo desafio é ver com clareza o que *precisa* mudar, mesmo quando é tido em alta estima, e fazer com que outras pessoas também vejam. Se crenças, mentalidade ou cultura precisam realmente mudar, é essencial que as pessoas iniciem essas mudanças. Ela não pode ser forçada; portanto, quando entram no processo de mudança, as pessoas precisam estar pessoal e fortemente motivadas — de preferência por esperança e sonho, não por medo. Um líder visionário pode ter impacto positivo nesse processo, honrando sentimentos e crenças das pessoas à sua volta, ao mesmo tempo que demonstra com firmeza os benefícios de seguir em frente rumo ao sonho.

- *Diminuir a velocidade para acelerar.* Um treinador de tiro ao alvo que conhecemos costuma dizer aos seus alunos: "Se vocês estiverem numa situação de combate, não há como errar rápido o suficiente para salvar a vida". O mesmo se dá com criar ressonância e construir organizações inteligentes emocionalmente — o uso indiscriminado de técnicas de mudança não funciona. Diminuir a velocidade e incluir as pessoas na conversa sobre os sistemas e sua cultura é um processo que não vemos ser muito usado nas organizações, mas que, no entanto, é crucial. Processos como inquérito dinâmico exigem uma abordagem estimulante, de treinador, e um estilo democrático: o líder precisa mesmo ouvir o que as pessoas têm a dizer sobre a cultura e a realidade emocional da organização. Tanto o estilo treinador — no qual o líder ouve com profunda atenção os indivíduos — quanto o estilo democrático — no qual um grupo alcança o consenso dialogando — podem atrair as pessoas para o processo de mudança de um modo que fortalece o seu empenho e dedicação. Líderes inteligentes emocionalmente recorrem a esses estilos como meio de diminuir a velocidade até poderem adquirir um forte senso do que é necessário, exatamente, para dar às pessoas suporte para prosperarem.
- *Começar no topo com uma estratégia de baixo para cima.* Os líderes máximos precisam estar decididos a enfrentar a verdade sobre a realidade emocional da organização, e empenhados a sério em criar ressonância em torno de uma visão do ideal. Mas não podem parar aí: devem adotar

uma estratégia de baixo para cima, porque a ressonância só se desenvolve quando todos estão sintonizados com a mudança. Isso significa envolver líderes formais e informais de toda a organização em conversas sobre o que está funcionando e o que não está, e como seria fantástico se a organização pudesse andar mais na direção do que funciona. Reservar um tempo para discutir esse tipo de problema representa uma poderosa intervenção. Faz as pessoas pensarem e falarem, mostrando-lhes o caminho. Quando a animação e as adesões aumentam, fica mais fácil passar da palavra à ação. O entusiasmo dá o ímpeto. Mas o movimento precisa ser dirigido: rumo ao sonho, rumo a valores coletivos e rumo a novas maneiras de trabalhar em conjunto. Metas transparentes, um processo de mudança aberto, o envolvimento do maior número possível de pessoas e o exemplo do novo comportamento possibilitam a arrancada de cima para baixo e de baixo para cima que dá origem à ressonância.

VISUALIZAR O IDEAL:

- *Olhar para dentro.* Para formularem uma visão que ressoe nos outros, os líderes precisam prestar atenção, afinando-se, para começar, com os sentimentos próprios e os alheios. Os fatos por si — por exemplo, o que acontece no mercado — não geram informações suficientes para criar uma visão significativa que toque o coração das pessoas. Para tanto, o líder precisa "ver" no nível da emoção e elaborar uma visão importante, com a qual as pessoas possam identificar-se num nível profundo e pessoal.
- *Não alinhar — sintonizar.* Para que tenha apelo, uma visão precisa tocar o coração das pessoas. Elas precisam ver, sentir e tocar os valores e a visão da organização, para que essas abstrações adquiram sentido. Sintonizar as pessoas com uma visão significativa tem por base a integridade: as pessoas precisam sentir que podem trabalhar pelo sonho da organização sem fazer concessões aos próprios sonhos, às próprias crenças, aos próprios valores.
- *As pessoas primeiro, a estratégia depois.* Líderes que usam estilos criadores de ressonância moldam normas que apoiam dedicação, envolvimento,

busca da visão e relações de trabalho saudáveis e produtivas. Estabelecem conexões concentrando-se no que as pessoas de fato querem e necessitam, e construindo deliberadamente uma cultura que dê suporte à boa saúde na tribo. Quando um líder presta atenção especial nas pessoas, os laços emocionais assim criados são o terreno no qual a ressonância é semeada — e os liderados seguirão o líder nos bons e nos maus momentos. A ressonância cria um vínculo invisível, mas poderoso, entre as pessoas, com base na crença no que estão fazendo e na crença umas nas outras. Para que isso ocorra, as pessoas precisam conectar-se umas às outras em tempo real — não apenas on-line — em torno do trabalho. Precisam falar, dar risadas, contar histórias e — quem sabe — construir juntas um sonho.

SUSTENTAR A INTELIGÊNCIA EMOCIONAL:

- *Transformar a visão em ação*. Em todas as oportunidades, os líderes precisam demonstrar o que é e como é a visão, bem como de que maneira as pessoas podem vivenciá-la tanto agora como no futuro. Usam a si mesmos como instrumento de descoberta e mudança, aproximam-se do processo, e não desistem enquanto não atingem o objetivo. Idealmente, em cada interação, em cada decisão, os líderes agem em conformidade com os próprios valores e com os valores da organização que pretendem criar. Lideram por meio de treinamento, visão, democracia e respeito pelas pessoas à sua volta. E desafiam os demais a viver de acordo com seus valores e com a missão da organização.

    Além da postura primária do líder, há outras medidas necessárias para transformar a visão em ação: mudar estruturas organizacionais e definições de cargo, mudar normas de relacionamento, reformular sistemas e expectativas de desempenho para se adequar melhor à visão e fazer o trabalho das pessoas encaixar-se melhor na missão da organização.
- *Criar sistemas que sustentem práticas de inteligência emocional*. As pessoas são importantes, assim como o são os sistemas, as regras e os procedimentos. Lembretes do que é aceitável e do que não é são poderosos fatores de comportamento, quer se trate de políticas e de procedimentos

(que são de fato aplicados) ou de atenção aos comportamentos corretos de liderança. Especificamente, para que uma organização sustente ações de inteligência emocional, as regras, os regulamentos e as práticas de recursos humanos precisam estar em absoluta sincronia com os resultados desejados. Não faz sentido esperar que haja uma liderança inteligente emocionalmente, quando, a rigor, ela não é reconhecida nos sistemas de gerenciamento de desempenho ou de recompensa — por isso é essencial que se mudem as regras, se necessário, para fortalecer a visão.

- *Administrar os mitos de liderança*. Mitos e lendas resistem à rotina diária — e aos transtornos das mudanças. Quando os mitos certos são usados — ou seja, aqueles que apoiem inteligência emocional e ressonância —, as pessoas acham mais fácil manter um clima emocional positivo, mesmo em face da adversidade. Os líderes têm enorme impacto nas emoções gerais de uma organização, e quase sempre estão no centro das suas histórias. Administrar os mitos, as lendas e os símbolos do cargo pode ser um poderoso fator de mudança. Usando o poder simbólico da função como modelo de inteligência emocional, os líderes criam novos e positivos mitos mesmo através dos menores gestos e ações.

Criar organizações que sejam inteligentes emocionalmente é, em última análise, responsabilidade dos líderes. Cabe-lhes ajudar a organização a identificar sua realidade — incluindo as normas culturais que a prejudicam — explorar a visão ideal do que poderia ser e ajudar os membros da organização a desvendar os próprios papéis nessa visão. E são os líderes que sintonizam pessoas com a visão e começam a agir rumo à mudança.

Líderes inteligentes emocionalmente, que usam estilos de liderança criadores de ressonância e que estabelecem normas que estimulam relações de trabalho saudáveis e eficazes (em vez de estilos que provocam medo e cinismo), liberam uma força poderosa: a energia coletiva da organização para buscar qualquer estratégia de negócios. Esses líderes constroem com elementos positivos: elaboram uma visão com entusiasmo verdadeiro, fomentam uma missão organizacional inspiradora, profundamente incrustada no tecido organizacional, e sabem dar às pessoas um senso de que seu trabalho é importante.

11. Como criar mudança sustentável

Como é que um líder cria numa organização uma ressonância que se sustente ao longo do tempo? É um desafio, mas pode ser feito assegurando-se que todo o tecido do empreendimento seja entremeado de liderança inteligente emocionalmente. Afinal, se a organização precisa de uma liderança assim para criar ressonância, então, quanto mais líderes desse tipo houver, mais poderosa será a transformação.

Em qualquer grande organização haverá alguns bolsões de ressonância, bem como alguns bolsões de dissonância. Para nós, a proporção entre ressonância e dissonância determina o clima emocional da organização e está diretamente relacionada com o seu desempenho. A chave para mudar essa proporção no sentido correto está em cultivar um disperso quadro de líderes capaz de criar grupos inteligentes emocionalmente.

Pela sua própria natureza, porém, organizações não procuram incentivar novos aprendizados sem mais nem menos.[1] Na realidade, líderes que desejam inspirar mudança generalizada devem reconhecer que estão lidando com um paradoxo: as organizações prosperam em cima da rotina e do status quo. Os profissionais dentro de uma organização confiam em sistemas estabelecidos para executar o trabalho com o mínimo de resistência e estresse. Como resultado, a maioria das pessoas nas empresas atuais há muito tempo não lançam a si próprias o desafio de aprender algo realmente diferente.

Desenvolver um novo estilo de liderança em geral significa mudar em sua base o jeito de operar com outras pessoas. Mas, por tratar-se de um paradoxo, introduzir uma nova aprendizagem numa organização é, na melhor das hipóteses, uma tarefa difícil, que não pode ser realizada só na sala de aula. Infelizmente, a maioria dos esforços de educação executiva e desenvolvimento de liderança deixa a desejar, não apenas pelo modo como esses esforços são feitos, mas também pelo que *deixam de* fazer. Nem mesmo os melhores processos de desenvolvimento — os que se baseiam na exploração das cinco descobertas — ajudarão a mudar a organização se derem atenção apenas à pessoa e não levarem em conta também o poder da realidade emocional e da cultura.

Consideremos o exemplo da situação descrita na próxima seção, na qual as intenções dos líderes eram boas, mas o resultado da aprendizagem em toda a organização foi pouco mais do que algumas pessoas mudadas e muito tempo e energia desperdiçados.

QUANDO O DESENVOLVIMENTO DE LIDERANÇA FRACASSA

O CEO de um banco do Círculo do Pacífico queria submeter seus seiscentos principais executivos a um programa de desenvolvimento de liderança depois que ele mesmo trabalhou suas aptidões de inteligência emocional com um consultor de carreira, passou por um processo de feedback de 360 graus e alterou substancialmente seu estilo de liderança. Instruiu o chefe de recursos humanos a preparar um programa para que seus principais executivos pudessem receber as mesmas oportunidades de desenvolvimento. Mas, quando o departamento de RH anunciou o programa, poucos se matricularam. Só os mais curiosos e corajosos se submeteram, e não aqueles que poderiam tirar mais proveito.

O problema era que o programa não parecia nem um pouco relevante para os funcionários daquela organização. Por hábito, qualquer treinamento era visto como perda de tempo, e ir a um workshop não era prioridade para ninguém. Um jeito importante de garantir que a aprendizagem *seja vista* como importante é transformá-la numa ordem oficial dada pessoalmente pelo líder número um. Para ter êxito, o desenvolvimento de liderança precisa ser *a* prioridade estratégica da empresa, uma questão estimulada e administrada nos mais altos níveis — pelo comitê executivo ou pelo conselho de administração.

Foi isso que o CEO do banco do Círculo do Pacífico não soube reconhecer. Na verdade, ele teve um choque ao ver que tão poucas pessoas se interessaram por receber o mesmo tipo de treinamento e feedback que tinham mudado o seu estilo de liderança de forma tão evidente. Esse CEO, antes um líder compulsivamente objetivo, modelador, tinha ampliado seu repertório de liderança, tornando-se mais afetivo, mais visionário e mais treinador. Começara a fazer sessões de treinamento com os subordinados diretos e pediu que sua equipe o pusesse a par de acontecimentos importantes na vida dos funcionários. Essa transformação ficou clara quando ele suspendeu uma reunião para liberar uma funcionária da equipe cujo marido adoecera de repente — gesto simples, de bondade humana, que não teria lhe ocorrido antes.

Ainda assim, o programa de desenvolvimento de liderança que ele ofereceu no banco atraiu poucas pessoas porque era visto como desimportante no esquema geral da cúpula administrativa. O CEO tinha, de fato, passado por uma experiência transformadora — mas não fez alarde do processo. Claro, as pessoas viam que ele tinha mudado, porém ninguém entendeu realmente a experiência de aprendizagem pela qual o chefe passou — o treinamento, o feedback, seu plano de desenvolvimento. O novo programa de liderança ficou parecendo apenas um a mais num cardápio cada vez maior de ofertas do RH da empresa. Subordinando o programa ao diretor de treinamento de RH, o CEO mandou sem querer a mensagem de que era uma oportunidade de baixa prioridade.

Para que o desenvolvimento de liderança dê resultado, a cúpula administrativa precisa demonstrar que o empenho vem do topo. Infelizmente, o que temos visto em muitas empresas — como ocorrido no banco do Círculo do Pacífico — é o oposto: o desenvolvimento de liderança, muitas vezes, acaba sendo de iniciativa dos departamentos de recursos humanos. Apesar de sua expertise técnica e, em muitos casos, de sua contribuição para a estratégia, o pessoal de RH não pode, por conta própria, realizar grandes mudanças de comportamento ou cultura. Mesmo os melhores profissionais de RH devem admitir que operam sob uma nuvem na qual os funcionários veem o trabalho deles como fora de contato com as questões administrativas do dia a dia. Embora possa parecer injusta, essa avaliação ressalta a importância do envolvimento ativo da cúpula da organização em qualquer processo de desenvolvimento de liderança.

Há ainda outra razão para que o empenho e a dedicação venham de cima: a mudança do tipo sobre o qual estamos falando exige esforço, apoio e recursos — e não apenas dinheiro. Nova liderança quer dizer nova mentalidade e novos comportamentos, e para que isso pegue, as culturas, os sistemas e os processos da organização precisam mudar também. No desenvolvimento da criação de líderes criadores de ressonância, estamos falando em acessar — e mudar — a realidade emocional da própria organização, a cultura, bem como comportamentos arraigados. Como quase todos os grupos e organizações giram em torno do status quo, repelindo qualquer coisa que o ameace, esse nível de mudança exige líderes corajosos, perseverança e dedicação inabalável.

CONSULTORIA DE CARREIRA

Líderes precisam equilibrar aprendizagem — que, por definição, significa tornar-se vulnerável — e administração da sua imagem de líder. Uma boa maneira de fazê-lo é trabalhar com um consultor executivo, uma relação na qual é seguro explorar e os líderes podem ter oportunidade de conversar, mais abertamente do que talvez com qualquer outra pessoa, sobre os próprios objetivos e desafios profissionais. No contexto da consultoria de carreira, os líderes podem falar de coisas sobre as quais sentem dor e paixão — e ir ao âmago dos assuntos que são essenciais para eles próprios, para suas equipes e para a organização. Claro, o nível emocional dessas conversas ultrapassa tudo que costuma acontecer no mundo dos negócios, por isso a relação com o consultor deve ser de confiança, totalmente confidencial e quase sagrada.[2]

A maioria dos processos de consultoria de carreira envolve avaliação de liderança e um foco constante em desenvolvimento. Inclui também trabalho nas questões mais amplas — especialmente as da esfera de pessoal, como os desafios do líder com a própria equipe, o clima, a cultura e a política da organização, e de que maneira tudo isso se encaixa na estratégia empresarial.

Avaliação e feedback de liderança podem ser feitos de várias maneiras diferentes, mas a melhor prática é a que começa com uma série de entrevistas e observações conduzidas por um consultor de carreira profissional. As entrevistas devem ter aparência e clima de conversa boa parte do tempo, com a intenção de consolidar uma relação forte e confidencial entre líder e consultor. Processos típicos incluem conversas sobre carreira e história de vida do líder, discussões sobre desafios atuais de administração e liderança, e também sobre questões de nível organizacional, incluindo tópicos como clima, política e sistemas. Além disso, nessa fase o líder costuma ser observado em atividade durante reuniões, discursando, fazendo avaliações individuais de desempenho, entre outras coisas. Um desses processos, chamado "Um dia na vida", foi desenvolvido por nossa colega Fran Johnston, do Gestalt Institute, de Cleveland.[3] O consultor passa um dia típico em companhia do líder, seguindo-o em reuniões e sessões individuais com seu pessoal, até ficando perto durante as chamadas telefônicas. Claro, tudo isso é explicado para os funcionários — o que traz o benefício adicional de mostrar o líder ativamente envolvido em aprendizagem e desenvolvimento de liderança.

Uma avaliação mais estruturada também costuma fazer parte do processo de consultoria, incluindo quase sempre entrevistas de evento comportamental e feedback de 360 graus sobre inteligência emocional, estilo administrativo, clima e outros fatores pertinentes àquele líder e àquela organização em particular. Quando se trata de consultoria sobre equipe e questões organizacionais, é importante para o consultor dispor de outras perspectivas além da do líder. Quer o líder sofra ou não da doença do CEO, é fato da vida executiva que muitas informações lhe chegam filtradas, e muitos problemas são suavizados ou disfarçados antes de atingirem o topo. Por meio de entrevistas, de observação e de avaliação, e mesmo de um processo de inquérito minidinâmico, o consultor pode colher informações sobre o que realmente se passa numa organização que possa ter real utilidade para o líder. Claro, para que esse processo funcione no longo prazo, o consultor precisa honrar a confidencialidade de todas as relações — mesmo com as pessoas que entrevistou para colher informações sobre o líder —, o que significa que o consultor apresente ao líder apenas temas genéricos, não específicos.

> A consultoria possibilita ao líder acelerar a própria aprendizagem, ao mesmo tempo que oferece uma imagem diferente — e às vezes mais exata — do que acontece numa organização, em especial no que diz respeito à maneira como os funcionários enxergam o líder e a equipe de liderança.

Não se pode ignorar a cultura

Nem mesmo uma ordem dos mais altos níveis da organização garante que uma iniciativa de desenvolvimento de liderança provoque as mudanças necessárias. Consideremos o caso de uma empresa de serviços profissionais com a qual trabalhamos. Os diretores administrativos dessa grande empresa reconheceram que, dada a natureza volúvel do seu negócio, a não ser que incentivassem os funcionários a se comportar de maneira diferente, a empresa perderia a vantagem competitiva. Em vez de tentarem mudar os hábitos coletivos da organização inteira, o que parecia desalentador, os líderes decidiram que a cultura mudaria por si mesma se um número suficiente de gestores desenvolvesse novas aptidões. Anos depois, no entanto, ficou claro que os esforços de mudança na empresa fracassaram por completo. As práticas de liderança são uma bagunça, o moral despencou, a rotatividade bateu recordes, e a empresa está sendo vendida contra a vontade da administração.

De início a cúpula administrativa fez tudo corretamente. Deixou claro que o desenvolvimento de liderança era uma prioridade estratégica crucial. Fez a pesquisa e elaborou um modelo de competência no qual quase todas as aptidões estavam relacionadas à inteligência emocional. Projetou um moderníssimo processo de desenvolvimento concentrado explicitamente nas cinco descobertas e selecionou funcionários motivados para participar.

Em resumo, a administração da empresa preparou um processo de mudança bastante abrangente. Começou até a renovar processos de RH de contratação e promoção para as novas aptidões de liderança. Intuitivamente, os líderes sabiam que a organização reforçava normas culturais negativas. Percebiam que velhos hábitos estavam fora de sincronia com o que novos clientes, fornecedores e sócios esperavam. Mas não tinham tanta certeza de como seria essa mudança cultural, e como mudar os hábitos profundamente arraigados e a cultura subjacente de toda a organização parecia tarefa quase impossível, a administração resolveu dar atenção especial ao desenvolvimento de líderes individuais. As esperanças de que o efeito cascata se propagasse pela empresa diminuíram rapidamente quando uma grande falha foi descoberta: algumas das novas aptidões de liderança eram tão contrárias à cultura que as pessoas, quando começaram a utilizá-las, se metiam em enrascadas.

Por exemplo, uma das novas aptidões recomendava às pessoas coragem quando tentassem fazer o que era preciso pelo bem dos negócios, ainda que isso significasse enfrentar superiores administrativos. Um gestor, incentivado pela aparente disposição da cúpula de estimular essa atitude, arriscou o pescoço pelo que lhe parecia uma questão de negócio — e de ética. Quando levantou o assunto no programa de liderança, achou que seria uma oportunidade de pôr em prática um novo comportamento e de ajudar a companhia a agir corretamente. Levando em conta o muito que se falava sobre as novas aptidões, a reação do chefe não foi tão inesperada, só frustrante: quando o gestor enfrentou o chefe, este fez o que sabia que se esperava dele, e elogiou o gestor pela coragem de expor-se em nome daquilo em que acreditava. Mas depois, a portas fechadas, o mesmo chefe preparou um plano para se livrar do homem — que era perigoso demais.

Vimos situações parecidas se repetirem nessa organização. Mesmo quando estava claro que os comportamentos de liderança precisavam mudar e mesmo quando as pessoas sabiam o que fazer, não lhes era possível agir de um jeito novo. Havia bolsões de resistência demais, a inércia da cultura era poderosa demais. Líderes individuais não mudam uma cultura. Para ser adotada, é preciso que uma nova visão se espalhe em todos os níveis. Numa organização enorme como essa, conseguir realizar uma mudança cultural completa exigiria centenas de convertidos.

A lição aqui é que não se pode ignorar a cultura — e não se pode querer mudar um líder de cada vez. Ao ignorar o quadro geral e concentrar-se em desenvolver um líder de cada vez, a cúpula administrativa dessa empresa foi incapaz de implementar as mudanças que teriam ajudado a organização a ser bem-sucedida. Embora as pessoas tentassem trabalhar de forma diferente, o básico não mudou, tornando quase impossível para os líderes individuais atingir as indispensáveis metas de aprendizagem que tinham estabelecido para si mesmos. Poderosos fatores de comportamento nunca foram abordados — e acabaram obstruindo o programa de mudança.

Como mostram as pesquisas, numerosas são as razões que levam iniciativas de desenvolvimento de liderança a fracassar. Uma razão primordial, como vimos no capítulo 6, é que muitos programas de desenvolvimento não se concentram na pessoa como um todo ou nas descobertas que levam à mudança sustentável, como dar a conhecer os próprios objetivos e a eles vincular o desenvolvimento. Há outros programas que deixam de levar em conta o poder da cultura se fazem o seguinte:

- Ignorar o verdadeiro estado da organização, supondo que se as pessoas aprenderem o que devem fazer e o que devem ser, os sistemas e a cultura automaticamente lhes darão suporte no processo de mudança.
- Tentar mudar apenas a pessoa, ignorando as normas dos grupos em que ela trabalha todos os dias e a atuação da cultura maior que a circunda.
- Comandar o processo de mudança a partir do lugar errado dentro da organização. O desenvolvimento de liderança que transforma pessoas e organizações tem que começar no topo e ser prioridade estratégica.
- Não desenvolver uma linguagem de liderança — palavras que tenham significado e capturem o espírito de liderança simbolizando ideias, ideais e práticas de liderança de inteligência emocional (noção que examinaremos ainda neste capítulo).

Programas que deixam de levar em conta essas questões criam, de forma previsível, indivíduos frustrados, cinismo e perda de tempo, energia e dinheiro.

TER ÊXITO COM UM PROCESSO – NÃO UM PROGRAMA

Digamos que, como líder, você tem o que precisa: já preparou o terreno para avaliar a cultura — examinar a realidade e o ideal em nível organizacional. Criou ressonância em torno da ideia de mudança e identificou as pessoas que assumirão os principais cargos de liderança no futuro. O próximo passo é preparar um processo que continuamente desenvolva liderança de resultados. Esse processo inclui ajudar os líderes da sua organização a desvendar os próprios sonhos e ideais, examinar seus pontos fortes e fracos, e usar o trabalho diário como laboratório para aprendizagem. Que mais você poderia fazer?

Por exemplo, evitar as armadilhas de muitos programas de desenvolvimento de liderança que já vimos. Com frequência, são apenas cursos de educação executiva, concentrados em envolver as pessoas na aprendizagem de conteúdos de interesse imediato ministrados por especialistas: estratégia, marketing, finanças, administração geral e abstrações do gênero. Embora todas essas áreas acadêmicas tenham grande importância para muitos líderes, nenhum programa separado que se concentre nelas ajudará na transformação da pessoa ou da empresa.

E, apesar de às vezes nos referirmos nestas páginas a "programas" de desenvolvimento de liderança, na realidade o que muitas organizações precisam, em vez de simples programas isolados, é de um processo elaborado como sistema holístico que permeie cada camada da organização. As melhores dessas iniciativas de desenvolvimento de liderança baseiam-se no entendimento de que a verdadeira mudança ocorre por meio de um processo multifacetado, que permeia três níveis essenciais da organização: os indivíduos da organização, as equipes nas quais trabalham e a cultura organizacional. Com base nos princípios de aprendizagem adulta e mudança individual, esses processos levam as pessoas em jornadas intelectuais e emocionais — desde encarar a realidade até implementar o ideal. Descobrimos que o projeto desse tipo de desenvolvimento de liderança difere, de maneira fundamental, daquilo que se vê tipicamente na maioria das escolas de administração ou dos centros de treinamento executivo.

Os melhores processos de desenvolvimento criam um espaço seguro para a aprendizagem, tornando-a desafiadora, mas não arriscada demais. Além disso, para que aprendam de fato algo de novo, os líderes precisam de experiências que sejam relevantes e rompam moldes. As experiências devem ser diferentes o suficiente para capturar a imaginação das pessoas, mas conhecidas o bastante para parecerem relevantes. Como costuma advertir nosso colega Jonno Hanafin, do Gestalt Institute, de Cleveland: "Quando tentamos mudar uma pessoa, ou empresa, precisamos ter o cuidado de administrar o nosso 'índice de percepção de estranheza'".[4] Em outras palavras, quebrar as regras, mas sem espantar as pessoas.

Fortes processos de desenvolvimento de liderança concentram-se na aprendizagem emocional e intelectual, e utilizam trabalho ativo, participativo: aprendizagem pela ação e treinamento, em que as pessoas usam o que aprenderam para diagnosticar e resolver problemas reais em suas organizações. Baseiam-se em aprendizagem experimental e em simulações para equipes, em que as pessoas se envolvem em atividades estruturadas que podem usar para examinar comportamentos próprios e alheios. Processos exemplares são multifacetados, usando uma mistura ousada de técnicas de aprendizagem; são conduzidos durante um período determinado e enfrentam a cultura diretamente.

Transformar mudança cultural em desenvolvimento de liderança

Funcionários de uma equipe da Unilever ficaram muito nervosos quando começaram a projetar uma nova iniciativa de desenvolvimento de liderança para a diretoria administrativa. Sabiam que a empresa global precisava de alguma coisa que a ajudasse a tornar-se um líder de indústria mais empreendedor e competitivo. Sua proposta, portanto, visava mudar, fundamentalmente, comportamentos de liderança e criar uma cultura empreendedora totalmente nova. No geral, o processo se estenderia por anos, níveis, geografias e negócios. Convocaria os líderes a repensar tudo — objetivos pessoais, visões para o negócio, como exercer liderança. Era uma proposta grande e audaciosa.

Quando começaram a traçar um plano dos seminários e retiros para a empresa, os líderes puseram-se a empregar palavras inusitadas, como *paixão, carga emocional, vulnerabilidade, risco* e *visão pessoal*. Em muitas conversas num período de meses, observaram o rosto das pessoas em busca de reações e seguiram em frente, certos de que os alicerces para a mudança individual e organizacional eram bons e que os executivos precisavam estar emocionalmente envolvidos para que o processo tivesse êxito.

Eis o plano: primeiro, os cem principais líderes da empresa participariam de um retiro para dar o pontapé inicial, sob o comando dos presidentes Niall FitzGerald e Antony Burgmans. Ali, antigos hábitos seriam explorados de um modo pessoal, bem como crenças pessoais e sonhos para o futuro. O encontro seria realizado num lugar capaz de inspirar e de tirar a cúpula administrativa da sua zona de conforto. Apresentaria desafios físicos, ao mesmo tempo que conduziria as pessoas numa jornada emocional com os colegas — uma oportunidade de todos se conhecerem e desenvolver um nível de confiança e franqueza até então impensável; uma oportunidade de serem honestos. Seria uma experiência para tocar o coração das pessoas e tornar-se relevante em sua vida, quando voltassem. O objetivo final era levar esses novos comportamentos, essa nova mentalidade, essas novas maneiras de trabalhar em conjunto, de volta para o trabalho.

Depois do primeiro retiro, a segunda fase começaria com a participação dos principais quinhentos líderes de toda a organização numa série de seminários projetados para pôr em prática as novas normas da cultura, transformar visão em ação e promover mudança nos negócios. Então, ao longo de vários anos, no mundo inteiro, unidades da empresa situadas um degrau abaixo da cúpula administrativa se submeteriam ao mesmo processo: primeiro envolver os sonhos e a paixão das pessoas, e em seguida direcioná-los para o negócio.

À medida que as ideias iam ganhando vida e os líderes ficavam animados com as perspectivas, as conversas se tornaram mais específicas e concentradas naquilo que as pessoas *fariam* nesses seminários. Por exemplo, os executivos se envolveriam em profundas reflexões e conversas sobre aspectos importantes e significativos da vida pessoal e profissional — valores, relações, visão, esperanças e sonhos para o futuro, os arrependimentos e pontos altos do passado. Mediriam seus êxitos — e fracassos — segundo a contribuição de cada um para enfrentar os novos desafios. Fariam conjeturas sobre como superar falhas pessoais e organizacionais e criar uma visão coletiva do futuro. Com esse importante trabalho de envolvimento emocional, criariam uma comunidade de aprendizagem — equipes que levassem a sério o processo de desenvolvimento e crescimento dos negócios e que desafiassem umas às outras a mudar.

A ideia das conversas íntimas sobre o que os executivos esperavam ser e fazer no futuro era atraente e estimulante. Nas discussões, as pessoas apresentavam mais propostas para incentivar os executivos a refletir profundamente, ir além das banalidades e falar diretamente uns com os outros sobre a vida, sobre mudanças e sobre os negócios. Conversavam sobre como aproveitar a paixão que esse processo despertaria e como direcionar essa nova energia rumo a um futuro esperançoso para a Unilever.

Mas vez por outra o processo de design empacava. Isso acontecia quase sempre quando sessões mais tradicionais e familiares de liderança e estratégia eram sugeridas. As conversas perdiam toda a energia quando processos mais típicos eram examinados. Discussões arrebatadas sobre partes interessadas, objetivos e "destruir obstáculos ao sucesso" em geral traziam lembranças dos muitos programas de planejamento estratégico de que os gestores da Unilever participaram ao longo dos anos, e, por melhores que tivessem sido, não eram o que se requeria agora. Numa dessas discussões, um alto gestor da Unilever não conseguiu mais aguentar calado. Tranquilamente, mas com paixão, disse: "Pessoal, aqui precisamos ter muito cuidado. Nossos líderes fizeram exercícios de planejamento estratégico de todos os tipos existentes nos manuais, facilitados pelos melhores professores de escola de administração e gurus administrativos. Não precisam de mais uma estratégia, e a última coisa de que precisam é de outra análise de *stakeholders*!". Seu argumento era que esses executivos *tinham entendido* a estratégia, e era chegada a hora de implementá-la com paixão, enquanto desenvolviam uma nova mentalidade e novos comportamentos de liderança para transformar essa visão em realidade.

Quando os líderes se envolvem com uma estratégia apenas num nível intelectual, é quase impossível manter a energia e o empenho, e o aprendizado é prejudicado. Portanto, de que era mesmo que os líderes da empresa mais precisavam? "Envolver-se emocionalmente com sua própria paixão e com seus sonhos — uns com os outros e com a estratégia", disse esse executivo, "e conectar-se com as possibilidades do futuro, para ter uma chance de fazer alguma coisa a respeito dele."

Para a maioria dos líderes, e mesmo dos gestores, não é uma estratégia mais clara que fará a diferença. Também não é outro plano quinquenal e não é outro tedioso programa de liderança. O que faz a diferença é descobrir a paixão pelo trabalho, pela estratégia e pela visão — e entregar corpo e alma na busca de um futuro significativo. Não é mais um exercício intelectual de planejamento que fará as pessoas se envolverem — ou, menos ainda, que mudará uma cultura. Mesmo os melhores programas de desenvolvimento de liderança, se conduzidos no vazio, pouco contribuem para estimular o tipo de mudança de que as organizações hoje precisam.

O que os líderes precisam fazer é descobrir um jeito de abarcar o emocional dos executivos, uns com os outros e com sua visão, e cuidar para que comecem a agir de acordo com essas visões. As pessoas mudam quando estão emocionalmente envolvidas e empenhadas. Felizmente, na Unilever o processo de planejamento para desenvolvimento de liderança acertou em cheio nessa mudança e desenvolvimento bem-sucedidos — e descobriu maneiras de transformar paixão em ação real nos negócios. O fato de os mais altos líderes estarem conduzindo o processo desde o início assegurou que a mudança seria cobrada de todos. Foi um processo que de fato transformou mudança cultural em desenvolvimento de liderança.

APRENDIZAGEM DE AÇÃO

O vice-presidente sênior de uma empresa norte-americana de telecomunicação ouvia atentamente enquanto seus funcionários, recém-saídos de um processo multifacetado de desenvolvimento executivo de um ano de duração, faziam suas apresentações de aprendizagem de ação. Quando terminaram, o vice-presidente sênior comentou, quase sem acreditar: "Essas pessoas são líderes. Eu não tinha ideia de que seria possível achar isso em nossa empresa. Nós nos esforçando para encontrar alguns líderes indispensáveis, e agora aí estão vinte deles. Vinte! Eu queria que em todas as nossas reuniões as pessoas falassem como o fizeram hoje. Mostraram liderança, mostraram coragem".

Por que esse vice-presidente ficou tão surpreso? Afinal, ele deveria ter esperado grandeza: tinha acabado de gastar centenas de milhares de dólares nessa iniciativa de desenvolvimento de liderança, destinada a mulheres e pessoas pertencentes a minorias com muito potencial. Naquela cerimônia de encerramento, talvez ele esperasse um pequeno número de pessoas excepcionais e assistir a apresentações mais ou menos interessantes sobre seus projetos de aprendizagem de ação. Em vez disso, tinha ouvido os quatro grupos, e seus vinte membros, falarem sobre questões estratégicas vitais e como lidar com elas. Tinha visto as pessoas apresentarem planos criativos, poderosos e viáveis para resolver algumas das questões que o faziam perder o sono à noite e eram motivo de infinitas preocupações para líderes em toda empresa. E tinha ouvido os participantes falando abertamente sobre as "inconfessáveis" — aquelas questões que a organização nunca resolvia por serem politicamente muito delicadas.

Os projetos de aprendizagem de ação constantes do processo de desenvolvimento executivo da empresa poderiam ser vistos como experimentos ativos com um objetivo determinado.[5] O método permite que participantes pratiquem o que estão aprendendo, recorrendo a desafios reais nos negócios da organização como ponto de partida para projetos de equipe entre os participantes. Com a aprendizagem como objetivo principal e a obtenção de resultados como objetivo secundário, cada equipe tenta resolver um desafio organizacional específico durante o curso.[6] Princípios a ser levados em conta na aprendizagem de ação incluem os seguintes:

- Os projetos precisam ser estratégicos em sua natureza, multidimensionais, ambíguos (ou seja, na verdade não existe uma única resposta) e novos, o que significa que nenhum dos participantes está lidando com aquele problema na organização.
- É indispensável que haja apoio ativo em nível executivo na determinação dos projetos e no trabalho com as equipes.
- Equipes devem trabalhar nos projetos, e não indivíduos isolados, e durante todo o projeto essas equipes precisam de apoio para criar um clima saudável, preservar normas funcionais e inteligência emocional, resolver conflitos, manter o foco na aprendizagem, mais do que na realização, e assim por diante.
- O processo de aprendizagem precisa ser examinado, e esse exame precisa ser esperado como parte do resultado.
- Os projetos precisam ter alta visibilidade.
- Recursos devem ser dedicados às equipes, e, em particular, as pessoas precisam ser liberadas, em certa medida, de suas obrigações normais para trabalhar nos projetos.

Criando burburinho

De propósito, o processo empregado na Unilever obrigava muita gente a pensar em liderança, conjeturar sobre a própria cultura organizacional e contemplar mudanças. Mas para que o desenvolvimento de liderança se estabeleça é preciso conquistar adesões em toda a organização — o que, como já vimos, começa com uma ordem vinda do topo. Os líderes precisam participar do processo pessoalmente, como os presidentes Niall FitzGerald e Antony Burgmans na Unilever. Além disso, para atrair as pessoas, o processo precisa ser, ele próprio, compensador em um nível emocional .

Por exemplo, assegurar que as pessoas compreendam que sua inclusão na iniciativa é sinal de admiração por suas habilidades. Na Unilever, ser convidado para participar do processo era considerado uma honra, uma prova de prestígio e um indício de que a empresa tinha visto no participante alguém que fazia diferença para os negócios. Enxergando o programa como uma vantagem para progredirem na carreira, os executivos disputavam a chance de ser incluídos.

Isso não foi por acaso — foi estratégia. As funções dos futuros encarregados eram descritas, cartas escritas e sementes deliberadamente lançadas em conversas informais — tudo para criar um clima de burburinho sobre desenvolver capacidades de liderança e mudar a cultura da empresa. Líderes explicavam pessoalmente a funcionários por que estavam sendo escolhidos e o que poderia significar ser líder na nova organização que estavam tentando construir.

Mas a Unilever sabia que era importante garantir a transparência da seleção de candidatos. Se houvesse política envolvida, isso ficaria claro para todo mundo, e o processo perderia credibilidade. Vimos isso acontecer com um fabricante europeu em cuja empresa três tipos de funcionário acabaram escolhidos para o programa de alto potencial: os que mereciam, os que precisavam da educação para poder chegar ao mesmo padrão dos líderes mais jovens e os que a cúpula achou que tinham direito à mordomia pelos muitos anos de serviço à empresa. Imagine a dinâmica: todo mundo sabia quem estava em que categoria!

Líderes organizacionais precisam criar um processo de seleção que dê margem ao paradoxo de envolvimento: os melhores entre os melhores estão dentro, e os outros todos têm chance de entrar. Isso significa realmente conversar, não apenas distribuir um memorando ou mensagem informando quando e onde as pessoas devem aparecer para um novo programa de liderança. Mais esforço, claro — mas vale a pena: participar do processo pode determinar o êxito de toda a iniciativa.

Uma vez iniciado o processo de desenvolvimento de liderança, desenvolver e usar uma linguagem de liderança é uma poderosa forma de criar o burburinho fundamental para o contínuo envolvimento dos funcionários. Por exemplo, o retiro em que os executivos da Unilever deram o pontapé inicial foi realizado na Costa Rica (coisa que, para ter o máximo impacto emocional possível, foi mantida em segredo até o momento em que os participantes chegaram ao país). O retiro, que incluía jornadas físicas e conversas enérgicas em nível interpessoal e grupal, mudou fundamentalmente os sentimentos dos líderes em relação a si mesmos, aos outros e à empresa. Através dessa simples, mas profunda, série de conversas, realizadas no contexto de uma ecologia magnífica e frágil, as pessoas aprenderam novas maneiras de se comunicar umas com as outras, que por sua vez se traduziriam em novas maneiras de operar em conjunto como negócio.

Quando voltaram para casa e começaram a aplicar o que tinham aprendido em si mesmos e na empresa, "Costa Rica" acabou virando uma frase que se referia ao tipo de conversa genuína e de ligação emocional que os participantes tinham mantido — e queriam continuar mantendo no escritório. De fato, no primeiro ano e meio do processo de mudança, palavras como *relações autênticas*, *integridade*, *cobrança de responsabilidade* e *autonomia* passaram a simbolizar um conjunto de novos comportamentos de liderança. E, apesar de serem palavras comuns, na Unilever ganharam significado especial, como resultado dos processos dos quais seus líderes tinham participado.

Hoje, anos depois de iniciado o programa de mudança, o desenvolvimento de liderança na Unilever afeta fundamentalmente a maneira de conduzir os negócios e gerir relacionamentos. Os líderes empresariais respondem pelos resultados e são responsáveis pelo apoio à nova mentalidade e à nova realidade emocional. Sistemas de recursos humanos, como planos de sucessão, política salarial e administração de desempenho, estão sendo alinhados à estratégia de mudança, com atenção especial ao apoio à nova cultura.

Desenvolver líderes envolve mais do que apenas as próprias pessoas. Como vimos, também envolve a cultura organizacional e os sistemas que guiam e restringem o comportamento das pessoas, os grupos e equipes nos quais elas passam seu tempo e questões mais óbvias, como a situação atual da organização e os desafios externos que enfrenta. Usar o desenvolvimento de liderança para tratar de todos esses níveis cria maior ressonância na organização.

Um bom exemplo disso é o esforço multifacetado para desenvolver liderança na unidade Private Client da Merrill Lynch.

Otimista com relação à liderança

Empresa já muito bem-sucedida, com uma longa história de liderança sólida e experiente, a unidade de negócio Private Client da Merrill Lynch tinha novos desafios pela frente. Em toda a indústria, a concorrência surgia das fontes mais inesperadas. As demandas dos clientes por serviços tornavam-se cada vez mais insistentes, o mercado global já era realidade, e a revolução do e-commerce ameaçava os próprios fundamentos do negócio. Para assegurar que as boas qualidades de liderança crescessem com as novas necessidades da unidade de negócios, a primeira vice-presidente Linda Pittari trabalhou com Tim McManus, diretor de desenvolvimento de liderança e treinamento, para criar um método mais sistemático de preparar líderes — com foco em aptidões de inteligência emocional.

"Sabíamos que os desafios dos próximos anos seriam diferentes de qualquer coisa que já tínhamos enfrentado", disse-nos Pittari. "Queríamos ter certeza de que nossos líderes estavam aprendendo a funcionar num novo ambiente."

O processo começou com a identificação de pessoas em campo — e também no escritório central — que tinham potencial administrativo. Com o tempo, e o avanço da iniciativa, Pittari e sua equipe treinaram esses gestores em seus primeiros, e decisivos, anos no emprego. As experiências que os gestores adquiriam em campo, somadas a um bom monitoramento, possibilitaram à empresa desenvolver bons líderes. Mas uma das principais razões para a iniciativa de desenvolvimento de liderança de Pittari ter dado certo foi o fato de não dar atenção apenas às pessoas. Ela compreendeu a importância de um olhar geral sobre a cultura subjacente e de que maneira essa cultura subjacente apoiava ou inibia a liderança. É uma diferença considerável em relação à maioria dos programas de desenvolvimento — que começam e terminam no indivíduo.

Linda Pittari começou com um agudo senso do que eram as normas essenciais da cultura e pôs-se a investigar quais eram as que de fato viriam a servir para um novo tipo de liderança e quais as que atrapalhavam. Usando o processo de inquérito dinâmico, que já discutimos no capítulo 10, ela e sua equipe entrevistaram líderes importantes, para sentir em que âmbito cultural cada um vivia. Em essência, perguntavam o seguinte: O que é permitido aqui? Que comportamentos e valores são esperados? Que estilos de administração são tolerados ou criticados? Que aptidões são desenvolvidas ou ignoradas?

Mas isso foi só o início. Pittari e sua equipe também começaram a descascar o abacaxi, à procura de problemas fundamentais e das razões profundas para que as pessoas tivessem êxito ou fracassassem no contexto da cultura.[7] Exploraram a solidez do compromisso para com princípios básicos e os motivos que levavam os líderes a se comportar da maneira que se comportavam. E fizeram às pessoas perguntas sobre a liderança da empresa, bem como sobre o que funcionava e não funcionava — essencial para entender como posicionar o desenvolvimento de liderança numa fase posterior. Munida dessas informações, a equipe conseguiu ver que aspectos da cultura estavam prejudicando a eficácia da liderança e que práticas habituais precisavam mudar. Também puderam ver o que era preciso preservar.

Por exemplo, nessa empresa, que em sua essência se alicerçava nas relações desenvolvidas com clientes, as pessoas recorriam ao estilo afetivo de liderança. As sinceras relações que os gestores estabeleciam com subordinados diretos eram poderosos fatores de lealdade e dedicação — resultando em compromissos da vida inteira, trabalho duro e relações fortes e de confiança. Esse estilo afetivo também significava, porém, que os gestores hesitavam em expor áreas nas quais as pessoas precisavam melhorar, o que tornava o treinamento de verdade difícil de conseguir. Embora os gestores tentassem compensar utilizando complexos sistemas de administração de desempenho, e de responsabilizar pessoas pelos números, com frequência os funcionários passavam anos sem receber feedback direto sobre como melhorar ou como evoluir para a etapa seguinte.

Usando o processo de inquérito dinâmico como fundação, bem como uma avaliação completa de indivíduos que pareciam muito eficazes nesse novo ambiente, a equipe de Pittari conseguiu construir um programa para desenvolvimento de liderança destinado a neutralizar parte da velha cultura, ao mesmo tempo que dava suporte a valores, normas e sistemas que fossem positivos e úteis para novos líderes. Identificou habilidades e aptidões que as pessoas precisavam aprimorar, como dar e receber feedback de desenvolvimento, alcançar o equilíbrio entre fazer um bom julgamento e assumir riscos, incentivar a inovação, e administrar um quadro de pessoal cada vez mais diversificado. Identificou também áreas de visão de negócios que precisavam ser aperfeiçoadas.

Hoje, anos depois de Pittari e sua equipe terem iniciado esse processo de desenvolvimento de liderança na unidade de negócios da Merrill Lynch, 40%

dos participantes foram promovidos e ocupam cargos significativamente mais responsáveis do que alguns anos atrás. Talvez mais importante, o esforço de mudança concentrou as atenções da cúpula em gerenciamento, liderança e práticas culturais que realmente precisavam mudar, e deu continuidade ao trabalho. O planejamento de sucessão agora era mais sistemático — dando mais atenção àqueles indivíduos que exemplificam os líderes do futuro.

Por compreender que a iniciativa precisava desempenhar uma função dupla — exemplificar o modelo de mudança individual enquanto trabalhava questões culturais —, a equipe de Pittari elaborou um processo capaz de mudar tanto a cultura como a vida de indivíduos que trabalhavam na empresa todos os dias.

Como maximizar a meia-vida da aprendizagem

Em suma, os melhores programas de liderança são projetados para cultura, aptidões e até espírito. Atêm-se aos princípios da mudança autodirigida e usam uma abordagem multifacetada do processo de aprendizagem e desenvolvimento com foco no indivíduo, na equipe e na organização. Processos excelentes incluem os seguintes elementos:

- uma conexão com a cultura — e às vezes com a mudança cultural — de uma organização;
- seminários desenvolvidos em torno da filosofia e da prática da mudança individual;
- aprendizagem relevante sobre aptidões de inteligência emocional — não apenas de visão de negócios;
- experiências de aprendizagem criativas e poderosas com um objetivo;
- relações que apoiam a aprendizagem, tais como equipes de aprendizagem e consultoria de carreira.

Consideramos líderes em desenvolvimento em termos de maximização da meia-vida da aprendizagem. A ideia é desenvolver um processo que "pegue" para que haja uma aprendizagem contínua.

Nos melhores processos, as pessoas aprenderam como aprender e continuam a manter o foco numa forma nova e sustentada de buscar juntas os seus sonhos. Dispõem de um mapa que faz sentido para elas — e esse mapa é um guia tão bom no emprego atual como o será no próximo. Foi traçado com valores, crenças, esperanças e sonhos pessoais como pano de fundo. O desenvolvimento de aptidões para qualquer emprego é apenas um pedaço dele: o que importa de verdade é assegurar que um processo de desenvolvimento deixe sua marca nas pessoas, na cultura e nos sistemas que apoiam mudança, desenvolvimento e normas efetivas. E uma das recompensas devem ser a aprendizagem contínua e uma maior capacidade de mudança.

As pessoas podem mudar e mudam quando encontram uma boa razão para isso. Mudanças em liderança levam-nas a compreender o que querem mudar e como. Para que esse tipo de aprendizagem tenha impacto duradouro numa organização, deve-se ir além do individual e pensar no que precisa ocorrer em grupos — e na organização inteira — que incentive o desenvolvimento de líderes inteligentes emocionalmente.

POR UM TRABALHO RESSONANTE E VIDAS RESSONANTES

Quando nossa viagem chega ao fim, queremos olhar para o futuro e expandir as implicações do que dissemos até aqui.

Primeiro, reflitam sobre a nossa argumentação. Defendemos a ideia de que as emoções têm imensa importância para a liderança — de que a liderança primordial é uma dimensão crucial, que basicamente determina se outros esforços do líder decolam ou desandam. Examinamos a neurologia subjacente — particularmente o circuito aberto para emoções — que faz da criação de ressonância a tarefa primordial de qualquer líder.

Mostramos que a inteligência emocional oferece as aptidões essenciais da liderança ressonante e que essas habilidades podem ser cultivadas e fortalecidas — tanto para o indivíduo como para toda a equipe. Essa liderança ressonante pode ser distribuída em toda a organização. E, como dados abundantes demonstram, há sólidas recompensas em efetividade organizacional e desempenho dos negócios.

Fizemos mais do que simplesmente apresentar uma nova teoria de liderança — voltamos a nossa atenção para a pergunta "Como posso agir nesta manhã de segunda-feira?". A primeira aplicação prática está em melhorar as aptidões de inteligência emocional do líder. Delineamos os passos que segundo nossa pesquisa levam a aperfeiçoamentos duradouros nas aptidões de inteligência emocional cruciais para a liderança.

Depois examinamos como tornar um grupo, uma equipe ou uma organização inteira mais ressonante. Elevar a inteligência emocional coletiva pode ter um impacto nos negócios muito maior do que cultivá-la apenas em determinado indivíduo dentro desse grupo. Mas para isso exige-se um líder astuto que saiba tomar o pulso emocional do grupo e transformar normas ou culturas na direção correta. E, finalmente, as próprias organizações podem se tornar incubadoras de liderança ressonante, fazendo, dessa forma, uma diferença crucial para os que ali trabalham — e para os resultados finais.

Agora mais que nunca

Por que tudo isso é tão importante não só hoje, mas também no futuro?
Em toda parte, líderes se veem diante de um conjunto de imperativos irrevogáveis, novas realidades que surgem em consequência de profundas mudanças sociais, políticas, econômicas e tecnológicas. Nosso mundo, e também o mundo dos negócios, passa por mudanças transformacionais que exigem nova liderança. Em nossas empresas, deparamos com o aumento contínuo do poder dos computadores, a difusão do e-commerce, a rápida diversificação da força de trabalho, a globalização da economia e a implacável intensificação do andamento dos negócios — tudo isso num ritmo de mudança que não para de acelerar.

Essas realidades empresariais tornam a liderança primordial ainda mais essencial. Pensemos, por exemplo, nas implicações do fato de que tantas estratégias de negócio hoje viáveis amanhã serão irrelevantes. "Metade dos modelos de negócio não funcionará dentro de dois ou cinco anos", disse, em tom de lamento, o CEO de uma empresa de serviços de informação. "No nosso caso, vendemos informações que em poucos anos talvez estejam disponíveis de graça na internet — por isso nosso foco tem que ser descobrir novas formas de comercializar nossas informações." E, como diz um banqueiro de investimentos: "A maioria das empresas morre enquanto sua administração está paralisada de terror".

Se a empresa vai ter jogo de cintura suficiente para sobreviver às surpresas de amanhã depende, em grande parte, da habilidade de seus líderes — particularmente a equipe no topo — de administrar as próprias emoções em face de mudanças drásticas. Com a erosão da fatia de mercado ou a diminuição dos lucros, líderes podem entrar em pânico, e seus temores os levam a negar a realidade — a crença inútil de que "tudo vai bem" — ou a buscar soluções mecânicas mal concebidas. Podem, por exemplo, recorrer a medidas de redução de custos usando como critério os funcionários mais baratos de demitir, e não aqueles de que a empresa não poderia abrir mão. A ansiedade debilita a capacidade de compreender e responder; quando os líderes tomam decisões com base no medo, organizações inteiras vêm abaixo.

Líderes inteligentes emocionalmente sabem como administrar emoções perturbadoras para não perder o foco e pensar com clareza sob pressão. Não esperam que uma crise estimule uma mudança necessária; permanecem flexíveis, adaptando-se a novas realidades antes do rebanho, em vez de apenas reagirem à crise do momento. Mesmo em meio a vastas mudanças, conseguem ver a saída para um futuro melhor, comunicam essa visão com ressonância e mostram o caminho.

Consideremos, por exemplo, o caso das empresas que já estiveram entre as melhores num pequeno nicho de mercado e de repente descobrem que seus concorrentes agora vêm dos quatro cantos do mundo. À medida que aumenta o número de empresas disputando os mercados globais, os padrões de desempenho do líder mudam também. Se os resultados de determinado nível faziam de uma empresa a primeira da classe de sua indústria numa região ou num país, agora a realidade global exige que, para estar entre as melhores, o desempenho seja de primeiríssima classe. E essa demanda determina uma necessidade de ressonância que gera aperfeiçoamentos contínuos — não apenas num líder, mas na organização inteira.

EXCELÊNCIA REDEFINIDA

Há outra razão para que no futuro a liderança primordial tenha importância ainda maior. O velho modelo de liderança tinha um foco funcional, que não levava em conta a dimensão emocional ou pessoal; pessoas eram vistas como peças intercambiáveis. Essa liderança impessoal hoje fracassa com frequência cada vez maior. Líderes ressonantes rompem o velho molde de liderança forjado à imagem dos capitães da indústria, essas figuras antiquadas de autoridade que chefiavam hierarquicamente em virtude do poder de sua posição.

Cada vez mais, porém, os melhores lideram não em virtude exclusiva do poder, mas por serem mestres na arte das relações, a expertise singular que o sempre mutável clima empresarial torna indispensável. A liderança de alta qualidade está sendo redefinida em termos interpessoais, enquanto empresas se livram de camadas e camadas de gestores, corporações se fundem por cima das fronteiras nacionais, e clientes e fornecedores redefinem a rede de conexões.

Líderes ressonantes sabem quando ser colaborativos e quando ser visionários, quando ouvir e quando ordenar. Têm uma competência especial para se sintonizar com o próprio senso do que é importante e formular uma missão que ressoe com os valores dos seus liderados. Esses líderes naturalmente incentivam relações, trazem à tona problemas que estavam fermentando sob a superfície e criam as sinergias humanas de um grupo harmonioso. Desenvolvem uma lealdade ardente cuidando da carreira dos que trabalham para eles e inspiram as pessoas a dar o máximo de si por uma missão que apele para valores compartilhados.

Um líder com inteligência emocional faz cada uma dessas coisas no momento certo, da maneira certa, com a pessoa certa. Esses líderes criam um clima de entusiasmo e flexibilidade no qual as pessoas se sentem incentivadas a ser tão inovadoras quanto possível, a dar o máximo de si. E esse clima de trabalho, levando em conta as realidades de hoje no mundo dos negócios, cria valor agregado através dos ingredientes humanos essenciais para o desempenho da organização.

Esses líderes são mais impulsionados por valores, mais flexíveis e informais, e mais abertos e francos do que os de antigamente. Estão mais ligados a pessoas e redes de conexões. Mais especialmente, transpiram ressonância: têm paixão genuína por sua missão, e essa paixão é contagiosa. Seu entusiasmo e animação espalham-se com naturalidade, revigorando os liderados. E ressonância é essencial para a liderança primordial.

Apêndice A

IE versus QI: nota técnica

Nos últimos anos, analisamos dados de quase quinhentos modelos de aptidões provenientes de empresas globais (incluindo IBM, Lucent, PepsiCo, British Airways e Credit Suisse First Boston), bem como de organizações de saúde, instituições acadêmicas, agências governamentais e até uma ordem religiosa.[1] Para determinarmos quais são as capacidades pessoais que estão por trás de desempenhos excepcionais dentro dessas organização, agrupamos essas capacidades em três categorias: habilidades puramente técnicas, como contabilidade ou planejamento empresarial; habilidades cognitivas, como raciocínio analítico; e traços que demonstram inteligência emocional, tais como autoconsciência e habilidade de relacionamento.

Para criarem alguns modelos de competência, os psicólogos, tipicamente, pediam aos mais altos gestores das empresas que identificassem as aptidões que distinguiam os líderes mais excepcionais da organização, buscando o consenso de um "grupo de especialistas". Outros usavam um método mais rigoroso, no qual analistas pediam a chefes de administração que usassem critérios objetivos, como a lucratividade de uma divisão, para distinguir dentro da organização, em nível sênior, os astros entre os funcionários medianos. Esses indivíduos eram, então, entrevistados e testados à exaustão, e suas aptidões metodicamente comparadas, para identificar as que eram próprias daqueles que apresentavam desempenho mais brilhante.

Fosse qual fosse o método usado, esse processo resultava em listas de ingredientes para líderes altamente eficientes. As listas costumavam variar de tamanho, indo de algumas poucas até mais ou menos quinze aptidões, como iniciativa, colaboração e empatia.

A análise de todos os dados de centenas de modelos de aptidões apresentou resultados contundentes. Sem dúvida alguma, intelecto era até certo ponto fator de desempenho excepcional; habilidades cognitivas, como ser capaz de pensar em termos mais amplos e visão de longo prazo, eram particularmente importantes. Mas o cálculo da proporção entre habilidades técnicas e habilidades puramente cognitivas (algumas das quais são sucedâneos de aspectos de quociente de inteligência, ou QI) e inteligência emocional nos ingredientes que distinguem os líderes excepcionais revelou que aptidões baseadas em inteligência emocional desempenhavam função cada vez mais importante nos mais altos níveis das organizações, onde as diferenças quanto a habilidades técnicas quase não têm importância.

Em outras palavras, quanto mais alta a posição dos funcionários considerados excepcionais, mais as aptidões de inteligência emocional despontavam como a razão da sua eficácia. Na comparação entre funcionários excepcionais e funcionários medianos em altas posições de liderança, cerca de 85% das diferenças de perfil eram atribuíveis a fatores de inteligência emocional, mais do que a habilidades puramente cognitivas, como expertise técnica.[2]

Uma das razões tem a ver com os obstáculos intelectuais que os altos executivos precisam superar para conseguir emprego. É preciso ter um QI de 110 a 120 para fazer uma pós-graduação tipo MBA.[3] Existe, portanto, uma alta pressão seletiva por QI para entrar na categoria dos executivos — e uma variação de QI relativamente pequena entre aqueles que fazem parte dessa categoria. De outro lado, há pouca ou nenhuma pressão seletiva sistemática quando se trata de inteligência emocional, existindo, portanto, uma variação muito mais ampla nesse quesito entre os executivos. Por isso, a superioridade nessas aptidões conta bem mais do que o QI quando se trata de liderança excepcional.[4]

Embora a proporção exata entre IE e habilidades cognitivas dependa de como cada uma é medida e das demandas particulares de determinada organização, nossa regra básica é que a IE contribui com 80% a 90% — às vezes ainda mais — das aptidões que distinguem os líderes excepcionais dos medianos. Sem dúvida, aptidões puramente cognitivas, como expertise técnica, aparecem nesses estudos — mas em geral como habilidades mínimas exigidas, aquelas de que as pessoas precisam apenas para executar um trabalho comum. Embora as especificações variem de uma organização para outra, aptidões de IE compõem a grande maioria das aptidões mais cruciais, que fazem a diferença.[5] Apesar disso, quando se avalia a contribuição dessas aptidões específicas, as cognitivas podem às vezes ter um input bem significativo também, dependendo do modelo de aptidões específico envolvido.

Para que se tenha uma ideia das implicações práticas empresariais dessas aptidões, basta pensar numa análise das contribuições dos sócios para os lucros de um grande escritório de contabilidade. O sócio que tinha qualidades consideráveis de autogestão acrescentou 78% de lucro incremental do que os sócios sem essas aptidões. Da mesma forma, os lucros acrescentados por sócios com habilidades sociais foram 110% maiores, e os sócios com aptidões de autogestão levaram a um fantástico lucro incremental de 390% — nesse caso, mais 1 465 000 dólares por ano.

Só para comparar, qualidades significativas em habilidades de raciocínio analítico somaram apenas mais 50% de lucro. Portanto, habilidades puramente cognitivas ajudam — mas aptidões de IE ajudam muito mais.[6]

Apêndice B

Inteligência emocional: aptidões de liderança

Autoconsciência:
- *Autoconsciência emocional.* Líderes com alto nível de autoconsciência emocional estão em sintonia com seus sinais internos, reconhecendo que os sentimentos os afetam, bem como a seu desempenho profissional. Estão em sintonia com seus valores básicos e costumam encontrar por intuição o melhor caminho a seguir, enxergando o quadro geral numa situação complexa. Líderes autoconscientes emocionalmente podem ser francos e autênticos, capazes de falar sem medo sobre as próprias emoções ou com convicção sobre a visão que os orienta.
- *Autoavaliação correta.* Líderes com alto nível de autoconsciência em geral conhecem suas limitações e seus pontos fortes e exibem senso de humor em relação a si mesmos. Demonstram elegância suficiente para aprender onde precisam melhorar e aceitam a crítica e o feedback construtivos. A autoavaliação correta permite ao líder saber quando pedir ajuda e onde concentrar a atenção no cultivo de novas qualidades de liderança.
- *Autoconfiança.* Conhecer com exatidão suas habilidades permite aos líderes fazer uso de seus talentos. Líderes autoconfiantes gostam de receber incumbências difíceis. Costumam ter um senso de presença, uma segurança que lhes possibilita destacar-se no grupo.

Autogestão:
- *Autocontrole.* Líderes com autocontrole emocional encontram formas de dominar emoções e impulsos perturbadores, e até mesmo de canalizá-los num sentido positivo. Uma característica de autocontrole é o líder que permanece calmo e de cabeça fria mesmo sob forte estresse ou durante uma crise — ou que não perde a serenidade em uma situação difícil.
- *Transparência.* Líderes transparentes vivem seus valores. Transparência — uma autêntica abertura para os outros sobre os próprios sentimentos, crenças e ações — possibilita integridade. Esses líderes admitem francamente erros ou falhas e preferem questionar o comportamento antiético de outras pessoas a fazer vista grossa.
- *Adaptabilidade.* Líderes adaptáveis são capazes de lidar com múltiplas demandas sem perder o foco ou a energia e sentem-se à vontade com as inevitáveis ambiguidades da vida organizacional. Esses líderes demonstram flexibilidade ao adaptar-se a novos desafios, agilidade ao se ajustar a fluidas mudanças, e elasticidade ao pensar diante de novos dados ou novas realidades.
- *Empreendedorismo.* Líderes com talento em empreendedorismo têm altos padrões pessoais que os levam a buscar constantemente melhoras no desempenho — tanto para si como para seus liderados. São pragmáticos, estabelecendo metas mensuráveis mas desafiadoras, e capazes de calcular riscos de tal maneira que suas metas sejam notáveis, mas possíveis. Uma característica de empreendedorismo é aprender — e ensinar — continuamente maneiras de trabalhar melhor.
- *Iniciativa.* Líderes que têm um senso de eficácia — de que possuem o que é preciso para controlar o próprio destino — destacam-se no quesito iniciativa. Aproveitam oportunidades — ou as criam — em vez de ficar esperando. Esses líderes não hesitam em contornar a burocracia, ou mesmo ir um pouco além do permitido, se isso for necessário para criar melhores possibilidades para o futuro.
- *Otimismo.* Um líder otimista pode adaptar-se a adversidades, vendo uma oportunidade, mais do que uma ameaça, num revés. Esses líderes veem os outros de forma positiva, esperando deles o que têm de melhor. E sua atitude "copo meio cheio" os leva a esperar que as mudanças no futuro sejam para melhor.

Consciência Social:
- *Empatia*. Líderes com empatia vivem em sintonia com uma ampla série de sinais emocionais, o que lhes permite tomar consciência das emoções sentidas, mas não expressas, por outra pessoa ou por um grupo. Esses líderes escutam com atenção e podem apreender a perspectiva de outra pessoa. A empatia torna o líder capaz de conviver facilmente com pessoas das mais diversas origens ou de outras culturas.
- *Consciência organizacional*. Um líder com aguda consciência social pode ser astuto politicamente, capaz de detectar redes de conexões sociais cruciais e interpretar importantes relações de poder. Esses líderes conseguem entender as forças políticas que atuam numa organização, bem como os valores básicos e as regras tácitas que operam entre os funcionários.
- *Serviço*. Líderes com altas aptidões em espírito de serviço promovem um clima emocional para que as pessoas em contato direto com o consumidor ou cliente mantenham a relação isenta de ruídos. Esses líderes monitoram a satisfação de consumidores e clientes com diligência, para garantir que recebam o que precisam. Também se fazem acessíveis quando necessário.

Gestão de Relacionamentos:
- *Inspiração*. Líderes que inspiram criam ressonância e mobilizam pessoas com uma visão convincente ou uma missão compartilhada. Incorporam em si aquilo que pedem dos outros e são capazes de formular uma missão compartilhada de um jeito que inspira outros a seguirem. Oferecem um senso de objetivo comum, para além das tarefas diárias, tornando o trabalho excitante.
- *Influência*. Indicadores do poder de influência de um líder vão desde a habilidade de achar o apelo certo para o ouvinte certo até saber conquistar a adesão de pessoas cruciais e construir uma rede de apoio para uma iniciativa. Líderes peritos em influenciar são convincentes e envolventes quando se dirigem a um grupo.
- *Desenvolver pessoas*. Líderes versados em cultivar as habilidades de outras pessoas demonstram genuíno interesse naqueles a quem ajudam,

compreendendo suas metas, seus pontos fortes e suas fraquezas. Esses líderes podem dar feedback oportuno e construtivo e são tutores e instrutores naturais.
- *Estimular mudanças*. Líderes que estimulam mudanças são capazes de reconhecer a necessidade de mudança, desafiar o status quo e defender uma nova ordem. Podem ser fortes advogados de mudanças mesmo quando encontram oposição, argumentando convincentemente a favor delas. Além disso, encontram maneiras práticas de superar obstáculos à mudança.
- *Administração de conflitos*. Líderes que sabem administrar conflitos são capazes de induzir todas as partes a falar, compreender diferentes perspectivas e descobrir um ideal comum que todos possam endossar. Trazem o conflito à superfície, reconhecem os sentimentos e opiniões de todos os lados e redirecionam a energia para um ideal compartilhado.
- *Trabalho em equipe e colaboração*. Líderes que sabem jogar num time geram uma atmosfera de relaxamento, amabilidade e cooperação e são modelos de respeito, gentileza e cooperação. Convencem outros a se dedicar ativa e entusiasticamente ao esforço coletivo, e criam espírito e identidade. Acham tempo para forjar e cimentar estreitas relações que vão além das simples obrigações de trabalho.

Agradecimentos

Este livro representa para nós décadas de trabalho sobre os temas que culminaram na teoria da liderança primordial, cada um de nós abordando o tópico de um ângulo próprio. Nossas dívidas se estendem a muitas pessoas que contribuíram para o nosso pensamento, a nossa pesquisa e a nossa capacidade de escrever este livro.

Como Richard Boyatzis e Daniel Goleman, muitos cujas pesquisas contribuíram para o nosso pensamento são colegas no Consórcio para Pesquisa sobre Inteligência Emocional em Organizações, chefiado por Cary Cherniss da Escola de Pós-Graduação de Psicologia Profissional e Aplicada da Universidade Rutgers. Essas pessoas incluem Lyle Spencer, Marilyn Gowing, Claudio Fernández-Aráoz e Matthew Mangino, cuja pesquisa contribuiu diretamente para este livro.

Mas a maior inspiração foi nosso principal professor em Harvard durante nossos anos de pós-graduação, David McClelland — sua pesquisa e suas teorias moldaram boa parte do nosso trabalho, até sua morte, em 1998. Também temos uma dívida com colegas daqueles anos iniciais que estão agora no Hay Group e que continuaram a compartilhar os resultados de suas pesquisas e explorações sobre os ingredientes da excelência. Entre eles estão Murray Dalziel, diretor executivo de grupo para práticas mundiais do Hay Group, que continua a ser um manancial de ideias e clareza analítica em seu pensamento sobre liderança e desenvolvimento organizacional; Mary Fontaine, vice-presidente sênior, e

James Burrus, vice-presidente, no Centro McClelland do Hay Group em Boston; John Larrere, vice-presidente e diretor-geral, Hay Group; e Paul Basile, ex-diretor de marketing, Hay Group.

Entre os outros muitos colegas no Hay Group cuja obra serviu de apoio à nossa estão Keith Cornella, Ginny Flynn, Patricia Marshall, Signe Spencer e Bill Tredwell, todos em Boston; Therese Jacobs-Stewart em Minneapolis; Connie Schroyer em Arlington, Virgínia; Rick Lash em Toronto; Nick Boulter, Chris Dyson, Alison Forsythe, Katherine Thomas e Peter Melrose em Londres; Sergio Oxer e Luís Giorgio em São Paulo; e Tharuma Rajah em Kuala Lumpur.

Na sucursal do Hay Group em Boston, Ruth Jacobs forneceu indispensáveis análises de dados, junto com Michele Burckle. Fabio Sala, que continua a dirigir a pesquisa com o ECI, também prestou serviço excepcional em análise de dados.

Richard Boyatzis faz agradecimentos especiais a David Kolb, professor de comportamento organizacional na Case Western Reserve University, que lhe apresentou o modelo de mudança de comportamento e o estimulou a estudar mais o assunto. Agradece também a muitos colegas que o ajudaram na pesquisa e na elaboração do modelo de aprendizagem autodirigida, ou que o ajudaram a ensiná-lo: Ann Baker, Robert F. Bales, Diana Bilimoria, Susan Case, Scott Cowen, Christine Dreyfus, Vanessa Druskat, Louella Harvey-Hein, Retta Holdorf, David Leonard, Poppy McLeod, Charalampos Mainemelis, Angela Murphy, Patricia Petty, Ken Rhee, Lorraine Thompson, Jane Wheeler e Robert Wright.

Muitos outros contribuíram para o pensamento sobre liderança desenvolvido neste livro. Daniel Goleman deseja agradecer a Deepak Sethi da Thomson Corporation; Naomi R. Wolf do Instituto Woodhull para Liderança Ética; Richard Davidson, diretor do Laboratório de Neurociência Afetiva da Universidade de Wisconsin; Steve Kelner da Egon Zehnder International; e Robin Stern, do Programa para Aprendizagem Social e Emocional do Teachers College, da Universidade Columbia. Rachel Brod providenciou engenhosas pesquisas na literatura, e Rowan Foster deu inestimável apoio logístico.

Além disso, Annie McKee faz agradecimentos especiais a Fran Johnston do Gestalt Institute de Cleveland, cuja perspicácia e orientação ao longo dos anos enriqueceram seu pensamento e sua prática, e cuja amizade é um tesouro; Cecilia McMillen da Universidade de Massachusetts, cuja pesquisa e cujo trabalho com organizações foram esclarecedores; e Tom Malnight do IMD, pela criatividade, pela colaboração e pela alegria. Agradecimentos vão também para a inestimável ajuda de Barbara Reitano, Tracy Simandl, Neen Kuzmick, Lezlie Lovett, Beulath Trey, Jonno Hanafin, MaryAnn Rainey, Michael Kitson, Linda Pittari, Felice Tilin, David Smith e Carol Scheman.

Na Harvard Business School Press, agradecemos a Marjorie Williams e Carol Franco, que nos guiaram até a conclusão deste trabalho. Nossos agradecimentos especiais a nossa principal editora, Suzanne Rotondo, por suas ideias sagazes e pela parceria, e a Lucy McCauley pela inspirada ajuda em reformulações. Astrid Sandoval, Sharon Rice e Gayle Treadwell prestaram ajuda inestimável. Como sempre, Suzy Werlaufer desenvolveu nosso próprio pensamento enquanto moldava um artigo para a *Harvard Business Review*.

Numa nota pessoal, Annie McKee agradece ao marido, Eddy Mwelwa, que é sua inspiração; aos filhos, Becky Renio, Sean Reanio e Sarah Renio, que demonstram, no modo como exercem liderança, o poder da inteligência emocional e trazem ressonância para dentro da família; aos pais, Cathy MacDonald Wigstein e Murray Wigstein, pelo apoio intelectual e emocional a esta obra; aos irmãos Rick, Matt, Mark, Jeff e Robert; e à irmã, Sam.

Richard Boyatzis agradece à mulher, Sandy, pela tolerância para com as preocupações dele durante os meses de redação deste livro, e pelo carinhoso apoio e ajuda com suas reações às primeiras versões; ao filho, Mark Scott, e ao falecido sogro, Ronald W. Scott, por lerem os rascunhos.

Daniel Goleman, como sempre, reconhece agradecido a inspiração e paciência da mulher, Tara Bennett-Goleman, e espera que este livro ajude a criar um futuro melhor para as netas Lila e Hazel Goleman.

E, finalmente, cada um de nós gostaria de deixar registrado o valor que atribui à nossa colaboração — e sua ressonância — na criação deste livro.

Notas

PREFÁCIO [pp. 9-14]

1. Uma nota sobre o uso do *nós* neste livro: em nome da fluidez de estilo, e para ressaltar que falamos numa voz coletiva, empregamos o termo no sentido mais liberal. *Nós*, tal como é usado aqui, refere-se não apenas a nós três juntos, mas ao trabalho realizado por qualquer um de nós individualmente, bem como por nossos colegas de profissão mais chegados.

1: LIDERANÇA PRIMORDIAL [pp. 17-32]

1. O departamento de notícias da BBC: como a maioria das outras histórias que aparecem neste livro, o incidente foi contado por uma das pessoas que entrevistamos (neste caso, testemunha ocular). Quando as histórias vêm de uma fonte secundária, os créditos aparecem em notas. Nos casos em que pessoas falaram conosco em confidência, detalhes que poderiam identificar o acontecimento foram alterados.
2. Lisa Berkman et al., "Emotional Support and Survival after Myocardial Infarction", *Annals of Internal Medicine*, 1992.
3. Anika Rosengren et al., "Stressful Life Events, Social Support and Mortality in Men Born in 1933", *British Medical Journal*, v. 207, n. 17, pp. 1102-6, 1983.
4. Thomas Lewis, Fari Amini e Richard Lannon, *A General Theory of Love*. Nova York: Random House, 2000.
5. Robert Levenson, Universidade da Califórnia em Berkeley, comunicação pessoal.
6. Howard Friedman e Ronald Riggio, "Effect of Individual Differences in Nonverbal Expressiveness on Transmission of Emotion", *Journal of Nonverbal Behavior*, v. 6, pp. 32-58, 1981.
7. Janice R. Kelly e Sigal Barsade, "Moods and Emotions in Small Groups and Work Teams", documento de trabalho, Yale School of Management, New Haven, Connecticut, 2001.

8. C. Bartel e R. Saavedra, "The Collective Construction of Work Group Moods", *Administrative Science Quartely*, v. 45, pp. 187-231, 2000.

9. Peter Totterdell et al., "Evidence of Mood Linkage in Work Groups", *Journal of Personality and Social Psychology*, v. 74, pp. 1504-15, 1998.

10. Peter Totterdell, "Catching Moods and Hitting Runs: Mood Linkage and Subjective Performance in Professional Sports Teams", *Journal of Applied Psychology*, v. 85, n. 6, pp. 848-59, 2000.

11. Ver Wallace Bachman, "Nice Guys Finish First: A SYMLOG Analysis of U. S. Naval Commands". In: A. Richard Brian Polley, Paul Hare e Philip J. Stone (Orgs.), *The SYMLOG Practicioner: Applications of Small Group Research*. Nova York: Praeger, 1988.

12. Anthony T. Pescosolido, *Emotional Intensity in Groups*. Cleveland: Case Western Reserve University, 2000. Tese de doutorado, Departamento de Comportamento Organizacional.

13. Howard Gardner, *Leading Minds: An Anatomy of Leadership*. Nova York: Basic Books, 2000.

14. V. U. Druskat e A. T. Pescosolido, "Leading Self-Managing Work Teams from the Inside: Informal Leader Behavior and Team Outcomes". Submetido para publicação, 2001.

15. Ver, por exemplo, Jennifer M. George e Kenneth Bettenhausen, "Understanding Prosocial Behavior, Sales Performance, and Turnover: A Group-Level Analysis in Service Context", *Journal of Applied Psychology*, v. 75, n. 6, pp. 698-706, 1990.

16. Sigal Barsade e Donald E. Gibson, "Group Emotion: A View from the Top and Bottom". In: D. Gruenfeld et al. (Orgs.), *Research on Managing Groups and Teams*. Greenwich, Connecticut: JAI Press, 1998.

17. Robert Levenson e Anna Ruef, "Emotional Knowledge and Rapport". In: William Ickes (Org.), *Empathic Accuracy*. Nova York: Guilford Press, 1997.

18. Meredith Small, "More Than the Best Medicine", *Scientific American*, p. 24, ago. 2000.

19. Robert Provine, *Laughter: A Scientific Investigation*. Nova York: Viking Press, 2000, p. 133.

20. Ibid.

21. R. C. Sinclair, "Mood, Categorization Breadth, and Performance Appraisal", *Organizational Behavior and Human Decision Processes*, v. 42, pp. 22-46, 1988.

22. Jennifer M. George, "Emotions and Leadership: The Role of Emotional Intelligence", *Human Relations*, v. 53, n. 8, pp. 1027-55, 2000.

23. Uma volumosa literatura mostra o efeito autorreforçante dos estados de espírito. Ver, por exemplo, Gordon H. Bower, "Mood Congruity of Social Judgements". In: Joseph Forgas (Org.), *Emotions and Social Judgement*, Oxford: Pergamon Press, 1991, pp. 31-53.

24. Ver, por exemplo, Jacqueline Wood, Andrew Matthews e Tim Dalgleish, "Anxiety and Cognitive Inhibition", *Emotion*, v. 1, n. 2, pp. 166-81, 2001.

25. Sigal Barsade, "The Ripple Effect: Emotional Contagion in Groups", documento de trabalho 98, Yale School of Management, New Haven: Connecticut, 2000.

26. John Basch e Cynthia D. Fischer, "Affective Events-Emotions Matrix: A Classification of Job-Related Events and Emotions Experienced in the Workplace". In: N. Ashkanasy, W. Zerbe e C. Hartel (Orgs.), *Emotions in the Workplace: Research, Theory and Practice*, Westport, Connecticut: Quorum Books, 2000, pp. 36-48.

27. Jeffrey B. Henriques e Richard J. Davidson, "Brain Electrical Asymmetries during Cognitive Task Performance in Depressed and Nondepressed Subjects", *Biological Psychology*, v. 42, pp. 1039-50, 1997.

28. Cynthia D. Fischer e Christopher S. Noble, "Affect and Performance: A Within Persons Analysis" (artigo apresentado na Reunião Anual da Academia de Administração. Toronto, 2000).

29. Cynthia D. Fisher, "Mood and Emotions while Working: Missing Pieces of Job Satisfaction?", *Journal of Organizational Behavior*, v. 21, pp. 185-202, 2000. Ver também Howard Weiss, Jeffrey Nicholas e Catherine Daus, "An Examination of the Joint Effects of Affective Experiences and Job Beliefs on Job Satisfaction and Variations in Affective Experiences over Time", *Organizational Behavior and Human Decision Processes*, v. 78, n. 1, pp. 1-24, 1999.

30. Ver A. M. Isen, "Positive Affect". In: Tim Dalgleish e Mick J. Power (Orgs.), *Handbook of Cognition and Emotion*, Chichester, Inglaterra: Wiley, 1999.

31. Ver C. D. Fisher e C. S. Noble, "Emotion and the Illusory Correlation Between Job Satisfaction and Job Performance" (artigo apresentado na segunda Conferência sobre Emoções na Vida Organizacional. Toronto, ago. 2000).

32. Martin E. Seligman e Peter Schulman, "The People Make the Place", *Personnel Psychology*, v. 40, pp. 437-53, 1987.

33. As descobertas são examinadas em R. W. Clouse e K. L. Spurgeon, "Corporate Analysis of Humor", *Psychology: A Journal of Human Behavior*, v. 32, pp. 1-24, 1995.

34. Sigal G. Barsade, Andrew J. Ward et al., "To Your Heart's Content: A Mode of Affective Diversity in Top Management Teams", *Administrative Science Quarterly*, v. 45, pp. 802-36, 2000.

35. Lyle Spencer, monografia apresentada na reunião do Consórcio para Pesquisa sobre Inteligência Emocional em Organizações Cambridge, Massachusetts, 19 abr. 2001.

36. Benjamin Schneider e David E. Bowen, *Winning the Service Game*. Boston: Harvard Business School Press, 1995.

37. David McClelland, "Identifying Competencies with Behavioral-Event Interviews", *Psychological Science*, v. 9, pp. 331-9, 1998; Daniel Williams, "Leadership for the 21st Century: Life Insurance Leadership Study", Boston: LOMA/Hay Group, 1995.

38. Mais tecnicamente, descobriu-se que os estilos explicam de 53% a 72% da variação em clima organizacional. Ver Stephen P. Kelner Jr., Christine A. Rivers e Kathleen H. O'Connell, "Managerial Style as a Behavioral Predictor of Organizational Climate", Boston: McBer & Company, 1996.

39. Mais ou menos o mesmo argumento foi apresentado em George e Bettenhausen, "Understanding Prosocial Behavior"; e em Neal M. Ashkanasy e Barry Tse, "Transformational Leadership as Management of Emotion: A Conceptual Review". In: Neal M. Ashkanasy, Charmine E. J. Hartel e Wilffred J. Zerbe, *Emotions in the Workplace Research, Theory and Practice*. Westport, Connecticut: Quorum Books, 2000, pp. 221-35.

40. Benjamin Schneider e Daniel E. Bowen, *Winning the Service Game*, op. cit.

41. George e Bettenhausen, "Understanding Prosocial Behavior".

42. Ver também Jennifer M. George, "Leader Positive Mood and Group Performance: The Case of Customer Service", *Journal of Applied Psychology*, v. 25, n. 9, pp. 778-94, 1995.

2: LIDERANÇA RESSONANTE [pp. 33-44]

1. Não somos, de forma alguma, os primeiros a afirmar que a chave para a coesão coletiva ou organizacional são as emoções compartilhadas. Ver, por exemplo, B. E. Ashforth e R. H. Humphrey,

"Emotion in the Workplace: A Reappraisal", *Human Relations*, v. 48, pp. 97-125, 1995; e Edward Lawler, "Affective Attachment to Nested Groups: A Choice-Process Theory", *American Sociological Review*, v. 57, pp. 327-39, 1992.

2. Vemos ressonância e dissonância como os dois grandes polos de liderança IE. Essas dimensões podem ser concebidas em termos de duas dimensões: tom emocional e sincronia empática. Uma dimensão rastreia o tom emocional e o impacto das ações do líder, positivas e negativas. A outra dimensão reflete empatia: se as pessoas estão ou não em sintonia com o tom emocional do líder e o líder com o delas.

3. Resultados de pesquisas mencionados em Vivian Marino, "It's All the Rage at Work, Too", *The New York Times*, p. 3, 12 nov. 2000.

4. A pesquisa, de autoria de John Gottman, da Universidade de Washington, foi feita com marido e mulher, mas a fisiologia da resposta pode ser aplicada a qualquer situação em que duas pessoas envolvidas tenham relações estreitas e emocionalmente importantes uma com a outra, como ocorre entre chefe e funcionário. Para detalhes, ver John Gottman, *What Predicts Divorce: The Relationship between Marital Processes and Marital Outcomes*. Hillsdale, Nova Jersey: Laurence Earlbaum Associates, 1993.

5. Robert Baron, "Countering the Effects of Destructive Criticism", *Journal of Applied Psychology*, v. 75, n. 3, pp. 235-46, 1990.

6. Ver, por exemplo, Dolf Zillman, "Mental Control of Angry Aggression". In: Daniel Wegner e James S. Pennebaker (Orgs.), *Handbook of Mental Control*, Englewood Cliffs, Nova Jersey: Prentice Hall, 1993.

7. J. K. Rowling, *Harry Potter and the Prisoner of Azkaban*. Londres: Bloomsbury, 1999, p. 187. [Ed. bras.: *Harry Potter e o prisioneiro de Azkaban*. Rio de Janeiro: Rocco, 2000.]

8. Ver, por exemplo, Michael Maccoby, "Narcissistic Leaders: The Incredible Pros, the Inevitable Cons", *Harvard Business Review*, pp. 69-75, jan. e fev. 2000.

9. Os detalhes precisos da neurologia descrita neste capítulo são muito mais complexos. Por amor à clareza, simplificamos o quadro, ressaltando estruturas essenciais dentro da intricada teia de circuitos que qualquer comportamento complexo sempre envolve.

10. Quando usamos o termo *amígdala*, referimo-nos à estrutura propriamente dita e à teia de circuitos que integram a amígdala com outras partes do cérebro. Ver Joseph LeDoux, *The Emotional Brain*. Nova York: Simon & Schuster, 1996.

11. Habilidades cognitivas intactas, mas IE prejudicada em pacientes com lesões de amígdala pré-frontais: pacientes neurológicos com danos nas áreas bilaterais da amígdala, na área ventral-medial do lobo pré-frontal e nos córtices somatossensório e insular mostram déficits em testes de inteligência emocional, ao passo que pacientes com danos em outras áreas cerebrais, como as do neocórtex, não mostram. Essas áreas parecem cruciais para a consciência que temos de nossas próprias emoções, para sua regulação e expressão, e para a consciência que temos das emoções alheias. António Damásio, Faculdade de Medicina da Universidade de Iowa, comunicação pessoal; Reuven Bar-On, comunicação pessoal sobre dados preliminares colhidos com Antony Bechara e Daniel Tranel, colegas do dr. Damásio.

12. Ver, por exemplo, Gary Yukl, *Leadership in Organizations*. Upper Saddle River, Nova Jersey: Prentice Hall, 1998.

13. Para detalhes, ver Fabio Sala, *ECI Technical Manual*. Boston: Hay Group, 2001.

3: A NEUROANATOMIA DA LIDERANÇA [pp. 45-65]

1. Fabio Sala, *Relationship between Executive's Spontaneous Use of Humor and Effective Leadership*. Tese de doutorado, Boston University Graduate School of Arts and Science, 2000.
2. David C. McClelland, "Identifying Competencies with Behavioral-Event Interviews", *Psychological Science*, v. 9, pp. 331-9, 1998. Várias aptidões de IE mais fortemente associadas ao humor estavam na esfera da consciência social ou das habilidades de relacionamento, como seria de esperar, por serem as mais visíveis socialmente. Incluem empatia, consciência organizacional, influência e liderança de equipe. Mas o humor também está muito associado a aptidões na área da autogestão (iniciativa, a determinação de chegar lá) e a autoconfiança, o que reflete autoconsciência. Isso sugere que para esses líderes talentosos a expressão de muitas das aptidões de IE quase sempre se dava pelo uso habilidoso do humor — e que isso era, em si, uma das razões do seu êxito como líder.
3. David C. McClelland, "Testing for Competence Rather Than Intelligence", *American Psychologist*, v. 28, pp. 14-31, 1973. Quando McClelland escreveu esse artigo, Richard Boyatzis e Daniel Goleman eram seus alunos no curso de pós-graduação de psicologia em Harvard.
4. Lyle Spencer, "The Economic Value of Emotional Intelligence Competencies and EIC-Based HR Programs". In: Cary Cherniss e Daniel Goleman (Orgs.), *The Emotional Intelligent Workplace*, San Francisco: Jossey-Bass, 2001.
5. Enquanto os gerentes médios de filial vendiam 17 milhões de dólares por ano, esses líderes excepcionais vendiam 75% mais — em média, 29,8 milhões de dólares — além de um retorno sobre vendas 106% maior.
6. James C. Collins e Jerry I. Porras, *Built to Last: Successful Habits of Visionary Companies*. Nova York: HarperBusiness, 1994.
7. A pesquisa sobre liderança da Johnson & Johnson foi encabeçada por Dottie Brienza, da divisão Empresas de Bens de Consumo, e por Kathy Cavallo. Os resultados foram apresentados numa reunião do Consórcio de Pesquisa sobre Inteligência Emocional em Organizações. Cambridge, Massachusetts, 3 nov. 2000.
8. O ECI-360 avalia todas as aptidões de liderança baseadas na inteligência emocional. Para mais informações: <http://www.eisglobal.com>. Acesso em: 1 nov. 2017.
9. As diferenças eram estatisticamente significativas para as vinte aptidões de IE. O ECI tinha mais correlação com altos potenciais do que o modelo de competência de liderança da própria empresa.
10. Simplificamos o modelo de aptidões de IE de cinco domínios para quatro incorporando "motivação" a "autogestão." Análises estatísticas também nos levaram a combinar várias aptidões de IE — por exemplo, "alavancagem de diversidade" passou a fazer parte de "empatia" — de modo que, numa lista em que antes havia 25 aptidões, agora há apenas dezoito. Novas reflexões também nos levaram a rebatizar algumas aptidões para dar ênfase a características mais significativas para líderes IE: "Confiabilidade" tornou-se "transparência", e "liderança" tornou-se "liderança motivacional". Além disso, abandonamos "consciência", que não é tão crucial para líderes que podem delegar detalhes a um auxiliar competente. E combinamos "comunicação" — ferramenta de influência — com a competência "influência".
11. Para uma explicação mais minuciosa das ligações entre aptidões de IE e o cérebro, ver Daniel Goleman, "Emotional Intelligence: A Theory of Performance". In: *The Emotional Intelligent Workplace*.

12. Para a teoria básica, ver Daniel Goleman, *Working with Emotional Intelligence*. Nova York: Bantam, 1998. Neste livro ampliamos essa teoria.

13. A massa crítica de forças em aptidões de IE foi descoberta por Richard Boyatzis, *The Competent Manager: A Model for Organizational Effectiveness*, Nova York: Wiley-Intersciente, 1982, e por David C. McClelland, "Identifying Competencies with Behavioral-Event Interviews", *Psychological Science*, v. 9, pp. 331-9, 1998.

14. Richard Davidson, D. C. Jackson e Ned H. Kalin, "Emotion, Plasticity, Context and Regulation: Perspectives from Affective Neuroscience", *Psychological Bulletin*, v. 126, n. 6, pp. 890-909, 2000.

15. António Damásio, *Descartes' Error: Emotion, Reason, and the Human Brain*. Nova York: Putnam, 1994. [Ed. bras.: *O erro de Descartes: emoção, razão e o cérebro humano*. São Paulo: Companhia das Letras, 2012.]

16. Ann Graham Ettinger, *Make Up Your Mind*. Santa Mônica, Califórnia: Merritt Publishing, 1995.

17. Knowlton, Jennifer Mangels e Larry Squire, "A Neostriatal Habit Learning System in Humand," *Science*, v. 273, pp. 1399-402, 1996.

18. Matthew D. Lieberman, "Intuition: A Social Cognitive Neuroscience Approach", *Psychological Bulletin*, v. 126, pp. 109-37, 2000.

19. Ibid.

20. António Damásio, *Descartes' Error*, op. cit.

21. A função inibidora das áreas pré-frontais é um foco de pesquisa ativa, com alguns indícios sugerindo que conexões do córtex pré-frontal têm efeitos inibidores nos neurônios na amígdala. Dr. Richard Davidson, Universidade de Wisconsin, comunicação pessoal.

22. Em outras publicações, usamos o termo *confiabilidade* para essa competência. Aqui usamos *transparência* para enfatizar a importância desse aspecto da competência para liderança.

23. Lewis MacAdams, *Birth of Cool: Beat, Bebop and the American Avant-Garde*. Nova York: Free Press, 2001.

24. Ver, por exemplo, Paul J. Eslinger, "Neurological and Neuropsychological Bases of Empaty", *European Neurology*, v. 39, pp. 193-9, 1998.

25. Thomas Lewis, Fari Amini e Richard Lannon, *A General Theory of Love*. Nova York: Random House, 2000.

26. Ver, por exemplo, Warren Bennis e Burt Nanus, *Leaders: Strategies for Taking Charge*. Nova York: Harper and Row, 1985; Jay Conger, *The Charismatic Leader*. San Francisco: Jossey-Bass, 1989; e John P. Kotter, *Leading Change*. Boston: Harvard Business School Press, 1996. [Ed. bras.: *Liderando mudanças: transformando empresas com a força das emoções*. Rio de Janeiro: Alta Books, 2017.]

27. Citado em Matthew Mangino e Christine Dreyfus, *Developing Emotional Intelligence Competencies*. Monografia apresentada ao Consórcio de Pesquisa sobre Inteligência Emocional em Organizações, Cambridge, Massachusetts, 19 abr. 2001.

4: O REPERTÓRIO DA LIDERANÇA [pp. 66-82]

1. O banco de dados foi compilado pela firma de consultoria de Boston McBer & Company (agora Hay Group) e originariamente analisado por Stephen Kellner Jr. Ver Stephen P. Kelner Jr., Christine A. Rivers e Kathleen H. O'Connell, "Managerial Style as a Behavioral Predictor of Organizational Climate", Boston: McBer & Company, 1996. A amostra era internacional, incluindo líderes da Europa, África, América do Norte, Austrália e Círculo de Fogo do Pacífico; metade era norte-americana. A medição de clima foi desenvolvida por McBer & Company, com base no trabalho original de George Litwin. Ver G. H. Litwin e R. A. Stringer Jr., "Motivation and Organizational Climate", Boston: Division of Research, Graduate School of Business Administration, Harvard University, 1971. Avalia seis indicadores específicos de clima, com base no trabalho pioneiro de Litwin e Stringer, refinado por David McClelland e seus colegas na McBer.
2. Citado em Alden M. Hayashi, "When to Trust Your Gut", *Harvard Business Review*, pp. 59-65, fev. 2001.
3. James McGregor Burns, *Leadership*. Nova York: Harper & Row, 1978. Assim também com líderes "carismáticos", que formulam uma visão estratégica informada por uma sensibilidade para as necessidades do público estratégico; ver Jay A. Conger, *The Charismatic Leaders: Behind the Mystique of Exceptional Leadership*. San Francisco: Jossey-Bass, 1989.
4. "A Job and a Life Intertwined", *The New York Times*, p. C3, 23 maio 2001.
5. Cynthia Fisher e Christopher S. Noble, *Affect and Performance: A Within Persons analysis*. Monografia apresentada na Reunião Anual da Academia de Administração, Toronto, 2000.
6. James C. Collins e Jerry I. Porras, *Built to Last: Successful Habits of Visionary Companies*. Nova York: HarperBusiness, 1994.
7. Stephen P. Kelner, "Interpersonal Motivation: Cynical, Positive and Anxious". Tese de doutorado, Boston University, 1991.
8. Citado em Steve Lohr, "IBM Chief Gerstner Recalls Difficult Days at Big Blue", *The New York Times*, p. C3, 31 jul. 2000.

5: OS ESTILOS DISSONANTES: USE COM CUIDADO [pp. 83-100]

1. *Business Week*, "The Best Performers", p. 98, 29 mar. 1999.
2. Floyd Norris, "S. E. C. Accuses Former Sunbean Official of Fraud", *The New York Times*, p. 1, 16 maio 2001.
3. Para uma visão dos lados positivo e negativo desse tipo de liderança, ver, por exemplo, Michael Maccoby, "Narcissistic Leaders: The Incredible Pros, the Inevitable Cons", *Harvard Business Review*, jan. e fev. 2000.
4. Ver Jim Collins, "Level 5 Leadership", *Harvard Business Review*, jan. 2001, pp. 66-76.
5. Equipe de pesquisa do Hay Group, encabeçada por John Larrere com Martin Leshner, David Baker e Stephen Kelner, para LOMA. Ver Daniel Williams, "Leadership for the 21st Century: Life Insurance Leadership Study", Boston: LOMA/Hay Group, 1995.
6. Citado por Amy Sipkin em "The Wisdom of Thoughfulness", *The New York Times*, p. C1, 31 maio 2000.

7. David McClelland, "Identifying Competencies with Behavioral-Event Interviews", *Psychological Science*, v. 9, pp. 331-9, 1998.

8. Ver "Research into Headteacher Effectiveness" (relatório do Hay Group para o Departamento de Educação e Emprego do Reino Unido, 2000).

6: COMO TORNAR-SE UM LÍDER RESSONANTE: AS CINCO DESCOBERTAS
[pp. 103-24]

1. Descrita pela primeira vez com esse título por John Byrne em "CEO Disease", *Business Week*, pp. 52-9, 1 abr. 1991.

2. James Conway e Allen Huffcutt, "Pscychometris Properties of Multi-source Performance Ratings: A Meta-analysis of Subordinate, Supervisor, Peer and Self-Ratings", *Human Performance*, v. 10, n. 4, pp. 331-60, 1977.

3. Numerosos estudos e relatórios de especialistas em gestão informam que mulheres e membros de grupos minoritários recebem menos feedback, e feedbacks menos úteis, do que os demais. Ver, por exemplo, Peggy Stuart, "What Does the Glass Ceiling Cost You?", *Personnel Journal*, v. 71, pp. 70-80, 1992; Ann M. Morrison, Randall P. White, Ellen Van Velsor e The Center for Creative Leadership, *Breaking the Glass Ceiling: Can Women Reach the Top of America's Largest Corporations?*. Reading, Massachusetts: Addison-Wesley, 1987; e Taylor Cox Jr., *Cultural Diversity in Organizations: Theory, Research, and Practice*. San Francisco: Berrett-Koehler Publishers, 1993.

4. J. Kruger e D. Dunning, "Unskilled and Unaware of It: How Difficult in Recognizing One's Own Competence Lead to Inflated Self-Assessments", *Journal of Personality and Social Psychology*, v. 77, n. 6, pp. 1121-34, 1999.

5. Eric Harter, *The Quest for Sustainable Leadership: The Importance of Connecting Leadership Principles to Concepts of Organizational Sustainability*. Dissertação EDM, Case Western Reserve University, 1999.

6. Análise de Michele Burckle, in Fabio Sala, *ECI Technical Manual*. Boston: Hay Group, 2001.

7. John P. Campbell, Marvin D. Dunnette, Edward E. Lawler III e Karl E. Weick, *Managerial Behavior, Performance, and Effectiveness* (Nova York: McGraw Hill, 1970) examinaram vários estudos e chegaram a essa conclusão. Estudos meta-analíticos e análises de utilidade mais recentes confirmam que mudanças significativas podem e devem ocorrer, mas não com o impacto que o nível de investimento nos levaria a esperar, nem com muitos tipos de treinamento. Ver Charles C. Morrow, M. Quintin Jarrett e Melvin Rupinski, "An Investigation of the Effect and Economic Utility of Corporate Wide Training", *Personnel Psychology*, v. 50, pp. 91-119, 1997; Timothy Baldwin e J. Kevin Ford, "Transfer of Training: A Review and Directions for Future Research", *Personnel Psychology*, v. 41, pp. 63-105, 1998; e Michael J. Burke e Russell R. Day, "A Cumulative Study of the Effectiveness of Managerial Training", *Journal of Applied Psychology*, v. 71, n. 2, pp. 232-45, 1986. Além disso, quando uma mudança é notada, levanta-se uma questão sobre a sustentabilidade das mudanças, por causa do período de tempo relativamente curto estudado.

8. Alguns estudos mostraram que o treinamento pode ter um efeito positivo em resultados no emprego ou na vida, que são o objetivo final de esforços de desenvolvimento. Mas mostrar impacto em resultados, apesar de desejável, também pode tornar difícil ver *como* a mudança de fato

ocorre. São as ações e os hábitos da pessoa que mudam, ou outros fatores na situação explicam a mudança? Uma pesquisa de literatura global realizada pelo Consórcio de Pesquisa sobre Inteligência Emocional em Organizações descobriu apenas quinze programas que melhoraram a inteligência emocional. A maioria deles mostrou impacto em resultados no emprego (como o número de novos negócios abertos) ou efeitos na vida (como encontrar um emprego ou satisfação). Esses estudos são examinados em Cary Cherniss e Mitchell Adler, *Promoting Emotional Intelligence in Organizations: Make Training in Emotional Intelligence Effective*. Washington, DC: American Society for Training and Development, 2000.

9. Um design de pesquisa de qualidade incluiria testes de comportamento desejável antes e depois dos treinamentos, bem como alguma comparação com outros programas, seja por meio de grupos de comparação ou através de uma avaliação de série temporal. A falta desses elementos nas tentativas relativamente pouco numerosas de avaliar o treinamento significa que muitos resultados não têm a utilidade que deveriam ter.

10. Preston E. Smith, "Management Modeling Training to Improve Morale and Customer Satisfaction", *Personnel Psychology*, v. 29, pp. 351-9, 1976. Respostas por escrito a típicos problemas de consumidor eram codificadas antes e depois do treinamento para o grupo treinado e para grupos de comparação como medição de habilidades de comunicação. A melhora percentual nesse estudo reflete o comportamento depois do treinamento, em comparação com antes do treinamento.

11. No que costuma ser considerado um estudo clássico, administradores educacionais apresentaram avanços de apenas 8% numa ampla variedade de habilidades três meses depois do treinamento. Raymond A. Noe e Neal Schmitt, "The Influence of Trainee Attitudes on Training Effectiveness: Test of a Model", *Personnel Psychology*, v. 39, pp. 497-523, 1986. Mudanças comportamentais foram avaliadas através de medições do tipo 360 graus. O supervisor imediato dos participantes do treinamento, dois professores (ou seja, subordinados ou colegas) e dois membros da equipe de apoio avaliaram o trainee antes e depois do treinamento em seis escalas de avaliação de comportamento, tais como sensibilidade para com os demais, liderança e determinação. A melhora percentual tirada desse estudo reflete o comportamento depois do treinamento, em comparação com antes do treinamento.

Em outro estudo, a consciência social e as habilidades sociais de gestores de uma indústria siderúrgica tiveram uma melhora de 9% três meses depois do treinamento e caíram um pouco, para 7%, dezoito meses depois do treinamento. Herbert H. Hand, Max D. Richards e John W. Slocum Jr., "Organizational Climate and the Effectiveness of a Human Relations Training Program", *Academy of Management Journal*, v. 16, n. 2, pp. 185-246, 1973. O comportamento foi avaliado por grupos de subordinados do participante usando um questionário relativo a áreas como preocupação e sensibilidade com outras pessoas, autoconsciência e iniciativa. Esses dados foram colhidos para aqueles que passavam pelo treinamento e para grupos de comparação. A melhoria percentual nesse estudo reflete o comportamento depois do treinamento, em comparação com antes do treinamento.

Em vários outros estudos em que o comportamento de pessoas treinadas foi comparado com o de pessoas não treinadas (ou que não receberam o mesmo tipo de treinamento), mas que não envolviam nenhum teste pré-treinamento, os resultados foram parecidos: uma melhora comparativa de 11% em habilidades sociais dois meses depois do treinamento a que foram submetidos supervisores de primeiro nível num grande centro médico urbano. K. N. Wexley e W. F. Memeroff, "Effectiveness of Positive Reinforcement and Goal Setting as Methods of Management Development", *Journal of Applied Psychology*, v. 60, n. 4, pp. 446-50, 1975. Subordinados dos participantes nos grupos em treinamento e nos grupos de comparação preencheram um questionário relativo a seus supervisores, avaliando comportamentos como consideração e sensibilidade com outras pessoas, resolução de conflitos, espírito cooperativo dentro do grupo de trabalho e habilidade de desencadear e comunicar expectativas. A melhora percentual nesse estudo reflete o comportamento posterior daqueles que faziam parte do grupo em treinamento, em relação ao daqueles que integravam os grupos de comparação. A comparação "apenas pós-teste" é uma aproximação legítima, porque os participantes eram distribuídos aleatoriamente entre os grupos em treinamento e de controle.

Em outro estudo, supervisores de primeiro nível apresentaram melhora de 18% numa série de comportamentos relativos a IE um ano depois do treinamento. Gary P. Latham e Lise M. Saari, "Application of Social-Learning Theory to Training Supervisors through Behavioral Modeling", *Journal of Applied Psychology*, v. 64, n. 3, pp. 239-46, 1979. Supervisores dos que faziam parte dos grupos em treinamento e de comparação avaliaram os participantes três meses e um ano depois do treinamento, em fatores como controle emocional, supervisão e interação com outros. A melhora percentual nesse estudo reflete o comportamento, depois do treinamento, daqueles que faziam parte dos grupos em treinamento, em comparação com o daqueles que integravam os grupos de comparação. A comparação "apenas pós-teste" é legítima porque os participantes eram distribuídos de forma aleatória entre os grupos em treinamento e de controle.

Outro estudo mostrou uma melhora média de 8% depois do desenvolvimento de um plano de mudança. Dianne P. Young e Nancy M. Dixon, *Helping Leaders Take Effective Action: A Program Evaluation*. Greensboro, Carolina do Norte: Center for Creative Leadership, 1996. Executivos e gestores que participavam do programa LeaderLab foram avaliados por colegas de trabalho cerca de cinco meses e meio depois do programa e, retrospectivamente, um ano antes. Os comportamentos estudados incluíam flexibilidade, autoconfiança, habilidades de relacionamento interpessoal e capacidade de lidar com desequilíbrio emocional. A melhora percentual nesse estudo reflete avaliações de colegas de trabalho na época da avaliação, menos suas opiniões sobre a pessoa um ano antes, divididas por pontuações anteriores.

12. A cifra de 10% representa a melhora percentual média nos comportamentos de IE múltiplos ou compostos nos cinco estudos examinados. Não inclui o estudo de habilidades de comunicação, que tratava de uma competência específica. Se incluirmos esse estudo, a média geral ainda é de apenas 15%. A falta de estudos, a dificuldade de determinar compatibilidade de medições e a falta de consistência em designs de pesquisa conspiram para tornar impossível um cálculo preciso.

Claro que existem outros estudos que não foram encontrados e examinados, ou que não estão disponíveis em periódicos e livros, e foram, portanto, negligenciados. Não afirmamos que esse exame seja exaustivo, mas ele sugere a melhora percentual como uma aproximação do impacto real. Essa aproximação é oferecida para ajudar na comparação do impacto relativo de treinamento de gestão, educação gerencial e aprendizagem autodirigida. Infelizmente, muitos artigos mais recentes de meta-análise e de revisão usam técnicas estatísticas informando tamanho de efeito e outros dados por associação. Embora ajude o pesquisador a determinar o significado estatístico das descobertas, isso não permite fazer comparações de melhora percentual. Além disso, a falta de pesquisas com período de acompanhamento superior a um ano ou a dezoito meses torna difícil comentar a sustentabilidade das mudanças observadas depois do treinamento.

13. L. Specht e P. Sandlin, "The Differential Effects of Experiential Learning Activities and Traditional Lecture Classes in Accounting", *Simulations and Gaming*, v. 22, n. 2, pp. 196-210, 1991.

14. Isso não inclui mudanças induzidas, deliberadamente ou não, por alterações químicas ou hormonais em nosso corpo. Mas mesmo nessas situações a interpretação das mudanças e do comportamento behaviorístico que se seguem será afetada pela vontade, pelos valores e pela motivação da pessoa.

15. Matthew Mangino e Christine Dreyfus, "Developing Emotional Intelligence Competencies" (apresentação no Consórcio de Pesquisa sobre Inteligência Emocional em organizações, Cambridge, Massachusetts, 19 abr. 2001). O padrão de aquisição natural de aptidões de IE é compatível com um estudo anterior sobre gestores na Nasa de autoria de Christine Dreyfus, *Scientists and Engineers as Effective Managers: A Study of Development of Interpersonal Abilities*. Tese de doutorado, Case Western Reserve University, 1991.

16. Pontuações em autoavaliação, bem como em avaliação das aptidões de outros, estavam significativamente relacionadas à idade para todos os grupos de aptidões de IE. Isso não era uma função de nível gerencial; a correlação com o nível do trabalho só aparecia no grupo de habilidades de gestão de relacionamentos. Sala, *ECI Technical Manual*.

17. Thomas Lewis, Fari Amini e Richard Lannon, *A General Theory of Love*, op. cit.

18. A pesquisa, ainda inédita, é citada em Tara Bennett-Goleman, *Emotional Alchemy: How the Mind Can Heal the Heart*. Nova York: Harmony Books, 2001.

19. Eleanor A. Maguire, David G. Gadian, Ingrid S. Johnsrude, Catriona D. Good, John Ashburner, Richard S. J. Frackowiak e Christopher D. Firth, "Navigation-Related Structural Chance in the Hippocampi of Taxi Drivers", *Proceedings of the National Academy of Sciences*, v. 96, n. 8, pp. 4398-403, 2000. Disponível em: <https://www.ncbi.nlm.nih.gov/pmc/articles/PMC18253/>. Acesso em: 17 abr. 2018.

20. Gerald M. Edelman, *Neural Darwinism: The Theory of Neuronal Group Selection*. Nova York: Basic Books, 1987, p. 58.

21. Pesquisadores da Case Western Reserve University, em particular o professor James E. Zull, notaram que, quando redes nervosas que ligam nervos a músculos são vigorosamente estimuladas, novas ramificações e conexões se formam. James E. Zull, *The Art of Changing the Brain: Helping People Learn by Understanding How the Brain Works*. Sterling, Virgínia: Stylus Publishers, 2002. A professora Elizabeth Gould da Universidade de Princeton, estudando neurogênese, mostrou que aprender coisas estimulava novos nervos a sobreviver em primatas, enquanto a ausência de aprendizagem resultava na perda de novas células nervosas (resumido em Sandra Blakeslee, "A Decade of Discovery Yields a Shock about the Brain", *The New York Times*, p. D1, 4 jan. 2000).

22. Thomas B. Lewis, Fari Amini e Richard Lannon, *General Theory of Love*, op. cit., p. 177.

23. Esse curso é descrito em Richard Boyatzis, "Stimulating Self-Directed Learning through the Managerial Assessment and Development Course", *Journal of Management Education*, v. 18, n. 3, pp. 304-23, 1994; e no capítulo 4 in Richard E. Boyatzis, Scott S. Cowen e David A. Kolb (Orgs.), *Innovations in Professional Education: Steps on a Journey from Teaching to Learning*. San Francisco: Jossey-Bass, 1995. A primeira versão desse curso foi desenvolvida pela Associação Americana de Administração em 1979, como parte do seu incipiente programa de mestrado em administração. Outras variações desse tipo de curso foram desenvolvidas paralelamente pelo corpo docente do Alverno College em Milwaukee (para uma descrição, ver Marcia Mentkoswki e colegas [Orgs.],

Learning That Lasts: Integrating Learning, Development, and Performance in College and Beyond. San Francisco: Jossey-Bass, 2000), e por David A. Whetton e Kim S. Cameron para uso original na Universidade de Michigan (ver a quarta edição do seu compêndio *Developing Managerial Skills.* Reading, Massachusetts: Addison-Wesley, 1998). O curso foi escolhido como programa-modelo em desenvolvimento de inteligência emocional pelo Consórcio de Pesquisa sobre Inteligência Emocional em Organizações, como relatado em Cargy Cherniss e Mitchellk Adler, *Promoting Emotional Intelligence in Organizations: Make Training in Emotional Intelligence Effective.* Washington, DC: American Society for Training and Development, 2000.

24. Desde 1987, começando ainda antes que o curso fosse obrigatório para todos os alunos, Richard Boyatzis dirigiu uma série de estudos de acompanhamento para documentar o impacto de longo prazo do curso e do programa. Os estudos avaliavam melhorias a partir de autorrelatos e codificação comportamental de "incidentes críticos" referentes a desafios profissionais típicos relatados por alunos em fitas de áudio e de vídeo. A coleta de dados começou quando alunos iniciaram o curso, e avaliações foram feitas quando terminaram e quando estavam trabalhando. Para detalhes dos estudos, ver Richard E. Boyatzis, Ann Baker, Dabid Leonard, Kenneth Rhee e Lorraine Thompson, "Will It Make a Difference?: Assessing a Value-Based, Outcome Oriented, Competency-Based Professional Program". In: Richard E. Boyatzis, Scott S. Cowen e David A. Kolb (Orgs.), *Innovating in Professional Education: Steps on a Journey from Teaching to Learning*, San Francisco: Jossey-Bass, 1995; Richard E. Boyatzis, David Leonard, Kenneth Rhee e Jane V. Wheeler, "Competencies Can Be Developed, but Not the Way We Thought", *Capability*, v. 2, n. 2, pp. 25-41, 1996; e Richard E. Boyatzis, Jane V. Wheeler e R. Wright, "Competency Development in Graduate Education: A Longitudinal Perspective", *Proceedings of the First World Conference on Self-Directed Learning*, Montreal: Girat, no prelo.

25. Os estudos foram feitos para a Assembleia Americana de Faculdades Colegiadas de Administração (AACSB) em 1979 e nos anos 1980 e estão relatados em Richard Boyatzis e Mike Sokol, *A Pilot Project in Assess the Feasibility of Assessing Skills and Personal Characteristics of Students in Collegiate Business Programs. Report to the AACSB*, St. Louis: AACSB, 1982; e *Development Dimensions International (DDI), Final Report: Phase III. Report to the AACSB*, St. Louis: AACSB, 1985. Os estudos de referência da Weatherhead School of Management no fim dos anos 1980 utilizavam testes para fazer comparações e são examinados em Boyatzis, Cowen e Kolb, *Innovating in Professional Education*. A melhora percentual percebida foi calculada dividindo-se a diferença nas notas finais dos alunos em relação às notas da prova de seleção pelas notas da prova de seleção. Os dois primeiros programas foram analisados com centros de avaliação, portanto os dados relatados são sobre o comportamento dos estudantes mostrado em simulações. Os outros programas incluíam testes mostrados para avaliar seus comportamentos de IE, mas não eram medições diretas do comportamento dos participantes.

26. A melhora percentual mostrada na comparação com outros programas envolvia comportamento observado (e não testes) avaliado por codificação de amostragens de trabalho, entrevistas de "incidente crítico", exercícios de centros de avaliação gravados em vídeo, ou avaliação de 360 graus, feita por outros, do comportamento de alguém. A melhora percentual mostrada para cada período é a média do aumento de frequência para cada uma das aptidões desse grupo (ou seja, a frequência na época da formatura, de exibição da competência menos a frequência de entrada no curso, dividida pela frequência do comportamento na entrada do curso). Para controlar dificuldades

de língua, só falantes nativos de inglês foram incluídos nessa análise. Adverte-se o leitor de que as porcentagens se referem a amostras diferentes e, portanto, são citadas para sugerir a amplitude de impacto esperada ao longo do tempo. As amostras que aparecem no quadro são dos seguintes grupos: os resultados de um a dois anos refletem 163 estudantes de MBA em tempo integral formados em 1993, 1994 e 1995 (relatados nas referências da nota 25). Os resultados de três a cinco anos são de 54 alunos de MBA em tempo parcial formados em 1995 e 1996 relatados na nota 25. Os resultados de cinco a sete anos refletem trinta alunos de MBA em tempo parcial formados em 1995 e 1996 estudados entre dezoito e trinta meses depois da formatura por Jane V. Wheeler em *The Impact of Social Environment on Self-Directed Change and Learning*. Tese de doutorado, Case Western Reserve University, 1999.

Jane Wheeler descreveu uma comparação dos resultados de três a cinco anos com os resultados de cinco a sete anos referentes às mesmas pessoas em sua tese. Sua amostragem menor de trinta dos alunos de MBA em tempo parcial das turmas de 1995 e 1996 assinalava uma melhora de 53% em autoconsciência e autogestão, e de 33% em consciência social e gestão de relacionamentos entre três e cinco anos. Esses números são ligeiramente diferentes das porcentagens relativas à amostragem completa exibida no gráfico, mas ainda estão num nível comparativamente alto em relação a outros programas de treinamento em administração ou de MBA.

As aptidões de autoconsciência e administração incluíam orientação para resultados, planejamento, iniciativa, consciência, autocontrole e autoconfiança. As aptidões de consciência social e gestão de relacionamentos incluíam empatia, objetividade social, criação de vínculos, gestão de conflitos, influência, liderança em trabalho de equipe e desenvolvimento de pessoas.

27. Vale notar também que os estudantes do programa baseado em aptidões, tanto em tempo integral como em tempo parcial, mostraram melhoria significativa em 100% das seis aptidões cognitivas avaliadas. Já o programa anterior de MBA não baseado em aptidões tinha mostrado melhoras em apenas 86% das aptidões cognitivas no programa de tempo integral e 57% das aptidões cognitivas no programa de tempo parcial. Entre os alunos de MBA em tempo integral, a melhora foi de 100% nas catorze aptidões de inteligência emocional avaliadas, em comparação com ganhos de apenas 50% nessas aptidões pelos alunos de MBA que não fizeram o curso. Alunos de tempo parcial que fizeram o curso também mostraram ganhos marcantes: ganharam em treze de catorze aptidões, em comparação com ganhos em apenas uma das doze aptidões avaliadas pelos que não fizeram o curso.

28. Ronald Ballou, David Bowers, Richard E. Boyatzis e David A. Kolb, "Fellowship in Lifelong Learning: An Executive Developlent Program for Advanced Professionals", *Journal of Management Education*, v. 23, n. 4, pp. 338-54, 1999.

29. Richard Boyatzis viu pela primeira vez a promessa dessa abordagem durante seu envolvimento pessoal com três vertentes de pesquisa, todas fornecendo provas convincentes da melhor maneira de aperfeiçoar habilidades de inteligência emocional que dão eficácia à liderança. A primeira vez que foi exposto a um desenvolvimento que funciona veio do seu primeiro trabalho com David Kolb e seus colegas da Escola de Administração Sloan do Instituto de Tecnologia de Massachusetts, que mostrava que pessoas que utilizam a aprendizagem autodirigida podem melhorar seu desempenho. No começo dos anos 1970, os alunos de lá selecionaram uma habilidade administrativa para melhorar — e como muitos deles tinham formação "nerd" em engenharia e ciências, as habilidades interpessoais eram uma escolha frequente. Esses estudos estão descritos em David A. Kolb, Sarah K. Winter e David E. Berlew, "Self-Directed Change: Two Studies", *Journal of Applied Behavioral*

Science, v. 6, n. 3, pp. 453-71, 1968; David A. Kolb, "A Cybernetic Model of Human Change and Growth", documento de trabalho inédito, pp. 526-71, Escola de Administração Sloan, Instituto de Tecnologia de Massachusetts, Cambridge, 1971: David A. Kolb e Richard E. Boyatzis, "On the Dynamics of Helping Relationship", *Journal of Applied Behavioral Science*, v. 6, n. 3, pp. 267-89, 1970; David A. Kolb e Richard E. Boyatzis, "Goal-Setting and Self-Directed Behavior Change", *Human Relations*, v. 23, n. 5, pp. 430-57, 1970; e Richard E. Boyatzis e David A. Kolb, "Feedback and Self-Directed Behavior Change", documento de trabalho inédito, pp. 349-69, Escola de Administração Sloan, Instituto de Tecnologia de Massachusetts, Cambridge, 1969.

A segunda exposição veio do seu envolvimento (acompanhado por Daniel Goleman) com a pesquisa pioneira de David McClelland e colegas da Universidade Harvard nos anos 1960 e 1970, mostrando pela primeira vez quais habilidades que tornam as pessoas altamente bem-sucedidas os empresários podem desenvolver. O grupo de McClelland criou programas de treinamento para fortalecer o impulso de obter resultados — talvez a primeira competência de inteligência emocional a ser estudada em profundidade. Os resultados: os que passaram pelo treinamento acabaram chefiando pequenas start-ups que tiveram sucesso espetacular, criando mais empregos, abrindo mais empresas e gerando mais renda do que grupos de comparação. Ver David C. McClelland e David G. Winter, *Motivating Economic Achievement*, Nova York: Free Press, 1969, e David Miron e David C. McClelland, "The Impact of Achievement Motivation Training on Small Business", *California Management Review*, v. 21, n. 4, pp. 13-28, 1979. O trabalho de Richard Boyatzis com David C. McClelland sobre treinamento de motivação de poder como programa terapêutico para ajudar alcoólatras a manter a sobriedade e recuperar empregos e seu funcionamento como cidadãos foi um acréscimo ao seu trabalho sobre mudança motivacional. Ver Henry Cutter, Richard E. Boyatzis e David Clancy, "The Effectiveness of Power Motivation Training for Rehabilitating Alcoholics", *Journal of Studies on Alcohol*, v. 38, n. 1, 1977, e Richard E. Boyatzis, "Power Motivation Training: A New Treatment Modality", *Annals of the New York Academy of Science*, v. 273, pp. 525-32, 1976.

Uma terceira fonte de descobertas continua a ser a pesquisa de seus alunos de doutorado e colegas da Escola de Administração Weatherhead da Case Western Reserve University.

Outros importantes modelos de mudança são a teoria de aquisição de motivo, de David McClelland, e a de James Prochaska e seus colegas. Ver David C. McClelland, "Toward a Theory of Motive Acquisition", *American Psychologist*, v 20, n. 5, pp. 321-33, 1965, e James O. Prochaska, Carlo C. Diclemente e John C. Norcross, "In Search of How People Change: Applications to Addictive Behaviors", *American Psychologist*, v. 47, n. 9, pp. 1102-14, 1992. Um exame abrangente de programas documentados visando aumentar a inteligência emocional foi conduzido pelo Consórcio sobre Inteligência Emocional em Organizações, encabeçado pelo professor Cary Cherniss, da Rogers University. O exame desses programas-modelo e a opinião do Consórcio sobre as melhores práticas estão disponíveis em seu website e em um livro: Cary Cherniss e Mitchell Adler, *Promoting Emotional Intelligence in Organizations: Make Training in Emotional Intelligence Effective*. Washington, DC: American Society for Training and Development, 2000.

30. Richard E. Boyatzis, "Self- Directed Change and Learning as a Necessary Meta-competency for Success and Effectiveness in the 21st Century". In: R. Sims e J. G. Veres (Orgs.), *Keys to Employee Success in the Coming Decades*, Westport, Connecticut: Greenwood Publishing, 1999. Ver também Richard E. Boyatzis, "Developing Emotional Intelligence". In: Cary Cherniss e Daniel

Goleman (Orgs.), *The Emotionally Intelligent Workplace: How to Select for, Measure, and Improve Emotional Intelligence in Individuals, Groups, and Organizations*, San Francisco: Jossey-Bass, 2001. Esse modelo descreve o processo como concebido no curso obrigatório implementado em 1990 na Escola de Administração Weatherhead para o programa de MBA já descrito aqui e para programas de educação executiva.

7: A MOTIVAÇÃO PARA MUDAR [pp. 125-49]

1. Charles Handy, *The Hungry Spirit: Beyond Capitalism, A Quest for Purpose in the Modern World*. Londres: Hutchinson, 1997, p. 86.

2. Mesmo os estudos que mostram a importância de trabalhar no ideal geralmente cometem o erro de supor que o perfil de um realizador extraordinário será a imagem ideal para as pessoas de determinada área de trabalho — ver, por exemplo, Mildred Burns, "The Effects of Feedback and Commitment to Change on the Behavior of Elementary School Principals", *Journal of Applied Behavioral Science*, v. 13, n. 2, pp. 159-66, 1977.

3. Gordon W. Allport, P. E. Vernon e Gardner Linzey, *Study of Values*. Boston: Houghton Mifflin, 1960; Chris Argyris e Don Schon, *Theory in Practice Learning*. San Francisco: Jossey-Bass, 1982; Clyde Kluckhohn, "Values and Value-Orientations in the Theory of Action", In: Talcott Parson e E. A. Shils (Orgs.),*Toward a General Theory of Action*, Cambridge, Massachusetts: Harvard University Press, 1951, pp. 388-433; Florence Kluckhohn e Fred Strodtbeck, *Variations in Value Orientations*. Evanston, Illinois: Row, Peterson & Co, 1961; Milton Rokeach, *The Nature of Human Values*. Nova York: Free Press, 1973; Shalom H. Schwartz, "Universals in the Content and Structure of Values: Theoretical Advances and Empirical Tests in 20 Countries", *Advances in Experimental Social Psychology*, v. 25, Nova York: Academic Press, 1992, pp. 1-65; Michael Hechter, "Values Research in the Social and Behavioral Sciences", in: Michael Hechter, Lynn Nadel e Richard E. Michod (Orgs.) *The Origin of Values*, Nova York: Aldine de Cruyter, 1993, pp. 1-28.

4. O Questionário de Orientação Filosófica mede o relativo predomínio de cada uma das três filosofias operacionais — pragmática, intelectual e humanística. Richard E. Boyatzis, Angela J. Murphy e Jane V. Wheeler, "Philosophy as a Missing Link between Values and Behavior", *Psychological Reports*, v. 86, pp. 47-64, 2000.

5. A filosofia operacional pragmática surgiu do pragmatismo (como refletido nas obras de John Dewey, William James, Charles Sanders Peirce e Richard Rorty), do consequencialismo (como refletido nas obras de C. D. Johnson e P. Pettit), do instrumentalismo (como refletido na obra de John Dewey) e do utilitarismo (como refletido na obra de Jeremy Bentham e John Stuart Mill). Ver Boyatzis, Murphy e Wheeler, "Philosophy as a Missing Link", para as referências completas.

6. Mike Wilson, *The Difference between God and Larry Ellison: Inside Oracle Corporation*. Nova York: William Morrow, 1998; Stuart Read, *The Oracle Edge: How Oracle Corporation's Take No Prisoners Strategy Has Made an $8 Billion Software Powerhouse*. Avon, Massachussetts: Adam Media Corporation, 1999.

7. A filosofia operacional intelectual surgiu do racionalismo (como refletido nas obras de René Descartes, Gottfried Wilhelm Leibniz e Baruch Espinoza) e dos vários filósofos que reivindicam o racionalismo como sua raiz etiológica, como Georg Wilhelm Friedrich Hegel e Jurgen Habermas,

bem como dos estruturalistas filosóficos (Claude Lévi-Strauss e Jean Piaget) e de pós-modernistas (Friedrich Nietzsche). Ver Boyatzis, Murphy e Wheeler, "Philosophy as a Missing Link" para as referências completas.

8. Andy Serwer, "There's Something about Cisco", Fortune, 114-38, 15 maio 2000; John A. Byrne, "Visionary vs. Visionary", Business Week, pp. 210-4, 28 ago. 2000.

9. A filosofia operacional humanística surgiu do comunitarismo (W. F. Brundage), da hermenêutica (Hans-Georg Gadamer), do humanismo (Francesco Petrarch e E. W. Sellars) e do coletivismo (R. Burlingame e W. H. Chamberlin).

10. Amit Dawra, Pinkey Jain, Ruchika Kohli e Abhijit Rajan, "N. R. Narayana Murthy: Powered by Intellect, Driven by Balue", documento inédito, Case Western Reserve University, out. 2000.

11. J. Fierman, "Peter Lynch on the Meaning of Life", Fortune, pp. 197-200, 23 abr. 1990.

12. B. D. Fromson, "Second Acts for the Top Guys", Fortune, pp. 251-2, 23 abr. 1990.

13. Ruth A. Schiller, "The Relationship of Developmental Tasks to Life Satisfaction, Moral Reasoning, and Occupational Attainment at Age 28", Journal of Adult Development, v. 5, n. 4, pp. 239-54, 1998.

14. Napoleon in His Own Words, v. 4, compilado por Jules Bertaut. Chicago: A. C. McClurg, 1916.

15. O seminário chamado Liderança para Criar Valor Humano faz parte do programa Doutorado Executivo em Administração da Escola de Administração Weatherhead da Case Western Reserve University. É um programa de três anos destinado a líderes dos setores industrial, sem fins lucrativos e público, interessados em liderança organizacional, comunitária e global da perspectiva de um praticante/scholar. Os alunos chegam uma vez por mês de várias cidades e países para uma residência de vários dias.

16. Comunicações pessoais de Kathy Crowley, Christina Fiduccia, Michelle Lee, Christopher Stevens e Robert Stratton-Brown, dez. 2000.

17. Daniel Goleman, Vital Lies, Simple Truths: The Psychology of Self-Deception. Nova York: Simon and Schuster, 1985.

18. Martin P. Seligman, Learned Optimism: How to Change Your Mind and Your Life. Nova York: Alfred Knopf, 1991. [Ed. bras.: Aprenda a ser otimista. Rio de Janeiro: Best Seller, 2005.]

19. Richard E. Boyatzis e David A. Kolb, Feedback and Self-Directed Behavior Change, documento de trabalho inédito 394-69, Escola de Administração Sloan, Instituto de Tecnologia de Massachusetts, Cambridge, 1969.

20. Susan J. Ashford e Anne S. Tsui, "Self-Regulation for Managerial Effectiveness: The Role of Active Feedback Seeking". Academy of Management Journal, v. 34, n. 2, pp. 251-80, 1991.

21. Paul A. Mabe III e Stepeh G. West, "Validity of Self-Evaluation of Ability: A Review and Meta-analysis", Journal of Applied Psychology, v. 67, pp. 280-96, 1982.

22. Em Morgan W. McCall Jr., High Flyers: Developing the Next Generation of Leaders. Boston: Harvard Business School Press, 1998, o autor ressalta que as pessoas às vezes passam por "experiências fortes" que podem contribuir para o seu desenvolvimento, mas nem sempre se dão conta desses momentos. Chama essas experiências de "momentos da verdade", quando a pessoa pergunta a si mesma: "Agora vou finalmente me tornar a pessoa que sempre quis ser? Acabei de agir como a pessoa que eu sempre quis ser?". Em nosso contexto, esses momentos da verdade são como alguém que se olha no espelho e começa a entender seu eu real.

23. Jay Conger, *Learning to Lead: The Art of Transforming Managers into Leaders*, San Francisco: Jossey-Bass, 1989, descreveu a reação de gestores em programas de desenvolvimento ao receberem feedbacks essenciais — achou que eles ficavam "entediados". Já sabiam de antemão qual seria o feedback. Sem o contexto do eu ideal, não havia um conceito convincente sobre que providências tomar — o que fazer a esse respeito, ou por que seria necessário fazer algo a esse respeito.

24. Isso é comparável ao que vários especialistas sugerem para organizações. Ver Ron Fry, "Change and Continuity in Organizational Growth". In: Suresh Srivastva, Ronald E. Fry et al., *Executive and Organizational Continuity: Managing the Paradoxes of Stability and Change*. San Francisco: Jossey-Bass, 1993; e James C. Collins e Jerry I. Porras, *Built to Last: Successful Habits of Visionary Companies*. Nova York: HarperBusiness, 1994.

25. Lisa Berlinger, *Managing Commitment to Increase Flexibility: An Exploration of Processes That Strenghten and Weaken Commitment*. Tese de doutorado, Universidade do Texas, 1991; Russell Ackoff, *Creating the Corporate Future*. Nova York: John Wiley & Sons, 1981.

26. O feedback de 360 graus é mais útil quando obtido em confiança. Isso quer dizer que os resultados só são revelados à pessoa a quem se aplicam e ao seu consultor de carreira, mas não a outros funcionários da organização (a não ser que a pessoa decida divulgar). Todos devem estar cientes de que as informações serão usadas em benefício do desenvolvimento de liderança. Quando dados de 360 graus são usados como parte de gestão de desempenho ou avaliações, a tendência dos funcionários é ser menos sinceros a respeito de suas fraquezas. Da mesma forma, os colegas e subordinados que dão as informações podem mentir para proteger ou atacar o indivíduo.

27. Gene Harris e Joyce Hogan, *Perceptions and Personalities of Effective Managers*. Monografia apresentada no 13º Congresso Anual de Psicologia, Simpósio do Departamento de Defesa, Colorado Springs, Colorado, 16 abr. 1992.

28. Fred Luthans, R. M. Hodgetts e S. A. Rosenkrantz, *Real Managers*. Cambridge, Massachusetts: Berlinger Press, 1988.

29. Um exame de pesquisa sobre feedback de 360 graus revelou que colegas fazem avaliações com mais poder premonitório do que chefes e subordinados — e, claro, melhores do que a autoavaliação do líder. A. V. Lewin e A. Zwany, *Peer Nominations: A Model, Literature, Critique, and a Paradigm for Research*. Springfield, Virgínia: National Technical Information Service, 1976; T. H. Shore, L. M. Shore e George C. Thornton III, "Construct Validity of Self and Peer Evaluations of Performance Dimensions in na Assessment Center", *Journal of Applied Psychology*, v. 77, n. 1, pp. 42-54, 1992. Mas outros estudos revelaram que as opiniões de subordinados são mais poderosas do que as dos colegas na predição de liderança. Ver, por exemplo, Glenn M. McEvoy e Richard W. Beatty, "Assessment Centers and Subordinate Appraisals of Managers: A Seven Year Examination of Predictive Validity", *Personnel Psychology*, v. 42, pp. 37-52, 1989.

30. McEvoy e Beatty, "Assessment Centers and Subordinate Appraisals of Managers", pp. 37-52.

31. Phil Stone chama esses padrões de talentos dominantes da pessoa em seu livro *Your Corner of the Sky* (no prelo).

8: METAMORFOSE: COMO SUSTENTAR MUDANÇAS NO ESTILO DE LIDERANÇA [pp. 150-78]

1. Jane V. Wheeler, *The Impact of Social Environment on Self-Directed Change and Learning*, Tese de doutorado, Case Western Reserve University, 1999.

2. John F. Brett e Don VandeWalle, "Goal Orientation and Goal Content as Predictors of Performance in a Training Program", *Journal of Applied Psychology*, v. 84, n. 6, pp. 863-73, 1999.

3. J. M. Beaubien e S. C. Payne, *Individual Goal Orientation as a Predictor of Job and Academic Performance: A Meta-analytic Review and Integration*. Monografia apresentada na reunião da Sociedade para a Psicologia Industrial e Organizacional, Atlanta, Geórgia, abr. 1999.

4. Gilad Chen, Stanley M. Gully, Jon-Andrew Whiteman e Robert N. Kilcullen, "Examination of Relationships among Trait-like Individual Differences, State-like Individual Differences, and Learning Performance", *Journal of Applied Psychology*, v. 85, n. 6, pp. 835-47, 2000. Há mais exames da pesquisa sobre metas em Edwin A. Locke e Gary P. Latham, *A Theory of Goal Setting and Task Performance*. Englewood Cliffs, Nova Jersey: Prentice Hall, 1990.

5. Don VandeWalle, Steven P. Brown, William L. Cron e John W. Slocum Jr., "The Influence of Goal Orientarion and Self-Regulation Tactics on Sales Performance: A Longitudinal Field Test", *Journal of Applied Psychology*, v. 84, n. 2, pp. 249-59, 1999.

6. James O. Pochaska, Carlo C. Diclemente e John C. Norcross, "In Search of How People Change: Applications to Addictive Behaviors", *American Psychologist*, v. 47, n. 9, pp. 1102-14, 1992.

7. Roy F. Baumeister, Todd E. Heatherton e Dianne M. Tice, *Losing Control: How and Why People Fail at Self-Regulation*. Nova York: Academic Press, 1994.

8. John A. Bargh e Tanya L. Chartrand, "The Unbearable Automaticityof Being", *American Psychologist*, v. 54, n. 7, pp. 462-79, 1999.

9. Cameron Carter, Angus Macdonald, Stefan Ursu, Andy Stenger, Myeong Ho Sohn e John Andreson, "How the Brain Gets Ready to Perform". Apresentação na trigésima reunião anual da Sociedade de Neurociência, New Orleans, nov. 2000.

10. David A. Kolb e Richard E. Boyatzis, "Goal- Setting and Self-Directed Behavior Change", *Human Relations*, v. 23, n. 5, pp. 439-57, 1970.

11. Para um exame da pesquisa, ver David C. McClelland, *Human Motivation*. Chicago: Scott, Foresman, 1985). Para a pesquisa anterior, ver David C. McClelland, *The Achieving Society*, Princeton: Van Nostrand, 1961; e David C. McClelland e David G. Winter, *Motivating Economic Achievement*, Nova York: Free Press, 1969.

12. David A, Kolb, Sarah K. Winter e David E. Berlew, "Self-Directed Change: Two Studies", *Journal of Applied Behavioarl Science*, v. 6, n. 3, pp. 453-71, 1968; David A. Kolb, "A Cybernetic Model of Human Change and Growth", documento de trabalho inédito 526-71, Escola de Administração Sloan, Instituto de Tecnologia de Massachusetts, Cambridge, 1971; e David A. Kolb e Richard E. Boyatzis, "Goal-Setting and Self-Directed Behavior Chance". A integração dos avanços de McClelland em aquisição de motivação com os modelos de Kolb e Boyatzis resultou num processo chamado aquisição de competência.

13. Wheeler, "Impact of Social Environment"; David Leonard, *The Impact of Learning Goals on Self-Directed Change in Education and Management Development*. Tese de doutorado, Case Western University, 1996; e Kenneth Rhee, *Journey of Discovery: A Longitudinal*

Study of Learning during a Graduate Professional Program. Tese de doutorado, Case Western University, 1997.

14. David C. McClelland, "Identifying Competencies with Behavioral Event Interviews", *Psychological Science*, v. 9, n. 5, pp. 331-9, 1998. A teoria foi validada num estudo longitudinal do impacto financeiro de aptidões usadas pelos principais sócios de uma empresa de consultoria internacional, como descrito em Richard E. Boyatzis, "Building Brilliant Organizations: Competencies, Complexity, and Consequences" (principal apresentação da 4ª Conferência Internacional sobre Aplicações de Competências, Londres, 25 out. 1999); Richard E. Boyatzis, Daniel Goleman e Keneth Rhee, "Clustering Competence in Emotional Intelligence Insights from the Emotional Competence Inventory (ECI)". In: Reuven Bar-On e James D. A. Parker (Orgs.), *Handbook of Emotional Intelligence*, San Francisco: Jossey-Bass, 2000, pp. 343-62; e Malcolm Gladwell, *The Tipping Point: How Little Things Can Make a Big Difference*. Boston: Little, Brown, 2000. [Ed. bras.: *O ponto da virada: como pequenas coisas podem fazer uma grande diferença*. Rio de Janeiro: Sextante, 2009.]

15. Howard J. Klein, Michael J. Wesson, John R. Hollenback e Bradley J. Alge, "Goal Commitment and the Goal-Setting Process: Conceptual Clarification and Empirical Synthesis", *Journal of Applied Psychology*, v. 84, n. 6, pp. 885-96, 1999; Locke e Latham, *Theory of Goal Setting*.

16. R. M. Royal e E. L. Deci, "Self-Determination Theory and the Facilitation of Intrinsic Motivation, Social Development, and Well-Being", *American Psychologist*, v. 55, n. 1, pp. 68-78, 2000; T. Kasser e R. M. Ryan, "Be Careful What You Wish For: Optimal Functioning and the Relative Attainment of Intrinsic and Extrinsic Goals". In: P. Schmuck e K. M. Sheldon *Life Goals and Well-Being*, Lengerich, Alemanha: Pabst Science, no prelo).

17. Annie McKee, *Individual Differences in Planning for the Future*. Tese de doutorado, Case Western Reserve University, 1991.

18. Michael McCaskey, "A Contingency Approach to Planning: Planning with and without Goals", *Academy of Management Journal*, v. 17, pp. 281-91, 1974; McKee, "Individual Differences in Planning for the Future".

19. Edwin Locke, "Toward a Theory of Task Performance and Incentives", *Organizational Behavior and Human Performance*, v. 3, pp. 157-89, 1968; J. Hollenbeck e H. Klein, "Goal Commitment and the Goals Setting Process: Problems, Prospects, and Proposals for Future Research", *Journal of Applied Psychology*, v. 40, pp. 212-20, 1987.

20. Leonard, "Impact of Learning Goals"; Wheeler, "Impact of Social Environment".

21. David A. Kolb, *Experiential Learning: Experience as the Source of Learning and Development*. Englewood Cliffs, Nova Jersey: Prentice-Hall, 1984.

22. Ibid.; e David A. Kolb, Richard E. Boyatzis e Charalampos Mainemelis, "Experiential Learning Theory: Previous Research and New Directions". In: Robert J. Sternberg e Li-fang Zhang (Orgs.),*Perspectives on Thinking, Learning, and Cognitive Styles*, Mahwah, Nova Jersey: Lawrence Erlbaum Associates, 2001, pp. 227-48. Outras referências estão disponíveis em: <http://www.learningfromexperience.com>. Acesso em: 17 abr. 2018.

23. Ver, por exemplo, o Inventário de Estilos de Aprendizagem de Kolb e o Inventário de Estilos Adaptativos de Boyatzis e Kolb em: <http://www.haygroup.com>. Acesso em: 17 abr. 2018.

24. No campo da terapia de comportamento cognitivo, esse alerta precoce permite a identificação de gatilhos antes que eles desencadeiem hábitos velhos e disfuncionais. Ver Tara Bennett-Goleman, *Emotional Alchemy: How the Mind Can Heal the Heart*. Nova York: Harmony Books, 2001.

25. Matthew D. Lieberman, "Intuition: A Social Cognitive Neuroscience Approach", *Psychological Bulletin*, v. 126, pp. 109-37, 2000; B. J. Knopwlton, J. A. Mangels e L. R. Squire, "A Neostriatal Habit Learning System in Humans", *Science*, v. 273, pp. 1399-402, 1996.

26. Thomas Lewis, Fari Amini e Richard Lannon, *A General Theory of Love*, op. cit.; e Lieberman, "Intuition".

27. Richard J. Davidson, Daren C. Jackson e Ned H. Kalin, "Emotion, Plasticity, Context, and Regulation: Perspectives from Affective Neuroscience", *Psychological Bulletin*, v. 126, n. 6, pp. 890-909, 2000.

28. Paráfrase de um argumento usado por Tony Schwartz em Jim Loehr e Tony Schwartz, "The Making of the Corporate Athlete", *Harvard Business Review*, numa apresentação na Escola de Administração Weatherhead, 17 nov. 2000.

29. Tara Bennett-Goleman, *Emotional Alchemy*, op. cit.

30. Mark Muraven e Roy Baumeister, "Self- Regulation and Depletion of Limited Resources: Does Self-Control Resemble a Muscle?", *Psychological Bulletin*, v. 126, n. 2, pp. 247-59, 2000.

31. Christine R. Dreyfus, *Scientists and Engineers as Effective Managers: A Study of Development of Interpersonal Abilities*. Tese de doutorado, Case Western Reserve University, 1991.

32. Ao avaliarem dezenas de programas de desenvolvimento de liderança, oferecidos tanto por consultores como nas empresas, Jay Conger e Beth Benjamin chamaram a aprendizagem pela ação de "o novo paradigma de desenvolvimento de liderança" em seu livro *Building Leaders: How Successful Companies Develop the Next Generation*. San Francisco: Jossey-Bass, 1999.

33. Jim Loher e Tony Schwartz, "The Making of the Corporate Athlete", *Harvard Business Review*, pp. 120-8, jan. 2001.

34. Gabriel Kreiman, Christof Kock e Itshak Fried, "Imagery Neurons in the Humans Brain", *Nature*, v. 408, pp. 357-61, 2000.

35. Kathy E. Kram, "A Relational Approach to Career Development". In: Douglas T. Hall (Org.), *The Career Is Dead — Long Live the Career*, San Francisco: Jossey-Bass, 1996; e Kathy E. Kram e Douglas T. Hall, "Mentoring in a Context of Diversity and Turbulence". In: Ellen E. Kossek e Sharon A. Lobel (Orgs.), *Managing Diversity: Human Resource Strategies for Transforming the Workplace*, Cambridge, Massachusetts; Blackwell Business, 1996.

36. Ronald Ballou, David Bowers, Richard E. Boyatzis e David A. Kolb, "Fellowship in Lifelong Learning: An Executive Development Program for Advanced Professionals", *Journal of Management Education*, v. 23, n. 4, pp. 338-54, 1999.

37. Jin Nam Choi, Richard H. Price e Amiram D. Vinokur, *How Context Works in Groups: The Influence of Group Processes on Individual Coping Outcomes*, monografia inédita, Universidade de Michigan, Instituto de Pesquisa Social, 1999.

38. Robert S. Steele, *The Physiological Concomitants of Psychogenic Arousal in College Males*. Tese de doutorado, Universidade Harvard, 1973; Robert S. Steele, "Power Motivation, Activation, and Inspirational Speeches", *Journal of Personality*, v. 45, pp. 53-64, 1977; David C. McClelland, Richard J. Davidson, e C. Saron, "Evoked Potential Indicators of the Impact of the Need for Power on Perception and Learning", originais inéditos, Universidade Harvard, 1979; e David C. McClelland, Richard J. Davidson, C. Saron e E. Floor, "The Need for Power, Brain Norepinephrine Turnover and Learning", *Biological Psychology*, v. 10, pp. 93-102, 1980.

39. Pesquisa recente sugere que "cortisol, em níveis persistentemente altos, causa redução na ramificação de neurônios no centro cerebral de conversão de memória de curto prazo em memória de longo prazo (hipocampo). Ainda mais significativamente, a longa duração de quaisquer níveis de cortisol parece destruir células do hipocampo". James E. Zull, *The Art of Changing the Brain: Helping People Learn by Understanding How the Brain Works*, op. cit., p. 65. Estresse e depressão prolongados levam à redução do hipocampo em vítimas de transtorno de estresse pós-traumático e mulheres severamente deprimidas. Robert Sapolosky, da Universidade Stanford, e Ivette Sheline, da Universidade de Washington em St. Louis, como citado em Robert S. Boyd, "Scientists Find Brain Continues do Readapt Throughout Life", *Miami Herald*, 17 maio 2000; Davidson, Jackson, e Kalin, "Emotion, Plasticity, Context, and Regulation".

40. Ambientes seguros, mas não relaxados demais, para aprender: David Kolb e Richard Boyatzis, "Goal-Setting and Self-Directed Behavior Change".

41. Paul R. Nail, Geoff MacDonald e David A. Levy, "Proposal of a Four-Dimensional Model of Social Response", *Psychological Bulletin*, v. 126, n. 3, pp. 454-70, 2000.

42. Morgan W. McCall Jr., Michael M. Lombardo e Ann M. Morrison, *Lessons from Experience: How Successful Executives Develop on the Job*. Lexington, Massachusetts: Lexington Books, 1988. Há pesquisa em andamento sobre tutoria, conduzida pela professora Kathy Kram, da Universidade de Boston, juntamente com o Centro de Liderança Criativa, com base em seus vinte anos de pesquisa sobre esse tipo de relação de ajuda.

43. Se você decide buscar consultoria nessas aptidões de liderança, certifique-se de que o consultor é não apenas experiente, mas também está familiarizado com as diretrizes das práticas mais eficientes para aperfeiçoar a inteligência emocional de líderes. Muitos não estão. As diretrizes — baseadas em dados empíricos sobre o que funciona e o que não funciona — foram desenvolvidas pelo Consórcio de Pesquisa sobre Inteligência Emocional em Organizações. As diretrizes estão sumarizadas no capítulo 12 de *Working with Emotional Intelligence*, de Daniel Goleman, Nova York: Bantam Books, 1998; e em Cary Cherniss e Mitch Adler, *Promoting Emotional Intelligence in Organizations*, Washington, DC: American Society for Training and Development, 2000.

44. Jennifer Reingold, "Want to Grow as a Leader? Get a Mentor", *Fast Company*, jan. 2001, pp. 58-60.

45. Richard E. Boyatzis e James A. Burruss, *Validation of a Competency Model for Alcoholism Counselors in the Navy — Final Report on Contract Number N00123-77-C-0499*. Washington, DC: Marinha dos Estados Unidos, 1979; James A. Burruss e Richard E. Boyatzis, *Continued Validation of a Competency Model for Alcoholism Counselors in the Navy — Final Report on Contract Number N002 44-80-C- 0521*. Washington, DC: Marinha dos Estados Unidos, 1981; Richard R. Carkhuff, *Helping and Human Relations: A Primer for Lay and Professional Helpers*, vol. I, *Selection and Training*, e vol. II, *Practice and Research*. Nova York: Holt, Rinehart e Winston, 1969; e Ted P. Asay e Michael J. Lambert, "The Empirical Case for the Common Factors in Therapy: Quantitative Findings". In: Mark A. Hubble, Barry L. Duncan e Scott D. Miller (Orgs.), *The Heart and Soul of Change: What Works in Therapy*, Washington, DC: American Psychological Association, 1999.

9: A REALIDADE EMOCIONAL DAS EQUIPES [pp. 181-99]

1. Alan B. Krueger, "Economic Scene", *The New York Times*, p. C2, 7 dez. 2000.
2. R. Meredith Belbin, *Team Roles at Work*. Londres: Butterworth-Heineman, 1996.
3. Thomas Lewis, Fari Amini e Richard Lannon, *A General Theory of Love*, op. cit,
4. Alguns dos trabalhos mais substanciais sobre a dinâmica da autoridade foram realizados por colegas do A. K. Rice Institute. Para um exame exaustivo da pesquisa fundacional, ver Arthur D. Colman e W. Harold Beston (Orgs.), *Group Relations Reader 1*. Washington, DC: A. K. Rice Institute, 1975; e Arthur D. Colman e Marvin H. Geller (Orgs.), *Group Relations Reader 2*, Jupiter, Flórida: A. K. Rice Institute, 1985. Para uma avaliação breve e mais recente do impacto do líder num ambiente empresarial, ver Michel Deschapelle, "The National Conference Has Helped My Career", *Speaking of Authority*, v. 7, n. 1, Jupiter, Flórida: A. K. Rice Institute, 2000. Para uma discussão do impacto de um líder minoritário na realidade emocional de grupos, ver Kathy E. Kram e Marion McCollom Hampton, "When Women Lead: The Viability-Vulnerability Spiral". In: Edward B. Klein, Faith Gabelnick e Peter Herr (Orgs.), *The Psychodynamics of Leadership*, Madison, Connecticut: Psychosocial Press, 1998.
5. Rosamund Stone Zander e Benjamin Zander, *The Art of Possibility: Transforming Professional and Personal Life*. Boston: Harvard Business School Press, 2000.
6. Jon R. Katzenbach e Douglas K. Smith, *The Wisdom of Teams*. Boston: Harvard Business School Press, 1993.
7. Vanessa Urch Druskat e Steven B. Wolff, "Group Emotional Intelligence and Its Influence on Group Effectiveness". In: Carey Cherniss e Daniel Goleman (Orgs.), *The Emotionally Intelligent Workplace: How to Select For, Measure, and Improve Emotional Intelligence in Individuals, Groups, and Organizations*, San Francisco: Jossey-Bass, 2001. Ver também Vanessa Urch Druskat e Steven B. Wolff, "Building the Emotional Intelligence of Groups". *Harvard Business Review*, pp. 81-90, mar. 2001.
8. Leroy Wells, "The Group-as-a-Whole Perspective and Its Theoretical Roots". In: Colan e Geller (Orgs.), *Group Relations Reader 2*.
9. Susan Wheelan e Frances Johnston, "The Role of Informal Member Leaders in a System Containing Formal Leaders", *Small Group Research*, v. 27, n. 1, pp. 33-5, 1996. Ver também Susan A. Wheelan, *Creating Effective Teams*. Thousand Oaks, Califórnia: Sage Publications, 1999.
10. O termo em inglês mindfulness, usado para descrever um elevado estado de atenção para conosco, para com os outros e para com o ambiente em que vivemos, não costuma ser usado na literatura empresarial. Apesar disso, é tido como indispensável para a saúde emocional/psicológica e para a eficácia das relações interpessoais, e fundacional em nossa conceituação de autoconsciência. Em nível de equipe, a mindfulness consiste num conjunto de normas compartilhadas, que se manifestam em comportamentos como prestar atenção em estados de espírito do grupo, formular preocupações e esperanças não declaradas, ou chamar a atenção do grupo para padrões disfuncionais. Para interessantes opiniões sobre o assunto, ver Robert Quinn, *Change the World: How Ordinary People Can Accomplish Extraordinary Results*. San Francisco: Jossey-Bass, 2000; Tara Bennett-Goleman, *Emotional Alchemy: How the Mind Can Heal the Heart*, op. cit.; Sua Santidade o dalai-lama, *The Art of Happiness: A Handbook for Living*. Nova York: Riverhead Books, 1998. [Ed. bras.: *A arte da felicidade: um manual para a vida*. São Paulo: Martins Fontes, 2003.]; e Phil

Nuerenberger, *The Quest for Personal Power: Transforming Stress into Strength*. Nova York: G. P. Putnam's Sons, 1996.

11. Indivíduos e equipes inteligentes emocionalmente prestam atenção no sistema inteiro — eles próprios, relações interpessoais, equipes, relações entre os grupos, organização, ambiente externo, as interações de grupos de público estratégico; isto é empatia para diferentes partes do sistema, tanto quanto para os indivíduos envolvidos. O conceito está bem documentado na literatura organizacional. Ver Peter Senge, *The Fifth Discipline: The Art and Practice of the Learning Organization*. Nova York: Doubleday, 1990. [Ed. bras.: *A quinta disciplina: arte e prática da organização que aprende*. Rio de Janeiro: Record, 2005.] Ver também Anthony J. Dibella e Edwin C. Nevis, *How Organizations Learn: An Integrated Strategy for Building Learning Capability*. San Francisco: Jossey-Bass, 1998.

12. A noção de que equipes passam por estágios de desenvolvimento é a base de uma vertente primária de pesquisa sobre dinâmica de grupo e efetividade de equipe. Para um exame da teoria e orientação sobre a aplicação em ambientes de empresa, ver Susan Wheelan, *Group Processes: A Developmental Perspective*. Boston: Allyn and Bacon, 1994.

13. Kenwyn Smith e David Berg, *Paradoxes of Group Life*. San Francisco: Jossey Bass, 1990.

14. Embora o ICE seja geralmente usado como um instrumento de feedback de 360 graus para indivíduos, constatamos que, quando agregadas, pontuações individuais nas aptidões fornecem uma imagem bem interessante e útil dos pontos fortes e fracos da equipe em geral. Estamos pesquisando esse método de medição da competência emocional de uma equipe; neste momento, indícios não científicos (ou seja, as muitas conversas que tivemos com executivos e equipes sobre seus dados) sugerem que pontuações agregadas apontam para normas de equipe subjacentes, bem como aptidões de equipe.

10: A REALIDADE E A VISÃO IDEAL: COMO DAR VIDA AO FUTURO DA ORGANIZAÇÃO [pp. 200-30]

1. Shoney's: Stephanie N. Mehta, "What Minority Employees Really Want", *Fortune*, p. 181, 10 jul. 2000.

2. Beulah Trey, *Trust in the Workplace: Taking the Pulse of Trust between Physicians and Hospital Administrators*. Dissertação inédita, Universidade da Pensilvânia, 1998.

3. Annie McKee e Cecilia McMillen, "Discovering Social Issues: Organizational Development in a Multicultural Community", *Journal of Applied Behavioral Sciences*, v. 28, n. 3, pp. 445-60, 1992. Para uma discussão da realidade social e como ela se relaciona com o processo de mudança, ver Edwin C. Nevis, Joan Lancourt e Helen G. Vassallo, *Intentional Revolutions: A Seven Point Strategy for Transforming Organizations*. San Francisco: Jossey- Bass, 1996.

4. Annie McKee e Cecilia McMillen, "Discovering Social Issues". Nessa e em outras publicações, usamos também os termos *inquérito cooperativo* e *coinquérito* para descrever o processo de investigação das suposições, normas e realidade emocional de organizações. Adotamos o termo *inquérito dinâmico* em nosso trabalho com organizações para refletir com clareza a orientação voltada para a ação da nossa metodologia. O inquérito cooperativo e o coinquérito são discutidos em Edgar Schein, "Organization Development: Science, Technology, or Philosophy?" (transcrição de uma palestra para a Organization Development Division, Academy of Management, Washington DC, 1989); e

Peter Reason, "The Co-operative Inquiry Group". In: Peter Reason (Org.), *Human Inquiry in Action: Development in New Paradigm Research*, Newbury Park, Califórnia: Sage, 1988. Outra vertente pertinente de prática é discutida no capítulo de Peter F. Sorensen Jr., Diana Whitney e Therese F. Yager. In: David Cooperrider (Org.), *Appreciative Inquiry: Rethinking Human Organization Toward a Positive Theory of Change*, Champaign, Illinois: Stipes Publishing, 1999.

5. Ruth L. Jacobs, "Using Human Resource Functions to Enhance Emotional Intelligence". In: Cary Cherniss e Daniel Goleman (Orgs.), *The Emotionally Intelligent Workplace: How to Select For, Measure, and Improve Emotional Intelligence in Individuals, Groups, and Organizations*, San Francisco: Jossey-Bass, 2001.

6. Warren Bennis e Burt Nanus, *Leaders Strategies for Taking Charge*. Nova York: Harper and Row, 1985.

7. Monica Sharma e J. Tulloch, "Commentary: Unfinished Business". Unicef, The Progress of Nations 1996: Health, disponível em: <http://www/UNICEF.org/pon96/heunfini.htm>.

8. David Smith, *Leadership and Professional Competencies: Serving Higher Education in an Era of Change*. Dissertação inédita, Universidade da Pensilvânia, 2000.

11: COMO CRIAR MUDANÇA SUSTENTÁVEL [pp. 231-53]

1. Peter Senge, *The Fifth Discipline: The Art and Practice of the Learning Organization*, op. cit.; e Sarita Chawla e John Renesch (Orgs.), *Learning Organizations: Developing Cultures for Tomorrow's Workplace*. Portland, Oregon: Productivity Press, 1995.

2. David H. Maister, Charles H. Green e Robert M. Galford, *The Trusted Advisor*. Nova York: The Free Press, 2000.

3. Esse processo foi desenvolvido por Fran Johnston, do Gestalt Institute de Cleveland, em resposta à necessidade de ampliar o tipo de dados à disposição de um consultor. O processo de treinamento é imensamente fortalecido quando o consultor tem a oportunidade de ver o líder em ação — e dispõe de exemplos aos quais recorrer como parte do processo de aprendizagem.

4. Índice de percepção de estranheza é um termo cunhado por Jonno Hanafin, presidente da Organização Internacional e Programa de Desenvolvimento de Sistemas, do Gestalt Institute de Cleveland, para descrever como administrar a maneira pela qual as pessoas recebem informações novas, intrigantes e possivelmente ameaçadoras e abordagens diferentes. No contexto do desenvolvimento de liderança isso significa que processos — e as pessoas que os facilitam — devem atrair participantes oferecendo uma abordagem única, ainda que um pouco não convencional, mas sem ser tão diferente que repila as pessoas.

5. David Kolb, *Experiential Learning: Experience as the Source of Learning and Development*. Englewood Cliffs, Nova Jersey: Prentice Hall, 1984.

6. Os princípios que relatamos aqui foram desenvolvidos ao longo dos anos em nosso trabalho com líderes e organizações. Para um exame de processos gerais de aprendizagem pela ação, ver David L. Dotlich e James L. Noel, *Action Learning: How the World's Top Companies Are Recreating Their Leaders and Themselves*. San Francisco: Jossey-Bass, 1998.

7. Linda Pittari e Annie McKee, "Getting Bullish about Leadership" (apresentação para Linkage, Chicago, 2001).

APÊNDICE A [pp. 255-7]

1. Os melhores estudos de aptidões usam metodologia que identifica as capacidades específicas que distinguem os realizadores excepcionais dos funcionários medianos, como descrito em Lyle Spencer e Signe Spencer, *Competence at Work*. Nova York: Wiley, 1993. A análise de estudos de competência feita por Daniel Goleman está descrita em seu livro *Working with Emotional Intelligence*. Nova York: Bantam Books, 1998.

2. Aptidões de IE de líderes excepcionais: Ver Daniel Goleman, "Emotional Intelligence: A Theory of Performance". In: Cary Cherniss e Daniel Goleman (Orgs.), *The Emotionally Intelligent Workplace*, San Francisco: Jossey Bass, 2001.

3. Spencer e Spencer, *Competence at Work*.

4. Essas descobertas não refletem as correlações reais entre IE e QI, que vão do zero ao ligeiramente positivo, dependendo das medições que cada um usa (de acordo com relatos de Reuven Bar-On e John Mayer numa conferência sobre IE realizada em Londres em 18 de maio de 2000). Suas descobertas, no entanto, não se baseavam no estudo mais rigoroso possível, o que exigiria incluir pessoas de todos os níveis de QI, do retardado mental ao gênio. Mas, no que diz respeito à liderança, um estudo desse porte só teria interesse acadêmico. No local de trabalho, e particularmente com relação a liderança em funções executivas, profissionais e técnicas, todos os envolvidos estão no topo da curva de Gauss em QI (por terem sido selecionados pelos requisitos educacionais a que foram submetidos para entrar nessas carreiras). É só entre os que estão relativamente no topo da escala de QI que as organizações precisam tomar decisões práticas sobre o valor relativo de IE e de QI para contratação, planejamento de sucessão e desenvolvimento de liderança.

5. Lyle Spencer, "The Economic Value of Emotional Intelligence Competencies and EIC-Based HR Programs". In: *The Emotionally Intelligent Workplace*.

6. Richard Boyatzis, Daniel Goleman e Kenneth Rhee, "Clustering Competencies in Emotional Intelligence: Insights from the Emotional Competence Inventory". In: Reuven Bar-On e James D. Parker (Orgs.), *The Handbook of Emotional Intelligence*, San Francisco: Jossey Bass, 2000, pp. 343-62.

Índice remissivo

Academia de Medicina (EUA), 202
accountability, 190-1
adaptabilidade, 68, 260
administração de conflitos, 262; administração de relações e, 63, 68; liderança democrática e, 82; na liderança afetiva, 78-9
administração de relações, 43-4, 50, 63-4, 261-2; aprendizado, 111; autoconsciência em, 44; competências em, 67-8; em liderança, 252-3; filosofia humanística e, 134,-5; liderança afetiva e, 76-9; poder dos relacionamentos e, 172-8; significado e, 225-6
Ali, Abdinasir, 125-6
alocação de recurso, 233, 244
ameaças, 88
amígdala, 41-2, 56, 114-5; *ver também* cérebro
apoio, 80
aprendizado implícito, 165-7
aprendizagem: agenda para, 123, 150-78; aproveitando oportunidades para, 151; autodirigida, 121-4; de ação, 241, 243-4; efeito lua de mel na, 110-1; estrutura cerebral e, 114-6; eu real versus eu ideal na, 121, 123; experiência em, 56; furtiva, 169-70; implícita, 165-6, 184; meia-vida da, 249-50; mudança de hábitos, 127; organizacional, 231-53; papel dos outros na, 123, 172-8; para aprender, 249; práticas de, 123; recursiva, 121, 123; retenção da, 117-9; sustentando, 231-53; treinadores/mentores e, 175; vida inteira, 119, 163-72, 249-50
Aristóteles, 91
Ashkanasy, Neal, 269
Assembleia Americana de Faculdades Colegiais de Administração (AACSB), 117
autenticidade, 63
autoavaliação, 67-8, 103-4, 259; corrigindo pontos cegos na, 146-7; distorções na, 139-41; e a doença do CEO, 106-7; eu ideal e, 125-37; eu real versus ideal, 121-4; focando nas falhas versus pontos fortes na, 147-8; pontos fortes e falhas na, 145, 148-9
autoconfiança, 67-8, 148, 173, 259; treinamento e, 75
autoconsciência, 43, 49, 52, 54-6, 259; busca pela verdade e, 144; competências na, 67-8; de valores, 53-4; definição de, 52; descobrindo o eu real na, 137-49; do eu ideal, 125-37; equipe, 187-9, 192-4; intuição e, 54-7; liderança coercitiva e, 91; na habilidade de avaliação, 53; treinamento e, 75
autocontrole, 260; liderança coercitiva e, 91

autodisciplina, 99
autogestão, 49, 57-60, 260; aprendizagem, 111; autoconsciência na, 43; competências em, 67-8; contágio emocional e, 58-9; definição de, 57; em equipes, 189-91; empatia e, 62; liderança modeladora e, 86; pragmatismo e, 133
autoilusão, 139-41
autorreflexão, 53; insight e, 213; no estabelecimento de metas, 158-9; para equipes, 181-3
autorregulação, 168
avaliações: 360 graus, 146-7; versus checagem da realidade emocional, 207

balancete pessoal, 148-9
bandos primários, 226
Baumeister, Roy, 284, 286
BBC, 17, 33
Bennis, Warren, 217
BF Goodrich, 138-9
Bonaparte, Napoleão, 137
Boyatzis, Richard, 121-2
Brosius, Scott, 76
Buckingham, Marcus, 95
burburinho, criando, 244-6
Burgmans, Antony, 213, 240, 245
busca do consenso: administração de relações e, 63; liderança democrática e, 81-2; *ver também* tomada de decisão
Byrne, John, 274, 282

Capital One, 55
Centro de Liderança Criativa, 175
centro sagrado, 226, 227
cérebro: aprendendo IE e, 114-6; aprendizado para o resto da vida e, 163-72; aprendizagem pela esperiência e, 56; em competências IE, 49; ensaio mental e, 170-1; lidando com mudanças e, 127-8; liderança e, 40-3, 45-65; mudança de hábitos e, 153-4; plasticidade do, 115; sistema de circuito aberto e, 20-1; valores e, 53
Cesare, Denise, 158

Chambers, John, 134
Chen, Lang, 208-9
Cisco Systems, 134
clima: dissonante, 35-6; emoções como verdadeiro reflexo do, 28; empatia organizacional e, 191-2; estilo de liderança e, 66-7, 95; liderança afetiva e, 79; liderança modeladora e, 84-5; ligando o aprendizado ao, 249; quantificando, 29-31; sentimento tribal, 211-2
colaboração, 253, 262; administração de relações e, 63, 68; como uma habilidade da liderança, 48; liderança modeladora e, 86; liderança democrática e, 82
competências cognitivas, 134
competição, 59
comprometimento, 241-2; com objetivos, 157; liderança democrática e, 80; treinamento em, 73
comunicação: liderança modeladora e, 86; habilidades de aprendizado em, 111
confiança, 172
conformidade, 89
Conger, Jay, 283, 286
consciência, 153-4, 168; *ver também* autoconsciência, consciência social
consciência organizacional, 67-8, 261
consciência social, 43-4, 49, 60-2, 261; competências na, 67-8; nível de equipe, 187-9; nos negócios, papel da, 61-2
Consórcio para Pesquisa sobre Inteligência Emocional em Organizações, 190
construção de modelo, 161
convicção, 61
Coopers & Lybrand, 172
criatividade, 28; liderança democrática e, 81; normas que estimulam, 191
crises: liderança autoritária em, 89-90
cultura: criando de forma eficaz, 225-30; desenvolvimento de liderança e, 240-3; desenvolvimento de liderança em todo o sistema, 176-8; organizações tóxicas, 203-4; transformação da, 204-6; versus normas, 182

Dadiseth, Keki, 215, 218-20
Davidson, Richard J., 268
defensiva, 19, 36, 148, 174
delegação, 74, 88
demagogos, 39-40
Deschapelles, Michel, 189
descontinuidades, 120; cinco descobertas em, 121-4
desempenho: do líder, habilidades que motivam, 255-7; dos líderes, feedback sobre, 104-7; efeito das emoções negativas no, 26-7, 37; efeitos da emoção positiva no, 28; empatia organizacional e, 191-2; estilo de liderança no, 96-7; humor e, 24-6; liderança modeladora e, 84-7; liderança visionária e, 70-1; neurologia e teoria do, 50; quantificando emoção e, 29-31; risada e, 24-5; sob líderes dissonantes, 37; treinamento em, 73
desenvolvimento da liderança, 113; clima/cultura e, 236-42; como processo versus programa, 238-50; comprometimento administrativo com o, 233; criando burburinho sobre, 244-6; esforços multifacetados, 246-9; fracassos na, 232-8; motivação no, 111-2; organizacional, 48-9; relevância no, 232; seleção de candidatos para, 245
desenvolvimento de guerrilha, 212
desenvolvimento profissional, 261; gerenciamento de relacionamentos e, 67-8; treinamento e, 73-5
desgaste, 40
desprezo, 35
diferenças culturais: empatia e, 63; liderança afetiva e, 77
dinâmica de inclusão, 193
dissonância, 33-40; bolsões de, 231; definição de, 35; efeitos biológicos da, 36; efeitos da, 206; estilos de liderança criando, 83-100; variedades de, 36-40
ditadores, 39-40
diversidade, 251-2; empatia e, 63
doença do CEO, 104-7, 142; autoavaliação na, 106-7; ouvindo e, 201-2

Dreyfus, Christine, 113, 169-70
Druskat, Vanessa, 186
Dunlap, Al, 92-3

e-commerce, 251-2
efeito lua de mel, 110
eficácia versus sucesso, 146-7
ego, 93; mecanismos de defesa, 140
egoísmo, 38
Ellison, Larry, 134
EMC, 83
emoção: conexões neurais entre, 40, 42; expressão da, 34-5; expressar versus reprimir, 62; habilidade em transmitir, 23-4; medindo os efeitos da, 18-20; negativa, o poder da, 39-40; primazia da liderança em, 18-9; racionalidade e, 54-7; reconhecimento da, 187; transmissão e compartilhamento de, 90
empatia, 19, 261; autoconsciência, 44; clima do ambiente, 29-31; consciência social e, 44, 60-2, 67-8; em criar ressonância, 61; em retenção do talento, 63; equipe, 191-2; liderança coercitiva e, 91; liderança democrática e, 82; liderança modeladora e, 86; liderança visionária e, 72; na liderança afetiva, 79; seu papel nos negócios, 61-2; treinamento e, 75
empreendedores, intuição e, 55
ensaio mental, 152, 170-1
entusiasmo, 23, 253; maestria e, 135; síndrome da rã cozida e, 137-49; "Teste Logan" para, 141
equipes: administração de relações nas, 64, 67-8; aprendizagem de ação e, 244; autoconsciência nas, 192-4; autogeridas, 189-91; consciência social na, 188-9; descobrindo a IE de, 196-9; empáticas, 191-2; encerramento de atividades, 194; executivas, 198; importância do humor nas, 28; líder IE e, 184-5; liderança democrática e, 82; maximizando IE nas, 187-92; normas nas, 183-6; realidade emocional de, 181-2; ressonância nas, 34; virtuais, 191

escrita livre, 128
espelhamento, 21
esperança, 137, 173
estilo de liderança afetivo, 51-2, 66, 76-9, 248; com liderança visionária, 79; competência IE em, 79; efeitos de, 77; exemplo de, 76-7
estilo de liderança coercitivo, 66, 82, 87-91; paradoxo dos FDPs e, 92-5; quando usar, 89-90
estilo de liderança democrático, 51, 66, 79-82, 227; exemplo de, 78-80; quando usar, 80-2
estilo de liderança modelador, 82; combinando com outros estilos, 86-7; cuidados com, 84-7; efetivo, 86; exemplo de, 83-4; paradoxo dos FDPs, 92-4; qualidades do, 86; treinador versus, 75
estilo de liderança visionário: efeitos do, 70-1; elementos do, 71-2; liderança afetiva e, 79; exemplo de, 69-70; na mudança, 99
estilos de aprendizado, 155, 160, 162
estilos de liderança, 66-82, afetivo, 51-2, 66; coercitivo, 51-2; democrático, 51-2; dissonante, 83-100; escolhendo o apropriado, 99-100; filosofias nos, 133-5; misturando-se, 66, 95-100; modelador, 51-2, 66, 84-7; paradoxo dos FDPs, 92-4; pesquisas nos, 93-4; planejamento de sucessão e, 99; sustentando mudança nos, 150-78; treinador, 51-2, 66, 73-6; visionário, 51-2, 66-72
estresse: da liderança, 173-4; examinando fontes de, 214; hormônios no, 26; isolamento emocional e, 20; sequestro emocional pelo, 27
estruturas funcionais, 64
eu ideal, 125-37; filosofias no, 133-5; metas e, 130-7; mudança no, 135-6; paixão e, 130-1
"eu obrigatório", 129-35
excelência, definindo, 252-3
expectativas, 130
experiência, 239; aprendizado cumulativo através da, 57; competências da IE e, 113-4; estilos de aprendizado e, 160-1
experiência concreta, 161
experimentação, 167-8, 172-3

Fairbank, Richard, 55
fechar-se em si mesmo, 36
feedback: 360 graus, 146-7; avaliação de liderança, 234-5; corrigindo a autoilusão com, 141-2; doença do CEO e, 104-7; fracasso em solicitar, 107; franco, 79, 142-4; inputs múltiplos no, 146-7; liderança autoritária e, 88; liderança democrática e, 81; liderança visionária e, 70; na retenção do aprendizado, 114-6; para líderes, 103-7; para mulheres e minorias, 105, 172; pontos cegos e, 146-7; problema de "ser legal" no, 142-4; treinadores para, 235
Fidelity Magellan Fund, 135
filosofia humanística, 133-5
filosofia intelectual, 134
filosofia pragmática, 133
FitzGerald, Niall, 213, 240, 245
flexibilidade, 253; autogestão e, 67-8; emoções positivas e, 28-9; nos estilos de liderança, 95-100
foco, 220
Franklin, Benjamin, 154
frustração, 54
Fry, John, 224-5
funcionários problemas, 90
futuro: estabelecimento de metas e visão do, 158-9; ideal, 128

Gallup Organization, 95
gânglios basais, 56; ver também cérebro
Garrison, David, 175
Gates, Bill, 92
gerenciamento de imagem, 234
gerenciamento de tempo, 160
Gerstner, Louis, Jr., 80-1
globalização, 251-2
Gottman, John, 36

habilidades de apresentação, 111
hábitos: consciência dos, 153, 168; desenvolvendo novas reações para, 165; equipe, 197; mudança de, 127; prática em aprender novos, 168

Hanafin, Jonno, 239
Handy, Charles, 129
Harris, Gene, 146
Harter, Eric, 106-7
Harvard Business Review, 168
Hay Group, 108, 209
Health Care Partners, 106-7
Hendratta, Lukas, 216, 221
hierarquia de comando e controle, 89, 202
Hindustan Lever Limited, 215, 218-20
Hogan, Joyce, 146
honestidade, 198
hora do rato, 213-4
hormônios, 26, 174
humor, 18; competência de IE e, 47; criatividade e, 28; desempenho no trabalho e, 24-6; Herb Kelleher e, 149; neuropsicologia do, 45-6; perpetuação do, 25-6; serviço ao consumidor e, 31
Hungry Spirit, The: Beyond Capitalism, A Quest for Purpose in the Modern World (Handy), 129
Huntsman Tioxide, 176, 178

IBM, 80-1
Ibsen, Henrik, 140
ímãs humanos, 23-4
inércia, 137-49
influência, 67-8, 261; liderança coercitiva e, 91; liderança democrática e, 82
Infosys Technologies Limited, 135
iniciativa, 48, 260; autogestão e, 67-8; liderança coercitiva e, 91; liderança modeladora e, 86; treinadores e, 74
inspiração, 213-4, 261; em liderança visionária, 71
Instill Corporation, 175
integridade, 60, 226-7
inteligência: em liderança, 40; emoção em, 42; inteligência emocional versus, 255-7; intuição e, 54-7
inteligência emocional: aprendizado, 50; aprendizado para toda a vida de, 119; competências da, 47, 259-62; construindo organizações com, 225-30; da equipe, descoberta, 196-9; definição de, 19; dimensões da, 49-50, 52; efeitos das emoções negativas na, 26-7; em treinamento, 75; estilo de liderança e, 67; estilos e competências da, 67-8; estrutura do cérebro e aprendizado, 114-6; grupo, 29, 187-92; interação dos pilares da, 43-4; na liderança ressonante, 34-5; natureza versus cultivar, 108-20; neurologia da, 41, 43; pesquisa em liderança e, 94-5; promovendo, 210; QI versus, 255-7; retenção do aprendizado de, 109-10, 113-6; sustentar a, 229-30; tomada de decisão e, 183-4
intuição, 54-5
inundação, 36
Inventário de Estilos de Aprendizagem, 161-2

Jacobs, Ruth, 209
jaula de ferro, 129
Johnson & Johnson, 48, 113, 169-70
Johnson Outdoors, 73
Johnston, Fran, 188, 235

Kelleher, Herb, 149
King, Martin Luther, Jr., 61
Kolb, David, 154, 161
Kotter, John P., 272
Kram, Kathy E., 286-8

Larsen, Ralph, 48
Lauer, John, 138-9
Lazarus, Shelley, 73
Leroy, Shawana, 69
liderança: administrando os mitos sobre, 230; aprendizado sobre, 112-3, 165-6; cinco descobertas na, 103-24; cultivando, 48-9; descontinuidades na, 120; desenvolvendo no sistema inteiro, 176-8, 201; design do cérebro e, 40-3, 45-65; diferenças nas competências da inteligência emocional, 50-2; dissonante, 33-6, 39; efetividade versus sucesso da, 146-7; em clima organizacional, 30; escutando, 201-2; estresse da, 173-4; eu

ideal versus eu real, 145; feedback na, 103-7; habilidades essenciais versus distintivas na, 47-8; humor e, 45-6; imagem na, 234; impessoal, 253; linguagem da, 238, 245-6; modelos de aptidão, 47; natureza versus cultivar, 108-20; oficial versus de fato, 22, 92, 189; por meio de emoções, 48; prioridade da emoção na, 19; ressonante, 33-44; transformacional, 51-2
líderes manipulativos, 37
líderes tranformacionais, 72
ligação límbica, 25
linguagem comum, 207-8
linguagem da liderança, 238, 245-6
Loehr, Jim, 168
LucasFilm, 210-2
Lucent Technologies, 188
Luthans, Fred, 146
Lynch, Peter, 135

Macomber, John, 136
maestria, 135, 168
Mangino, Matthew, 113
Massachusetts Institute of Technology (MIT), 143
McBer & Company, 108
McCellland, David, 47, 95, 154, 156
McDermott, Thomas, 216, 221
McKee, Annie, 207
McMillen, Cecilia, 207
Mean Business (Dunlap), 92
mecanismos de defesa, 140
mentiras vitais, 141-2
mentores, 175
metas: autoconsciência de, 52; baseadas em pontos fortes, 155-7; descobrindo as pessoais, 130-2, 154, 157; em tutoria, 175; equilíbrio nas, 132; estabelecendo, 154-63; estilo de aprendizagem e, 155, 160, 162; flexibilidade nas, 155; liderança modeladora e, 84; mudanças de, 135-6; prática para, 151; suas versus dos outros, 130; viáveis, 155, 159-60; visão do futuro e, 158-9

microgerenciamento, 74-5
Microsoft, 92
Milošević, Slobodan, 39
Mimken, Nick, 108-9
mindfulness (atenção plena), 115, 288
mitos de liderança, 230
modelando comportamento, 188, 195; mudança, 218-20
modelos de competência, 48, 255-7; análises de ponto de inflexão de, 156
moldar comportamentos, 187, 195, 218-20
moral, 84
Morgan, David, 81
motivação: consciência social e, 61; em retenção do aprendizado, 111, 114-6; externa versus interna, 54; neurologia e, 54; para equipes, 182; para mudar, 125-49; segurança e, 174; treinamento e, 74-5; valores e, 54
mudança: começo, 204-6; comprometimento administrativo com a, 233; confiança e, 173; criando burburinho sobre, 244-6; criando sustentável, 231-53; de baixo para cima, 227-8; desconforto com, 128; determinando a necessária, 227; envolver equipes em, 194; estimular para, 262; hábitos e, 127; identificando realidade emocional em, 201; impor versus envolver na, 204-6, 217, 227; liderança visionária na, 72, 99; linguagem comum, 207-8; modelagem, 218-20; motivação para, 125-49; na estrutura de cargos, 223-5; o eu ideal em, 125-37; "obrigatório" versus ideal, 129-30; regras para desencadear, 220; resistência cultural a, 236-8; ritmo de, 251-2; sintonia versus alinhamento em, 210-2, 215-7
Murthy, Narayana, 135

natureza versus cultivar, 108-20
New York Yankees, 76
níveis de conforto, 34
normas, 228; advogado de defesa, papel de, 191; colaborativas, 190-1; de processo, 190-1; definição de, 182; destrutivas, 185-6;

poder das, 183-6; questionando, 204-6; reaprendendo, 190; subestimando, 184-6; *ver também* cultura

O'Brien, Patrick, 73
O'Neill, Paul, 76
Ogilvy & Mather, 73
Ogilvy, David, 73
Oglebay Norton, 139
operando filosofias, 133-5
Oracle Corporation, 134
organizações tóxicas, 203-4
otimismo, 54, 260

paixão, 241-2; examinando fontes de, 214; liderando com, 136-7; o eu ideal e, 127-8, 131
paradoxo dos FDPs, 92-4
partir logo para a ação, 159
percepção: efeitos da emoção na, 25
persuasão, 63
pessimismo, 54
Pittman, Bob, 71
planejadores direcionais, 159
planejadores visionários, 159
planejadores voltados para metas bem definidas, 159
planejamento de sucessão, 99
ponto de inflexão, 157
pontos cegos, 146-7
praticar: desempenho versus, 167-8; efeitos do nos circuitos do cérebro, 167; em múltiplos contextos, 170; ensaio mental, 170-1; estabelecimento de metas e, 151; na retenção do aprendizado, 114-5; no aprendizado, 123
previsão do tempo, 56
princípio de Peter, 86
Private Client da Merrill Lynch, 246-9
processo "Um dia na vida", 235
processo de inquérito dinâmico, 207-10, 227, 247-8
programas de aprendizagem, 123, 150-63; consciência e, 153-4; objetivos em, 152, 154-63; ter tempo para, 159-60; versus planos para melhorar o desempenho, 151; viável, 159-60
programas de MBA, 117, 119
programas de tutoria, 76; *ver também* treinamento
proporção entre ressonância e dissonância, 231
propósito, 64; organizacional versus pessoal, 136

Radley, Gordon, 210-2
reações "encare-ou-fuja", 36, 39-41
realidade emocional, 181-99; descobrindo a, 226-8; inquérito dinâmico em, 206-9; questionando a, 204-6; *ver também* normas
realidade, testar, 145
realismo, 52
realização, 67, 260; estilo de liderança em, 96; liderança coercitiva e, 91
recursos humanos, 233; estilos de liderança e, 100; estimulando a inteligência emocional por meio dos, 209-10
reflexão, 161
relação de confiança, construir, 63, 76
relevância, 249
ressonância, 33-49; bolsões de, 231; definição de, 19, 33; estilos de liderança criando, 66-82; importância agora, 251-2; inteligência emocional e, 34-5; límbica, 61; motivando, 61; negativa, 39-40
resultados, impulso para alcançar, 48; *ver também* conquista
retenção de talentos: empatia na, 62; liderança dissonante e, 94; liderança visionária e, 70
reuniões, 81
Rex, Adams, 136
risada: conexões através da, 45-6; contágio da, 24-5
risco, 26
Rodin, Judith, 224-5
Ruettgers, Michael, 83

Saad, Rozano, 176-8
satisfação do consumidor, 31, 88
Schneider, Benjamin, 29
Schwartz, Tony, 168
Scott Paper, 92
Scott, Mark, 157
segurança, 173, 239
Seligman, Martin, 269, 282
Senge, Peter, 289-90
sentimento tribal, 211-2
sequestro emocional, 26-7, 42; autogestão versus, 57-60
serviço, 67-8, 261
serviço de atendimento ao consumidor, 31; quantificação, 29-31
serviços de saúde: autoavaliação, 106-7; liderança coercitiva em, 89, 202
Sharma, Monica, 215-6, 221-3
Shoneý s, 200-1
sinceridade, 37
síndrome da "rã cozida", 137-49; teste "Logan" e, 141
sintonia versus alinhamento, 211-2, 215-7, 228-9
sistema circuito aberto, 20-1; líderes em, 21, 23; risada no, 24-5
sistema límbico, 114-6; consciência social e, 60-62; natureza circuito aberto do, 20-1; *ver também* cérebro
Six Flags Entertainment, 71
Smith, Kenwyn, 195
Southwest Airlines, 149
Spencer, Lyle, 47
sucesso versus efetividade, 146-7
suposições de carreira, 130-1

talentos dominantes, 148
tarefas desafiadoras, 74, 175
Taylor, Nolan, 120
tentativa e erro, aprendizagem por, 161
"Teste Logan", 141
Tilling, Mack, 175
tiranos, 37
tom, 18

tomada de decisão: grupo, 183-4; intuição em, 54-7
Torre, Joe, 76-7
trabalho em equipe, 48, 262
transparência, 260; autogestão na, 59-60, 67-8; definição, 59; na liderança visionária, 71-2
Trebino, Juan, 150, 153
treinadores executivos, 175, 234-5; *ver também* treinamento
treinamento, 52, 66-7, 73-6, 94, 175, 227; competências da IE no, 75; efeito lua de mel no, 110-1; estrutura cerebral e, 112, 115-6; executivo, 176, 235; *ver também* aprendizagem; desenvolvimento de liderança

Unicef, 215, 221-3
Unilever, 213-4, 240-2, 245-6
Universidade Carnegie Mellon, 153
Universidade da Pensilvânia, 216, 224-5
Universidade de Cambridge, 183-4
Universidade de Pittsburgh, 153
Universidade de Wisconsin, 115
Universidade Rutgers, 190
utilidade, 133

valores, 253; administração de relações e, 64; autoconsciência dos, 52-4; descobrir os pessoais, 131-2; filosofia nos, 133-5; integridade e, 60; respeitando, 226-7
verdade: abertura para a, 201-2; evocar, 144, 198
Verestar Communications, 175
visão: autoconsciência da, 52; compartilhada, 211-2; compartilhando, 61; descobrindo a pessoal, 130-2; eu ideal e, 130-3; ideal e realidade, 200-30; input coletivo na, 215; intuição na, 55; modelagem, 218-24; mudança por meio da, 205-6; na direção da ideal, 210-25; normas e, 183; organizacional versus pessoal, 136; sintonia versus alinhamento na, 210-2, 215-7
visibilidade, 245-6

Watanabe, Eimi, 216, 221
Weatherhead de Administração, Escola, 117-9, 151
Weber, Max, 48, 129
Welch, Jack, 93
WestPac Bank, 81

Wheelan, Susan, 188
Wheeler, Jane, 118, 151
Wilkinson, Laura, 171
Wolff, Steven, 186

Yukl, Gary, 270

1ª EDIÇÃO [2018] 6 reimpressões

ESTA OBRA FOI COMPOSTA PELA ABREU'S SYSTEM EM INES LIGHT
E IMPRESSA EM OFSETE PELA LIS GRÁFICA SOBRE PAPEL PÓLEN DA
SUZANO S.A. PARA A EDITORA SCHWARCZ EM MAIO DE 2024

A marca FSC® é a garantia de que a madeira utilizada na fabricação do papel deste livro provém de florestas que foram gerenciadas de maneira ambientalmente correta, socialmente justa e economicamente viável, além de outras fontes de origem controlada.